백화도량발원문약해 외
白花道場發願文略解 外

동국대학교 불교기록문화유산아카이브사업단(ABC)
본서는 문화체육관광부 지원으로 동국대학교 불교학술원에서 간행하였습니다.

한글본 한국불교전서 고려 25
백화도량발원문약해 외

2022년 2월 15일 초판 1쇄 인쇄
2022년 2월 25일 초판 1쇄 발행

지은이 체원
옮긴이 곽철환·박인석
발행인 박기련
발행처 동국대학교출판부

출판등록 제2020-000110호(2020. 7. 9.)
주소 04626 서울시 중구 퇴계로36길2 신관1층 105호
전화 02-2264-4714
팩스 02-2268-7851
Homepage http://dgpress.dongguk.edu
E-mail abook@jeongjincorp.com

편집디자인 동국대학교출판부
인쇄처 네오프린텍(주)

ⓒ 2022, 동국대학교(불교학술원)

ISBN 978-89-7801-019-1 93220

값 21,000원

이 책의 무단 전재나 복제 행위는 저작권법 제98조에 따라 처벌받게 됩니다.

한글본 한국불교전서 고려 25

백화도량발원문약해 白花道場發願文略解
화엄경관자재보살소설법문별행소 華嚴經觀自在菩薩所說法門別行疏
화엄경관음지식품 華嚴經觀音知識品
삼십팔분공덕소경발문 三十八分功德疏經跋文
삼십팔분공덕소경 三十八分功德疏經

체원體元
곽철환·박인석 옮김

동국대학교 불교학술원

동국대학교출판부

차례

백화도량발원문약해 白花道場發願文略解

백화도량발원문약해 白花道場發願文略解 해제 9
백화도량발원문약해 白花道場發願文略解 23

화엄경관자재보살소설법문별행소 華嚴經觀自在菩薩所說法門別行疏

화엄경관자재보살소설법문별행소 華嚴經觀自在菩薩所說法門別行疏 해제 75
화엄경관자재보살소설법문별행소 華嚴經觀自在菩薩所說法門別行疏 상권 89
화엄경관자재보살소설법문별행소 華嚴經觀自在菩薩所說法門別行疏 하권 175

화엄경관음지식품 華嚴經觀音知識品

화엄경관음지식품 華嚴經觀音知識品 해제 269
화엄경관음지식품 華嚴經觀音知識品 280

삼십팔분공덕소경발문 三十八分功德疏經跋文

삼십팔분공덕소경발문 三十八分功德疏經跋文 해제 297
삼십팔분공덕소경발문 三十八分功德疏經跋文 305

삼십팔분공덕소경 三十八分功德疏經

삼십팔분공덕소경 三十八分功德疏經 해제 309
삼십팔분공덕소경 三十八分功德疏經 317

찾아보기 / 329

백화도량발원문약해
| 白花道場發願文略解* |

체원 집해 體元集**
곽철환 옮김

* ㉮ 底本은 원통元統 2년 계림부鷄林府 개판본開板本이다. (해인사海印寺 소장본으로, 제5장과 제7장이 결락되어 있다.)
** ㉮ 찬자의 이름을 보충하여 넣었다.

백화도량발원문약해 白花道場發願文略解 해제

박 인 석
동국대학교 불교학술원 조교수

1. 개요

고려의 체원體元이 신라 의상義相의 『백화도량발원문白花道場發願文』에 대해 과목科目을 분류하고 내용을 주석한 문헌이다. 주석에 있어 의상의 『화엄일승법계도華嚴一乘法界圖』를 비롯하여, 중국 화엄학 주석가인 법장法藏, 징관澄觀 등의 주석서 등을 상세히 인용하고 있다. 해동화엄의 초조인 의상이 보여 준 실천적 관음 신앙을 계승한 문헌으로 간주된다.

2. 저자

체원의 정확한 생몰연도는 확인할 수 없다. 다만 그의 저술의 편찬 연대를 보면 1328년에 해인사에서 『화엄경관자재보살소설법문별행수』(이하 『별행소』로 약칭)와 『백화도량발원문약해』(이하 『약해』로 약칭)를 편찬하고, 1334년 계림부에서 『약해』를 개판했으며, 1338년에는 『화엄경』을 사경

寫經하기도 했으므로, 그가 14세기 전반에 활발히 활동했음을 알 수 있다. 체원에 대해 알 수 있는 자료로는 그의 저술에 나온 발문과 최해崔瀣(1287~1340)가 쓴 「송반룡여대사서送盤龍如大師序」(『동문선』 제84권) 등을 들 수 있다. 이들 자료에 따르면, 그의 법명은 체원體元이고, 법호는 목암木庵·향여向如이며, 각해대사覺海大師라는 호를 받았다. 또한 최해의 글에서 태정泰定 초初(1324~1325, 충숙왕 11~12)에 반룡사盤龍社의 주법으로 추천된 '법수당두 각해 여공法水堂頭覺海如公' 역시 체원을 가리킨다.[1]

최해의 글에 따르면, 체원은 이진李瑱(1244~1321)의 둘째 아들이고, 이제현李齊賢(1287~1367)의 바로 위의 형이다. 이를 잠시 살펴보자.

> 사師는 동암東庵 이문정공李文定公의 둘째 아들인데, 지금 왕부단사관王府斷事官 국상國相 익재益齋 공의 형이다. 친교 맺기를 좋아하여 당대의 이름난 귀공자인 회안군淮安君과 그 아우 창원공昌原公 같은 이도 다 사師를 경애하였다.[2]

동암東庵은 체원의 부친인 이진의 호이고, 문정文定은 그에게 내려진 시호이다. 익재益齋는 이제현의 호로서, 이 글을 쓴 최해는 이제현과 돈독한 사이였다. 체원이 이제현의 바로 위의 형이라는 점에서 그가 태어난 해를 대략 1280년대 초중반으로 보고 있다.[3] 한편 위의 글에서 최해는 체원의 출가와 이후의 삶에 대해 다음과 같이 기술하였다.

> 여공如公은 소년 시절에 머리를 깎고 선불장選佛場에서 고보高步하였

---

1 蔡尙植, 『高麗後期佛敎史硏究』, 一潮閣, 1991, p.199.
2 『東文選』 권84 「送盤龍如大師序」, "師東庵李文定公次子。今王府斷事官國相益齋公之兄。善結交。當代名勝貴公子如淮安君。其弟昌原公。皆敬愛師云." 번역은 한국고전번역원에서 재인용.
3 蔡尙植, 위의 책, p.199.

으며, 태위상왕太尉上王(충선왕)에게 지우知遇를 얻어 승직僧職을 높이고 명찰名刹을 제수 받았다. 그러나 어버이가 늙었으므로 차마 좌우를 떠나지 못하고 탕약湯藥은 반드시 먼저 맛보았으며 죽은 뒤에도 더욱 형제간에 우애하였으니, 대개 그 효도하고 우애하는 마음이 천성에서 우러난 것이다.[4]

인용문에 나오는 태위상왕은 충선왕忠宣王으로, 그는 원에 있을 때 체원의 동생인 이제현을 불러 원의 학자들과 교류시키기도 했다.

이상의 내용을 바탕으로 체원의 생애와 활동을 좀 더 구체적으로 정리하면 다음과 같다. 우선 그는 1280년대 초중반에 태어나 소년 시절에 출가하였다. 태정 초(1324~1325)에 반룡사盤龍社의 주법으로 추천되었고, 치화致和 원년(1328)에는 해인사에서 『별행소』와 『약해』를 편찬하였으며, 1334년에는 계림부에서 『약해』를 개판하였다. 1338년에 『화엄경』을 사경하면서 남긴 발문을 보면 당시 체원은 양가도승통兩街都僧統의 지위에 있었다.[5]

현재 그에게는 3종의 편찬서(주석서)와 1종의 발문이 남아 있다. 이를 연대순으로 정리해 보면 다음과 같다. 1328년에 작성된 『약해』의 발문에 따르면, 이 당시 그는 『별행소』 2권을 먼저 편찬했고, 다음으로 『약해』를 편찬했다. 1331년 10월에는 『별행소』에서 경문과 과목만을 남겨 독송용으로 만든 『관음지식품觀音知識品』을 편찬했는데, 이 문헌은 현재 후반부만 남아 있다. 그리고 같은 해(1331) 12월에는 『삼십팔분공덕소경三十八分

---

4 앞의 책, "如公妙年披剃. 高步選佛場. 見知太尉上王. 崇緇秩授名刹. 而以親老不忍去左右. 湯藥必先嘗. 至于其歿. 尤友愛弟兄間. 蓋孝悌發於性."
5 蔡尙植, 앞의 책, pp.200~201. 이 발문은 국립중앙박물관에 소장되어 있다. 여기에 나오는 "上資玄福於一人"이라는 구절은 『백화도량발원문약해』 말미의 발문에도 동일하게 나오므로, 이 발문을 체원이 직접 지었을 가능성도 있다고 생각한다.

功德疏經』에 대한 발문跋文을 작성했다. 『삼십팔분공덕소경』은 도교와 불교가 습합된 형태의 책으로, 체원은 그의 사형인 인원忍源의 청에 의해 발문을 작성하게 되었다고 말하였다.

3. 서지 사항

이 문헌은 현재 『한국불교전서』 제6책에 수록되어 있다. 저본에 대해서는 그것이 단지 해인사에 소장된 '원통 2년(1334) 계림부鷄林府 개간본開刊本'이며, 저본 가운데 제5장과 제7장이 결락되어 있다는 점만 기재되어 있다. 가령 동국대학교 중앙도서관에 소장된 본서의 서지 사항을 보면, 총 20장 가운데 제5장과 제7장이 결락되어 있으며, 제9, 10, 13, 14장은 필사해서 보입補入한 것임을 알 수 있다. 한편 이 문헌에 대한 최근의 연구에 따르면, 『백화도량발원문』은 현재 9종이 전해지는데, 모두 영본零本이므로 이들을 조합하여 원문을 확인할 수 있다. 이 9종 가운데 특히 2010년에 새로 발견된 판본에는 기존의 판본들에서 결락되었던 제5장과 제7장이 온전하게 보존되어 있는 것이 확인되었다.[6] 그러므로 이 판본들을 조합하면 『한국불교전서』 제6책에 2장이 결락된 채 수록되었던 『약해』의 전문을 온전히 파악할 수 있다. 이에 본고에서도 결락된 제5, 7장을 역주에 반영하였다.

---

6 정병삼, 「『白花道場發願文略解』의 저술과 유통―새로 발견된 판본과의 비교를 중심으로」, 『한국사연구』 151, 한국사연구회, 2010. 12, pp.33~61. 9종의 판본이란, 서울대학교 규장각의 2종, 국립중앙도서관의 2종, 동국대학교 중앙도서관의 3종, 한국학중앙연구원 장서각의 1종, 그리고 정병삼 교수가 2010년에 소개한 '신판본' 1종을 합한 총 9종을 가리킨다. 특히 이 '신판본'은 비록 제1장이 결락되었지만, 나머지 19장 분량이 온전히 수록되어 있다.

4. 내용과 성격

1) 『백화도량발원문』의 의상 찬술설에 대한 이견들

체원은 『약해』를 편찬함에 있어 주석의 대상이 되는 『백화도량발원문』의 저자를 '신라 법사 의상 지음(新羅法師義相製)'이라고 명시하였다. 그리고 의상이 신라로 귀국한 뒤, 낙산 관음굴에 이르러 예배하고 발원하면서 이 『백화도량발원문』을 지었다는 점 역시 밝히고 있다. 그러므로 체원은 『백화도량발원문』의 저자가 의상이라는 점을 조금도 의심하지 않았다고 생각한다.

다만 오늘날에는 『백화도량발원문』이 의상의 친저가 아니라 그의 뜻을 계승한 후대의 저술이라고 보는 해석이 제기되고 있다. 이 주장은 우선 『백화도량발원문』의 제명에 나오는 '백화도량(白花道場)'이라는 용어가 의상 후대 화엄학자의 주석서에 나온다는 점[7]과 본문에 나오는 '원통삼매(圓通三昧)'와 같은 용어가 의상 입적 후 한역된 『수릉엄경』에 나온 문구라는 점 등에 입각한 것이다. 다만 이 경우에도 『백화도량발원문』이 의상의 사상을 계승한 것이라는 점에 대해서는 이견이 없다.[8]

---

[7] 40권본 『華嚴經』 卷16(T10, 732c20~21)에는 "善男子! 於此南方有山。名補怛洛迦。彼有菩薩名觀自在。"라고 기재되어 있다. 『略解』를 쓴 체원은 경문의 '補怛洛迦'에 대해 징관(738~839)의 『華嚴經疏』 卷57(T35, 940a)에 나오는 "在補怛落迦山者。此云小白華樹。山多此樹。香氣遠聞。聞見必欣。"을 인용하여 '補怛洛迦'가 바로 '백화도량'임을 설명하였다. '백화'라는 용어가 의상 후대의 징관에게서 나온다는 점에서 이 발원문을 의상의 진찬이 아니라고 보는 것이다. 한편 징관보다 앞선 시기의 이통현(635~730)이 719년 이후 지은 『新華嚴經論』 卷21(T36, 863b8~10)에도 동일한 주석이 나온다. "觀世音住居補怛洛迦。此云小白華樹山。觀世音菩薩居之。爲諸菩薩說慈悲經。此山多有小白華樹。其華甚香。" 이통현의 저술 역시 이상 입저 후에 나온 것이다. 또한 靜法寺 慧苑의 『新譯大方廣佛華嚴經音義』 卷上(A91, 330a8~9)에도 '小白華'라는 용어가 나온다. "拘物頭華: 其花莖有刺色或赤白以其花菜稍短未開敷時狀郁蹙然故亦或名小白華。" 이 책은 709~713년경에 지어진 것이므로 또한 의상 입적 후가 된다.

2) 『백화도량발원문약해』의 체재

현재 『약해』의 결락 부분이 다 발견되었으므로, 이 문헌의 전체 과목을 아래와 같이 정리할 수 있다. 도표 중 진한 글씨가 2010년에 새로 발견된 제5장과 제7장에 수록되어 있는 내용이다. 그리고 "新羅法師義相製"라는 문구에 대해서는 따로 과목 명칭이 없어 편의상 '釋撰者名'이라고 붙였다.

〈『백화도량발원문약해』의 과목과 본문〉

편	장	1	1)	(1)	①	가	『백화도량발원문』 본문
(釋撰者名)							新羅法師義相製
先釋題名							白花道場發願文
後釋正文	一歸敬成觀亡其能所	先惣標敬儀					稽首歸依
		二別明觀相	一能觀之智				觀
			二所觀之境	先觀聖智體			彼本師 觀音大聖 大圓鏡智
				二觀自心體			亦觀弟子 性靜本覺
				三觀其交徹	先同體亡緣		同是一體 淸淨皎潔 周遍十方 廓然空寂 無生佛相 無能所名
					二卽體之相	先結前生後	旣然皎潔 鑑照無虧
						二正明相大性德	万像森羅 於中頓現
					三卽體之用	先明聖相好	所有本師 水月莊嚴 無盡相好
						二明自身相	亦有弟子 空花身相 有漏形骸
						三凡聖不同	依正淨穢 苦樂不同

---

8 이러한 견해는 국내외의 다음 학자들에 의해 제기되었다. 金煐泰, 「白花道場發願文의 몇 가지 문제」, 『한국불교학』 13, 1988; 木村淸孝, 「『白花道場發願文』について」, 『宗敎硏究』 61-4, 1988; 정병삼, 『의상 화엄사상 연구』, 서울대학교출판부, 1988.(정병삼, 앞의 논문, p.34.) 한편 全海住는 『백화도량발원문』이 의상이나 적어도 의상계 화엄학자들이 찬술한 것이라는 견해를 제출하였다.(全海住, 「義相和尙 發願文 硏究」, 『불교학보』 29, 1992.) 또한 김호성은 이 발원문이 의상의 진찬이라는 입장을 견지하고 있다.(김호성, 『천수경과 관음신앙』, 동국대학교출판부, 2006, pp.233~242.)

편	장	1	1)	(1)	①	가	『백화도량발원문』 본문
					四攝用歸體		然皆不離 一大圓鏡
	二敬伸發願 承事成果	先惣標歸相	先能歸身				今以 觀音鏡中 弟子之身
			後所歸聖				歸命頂禮 弟子鏡中 觀音大聖
		二別明發願	先標請加				發誠願語 冀蒙加被
			次雙明兩願	一願同本師	先例所同		惟願弟子 生生世世 稱觀世音 以爲本師 如彼菩薩 頂戴彌陀
					後辨能同	自利行	我亦頂戴 觀音大聖 十願六向 千手千眼 大慈大悲 悉皆同等 捨身受身 此界他方 隨所住處 如影隨形 恒聞說法 助揚眞化
						利他行	普令法界 一切衆生 誦大悲呪 念菩薩名 同入圓通 三昧性海
				二願生淨土	先蒙加離惑		又願弟子 此報盡時 親承大聖 放光接引 離諸怖畏 身心適悅
					後生彼成益		一刹那間 卽得往生 白花道場 與諸菩薩 同聞正法 入法流水 念念增明 現發如來 大無生忍
	三結歸投仰 迴向本師						發願已 歸命頂禮 觀自在菩薩摩訶薩

3) 『백화도량발원문약해』의 주요 내용

여기서는 위에서 소개한 『약해』의 과목에 따라 그 내용을 간략히 소개하고자 한다. 체원은 『약해』를 크게 두 부분으로 나누었다. 첫째는 '백화도량발원문'이라는 제명을 해석하는 것이고, 둘째는 본문을 곧장 해석하는 것이다. 한편 "新羅法師義相製"라는 구절에 대해서는 별도의 과목 명칭 없이 그 내용을 해석하였는데, 이 부분이 『약해』에 가장 먼저 나온다. 이 내용에서는 의상이 입당하여 화엄을 수학하면서 『법계도』를 지었다는 점, 신라로 귀국한 뒤 낙산의 관음굴에 예배하고 발원하고서 이 글을 지었다는 점 등을 소개하고 있다. 아래에는 제목과 본문에 대한 체원의 설명을 간략히 소개하겠다.

(1) 제목 해석

『약해』해석의 첫째 과목을 차지하는 제목을 해석함에 있어 체원은 '백화도량'의 네 글자는 귀의의 대상이 되는 장소이고, '발원문'의 세 글자는 귀의의 주체가 되는 마음을 가리키는 것이라고 해석하였다. 또한 '백화'라는 명칭에 대해서는 청량 징관의 『화엄경소』를 인용하여 소개하였다.

(2) 본문 해석

다음으로 본격적인 본문 해석에 있어 체원은 『발원문』의 내용을 셋으로 나누었다. 첫째는 귀경歸敬으로 관觀을 이루어 귀의의 주체와 대상을 잊는 것이고, 둘째는 귀의하여 발원을 사뢰고 일을 이어받아 과보를 이루는 것이며, 셋째는 마치면서 귀의하여 우러러 받들고 본사本師에게 회향하는 것이다. 이 세 가지를 하나씩 살펴보자.

가. 귀경歸敬으로 관觀을 이루어 귀의의 주체와 대상을 잊음

첫째 과목 역시 두 가지로 나뉘는데, 첫째는 귀경의 의례를 전체적으로 나타내는 것이고, 둘째는 관의 특성을 개별적으로 밝히는 것이다. 이 중 첫째는 "머리 숙여 귀의하옵고(稽首歸依)"라는 한 문장에 해당한다. 둘째 관의 특성을 밝히는 부분은 상당히 길고 하위의 과목 역시 다양하게 분류되지만, 크게 보면 관하는 주체의 지혜와 관해지는 객체의 대상을 설명하는 것으로 압축된다. 체원은 관하는 주체의 '관'에 대해서는 단지 관觀만 있는 것이 아니라 지止가 함께 행해지는 것이어야 함을 강조하였다.

다음으로 체원은 관해지는 대상을 셋으로 구분하였다. 첫째는 성인의 지혜 자체를 관하는 것이고, 둘째는 자기 마음 자체를 관하는 것이며, 셋째는 이 두 가지가 서로 통함을 관하는 것이다.

첫째 성인의 지혜에 대해 『발원문』에서는 "관음대성觀音大聖의 대원경지大圓鏡智"라고 하였으므로, 대원경지라는 용어가 본래 유식학의 제8 아뢰야식이 전의轉依된 상태임을 설명하고, 유식학의 소의 논서인 『성유식론』에서 그 전거를 제시하였다. 여기서 주의할 점은 체원이 『발원문』의 여러 개념을 설명하기 위해 화엄의 5교판설을 도입한 점이다. 이는 부처님의 일대시교를 소승교·대승시교·대승종교·돈교·원교로 나누어 설명하는 방식이다. 이러한 5교판에 따르면 대원경지는 시교始敎, 즉 유식학의 입장에서 말한 것이다. 그러므로 체원은 '대원경지'를 종교終敎의 입장에서는 '아마라식阿摩羅識' 혹은 '여래장경如來藏鏡'으로 부를 수 있고, 원교의 입장에서는 '해인경海印鏡'이라고 부를 수 있다고 부연설명하고 있다. 다만 여기서 한 가지 의문이 제기될 수 있는데, 그것은 화엄학자인 의상이 왜 원교나 종교의 개념을 사용하지 않고 '대원경지'라는 시교의 개념을 사용했는가 하는 점이다. 이에 대해 체원은 '관음의 대원경지'가 바로 '등각等覺의 증심證心'이기 때문이라고 설명하였다. 즉 종교의 여래장은 사성·육범에 통하므로 그 범위가 너무 넓고, 원교의 해인경은 '보살'을 포함하는 삼승에는 통하지 않으므로 사용하지 않은 것이다.

둘째 자기 마음 자체를 관하는 것의 내용은 "또한 제자의 성정본각을 관하옵니다."라는 한 문장에 해당한다. 체원은 '성정본각'이라는 개념이 『대승기신론』과 같은 종교의 개념임을 상기시키는데, 이를 시교의 용어로 설명하면 '아뢰야식'이고, 원교의 용어로 설명하면 '노사나불의 지혜'라고 하였다.

셋째 이 두 가지가 서로 통함을 관하는 것의 내용은 다시 네 가지로 나뉘는데, 『발원문』 본문의 상당 부분을 차지한다. 네 가지란, 첫째 동일한 체體여서 조건(緣)이 사라진 것이고, 둘째 체體에 즉한 상相이고, 셋째 체體에 즉한 작용(用)이고, 넷째 작용을 거두어서 체로 귀결시키는 것이다. 첫째 내용은 관음대성의 대원경지와 제자의 성정본각이 동일한 체體임을 드러내는 것이고, 둘째 내용은 동일한 체에 입각하여 드러난 '상相'을 보여 주는 것이고, 셋째 내용은 동일한 체에 입각하여 드러난 '작용(用)'을 나타내는 것이고, 넷째는 작용을 거두어들여 다시 '대원경'이라는 체로 귀결시키는 것을 설명하는 것이다. 이 네 가지를 설명한 뒤, 체원은 본문과 관련된 문제를 몇 가지 문답으로 부연설명하고 있다.

나. 귀의하여 발원을 사뢰고 일을 이어받아 과보를 이룸

둘째 과목은 크게 두 가지로 나뉘는데, 첫째는 귀의하는 모습을 전체적으로 표방하는 것이고, 둘째는 발원을 별도로 밝히는 것이다. 분량상 둘째 과목이 내용의 대부분을 차지한다. 발원의 문제에 있어 체원은 『발원문』에서 크게 두 가지 원을 제시하였다고 파악했다. 첫째는 스승과 같아지겠다는 원이고, 둘째는 정토에 태어나고자 하는 원이다.

첫째 원을 보면, 우선 제자는 관음대성이 아미타불을 머리에 이고 다니는 것을 모범으로 삼는다. 이후 제자는 관음대성이 아미타불에게 했듯이 스스로가 관음대성의 십원十願과 육향六向, 천수천안, 대자대비를 체득하여 스스로를 이롭게 하고 남도 이롭게 하는 발원을 세운다.

둘째 원에 대해 체원은 다시 두 가지로 설명한다. 먼저 가피를 입어 번뇌를 떠나고, 다음으로 백화도량에 왕생하여 이익을 이루는 것이다. 여기서 체원은 백화도량이 정토淨土인지 예토穢土인지에 대해 문답으로 설명해 주고 있다.

발원에 대한 주석이 끝난 뒤, 체원은 청량 징관이 『화엄경소』에서 환희지歡喜地를 열 가지 원으로 설명한 것을 소개한 다음 『발원문』의 문장을 이 열 가지에 일일이 배대시키고 있다.

다. 마치면서 귀의하여 우러러 받들고 본사本師에게 회향함

셋째 과목은 "원을 발하였으니 관자재보살께 몸과 마음을 바쳐 정례하옵니다."에 해당한다. 여기서 체원은 이 문장이 세 가지 회향, 곧 보리회향菩提廻向·실제회향實際廻向·중생회향衆生廻向을 모두 갖추고 있다고 설명하였다.

4) 발문의 내용

『약해』의 주석이 끝난 뒤, 체원은 스스로가 『약해』와 『별행소』를 짓게 된 경위를 소개하였다. 이는 1328년에 작성된 글로서, 그의 가형家兄인 보응대사普應大師 원공源公의 청으로 『별행소』를 먼저 짓고, 그다음에 『약해』를 지었음을 밝혔다. 이후 교감한 사람, 개판한 연도 등이 소개되고 있다.

5. 가치

『백화도량발원문』은 관자재보살이 백화도량에 머물면서 일체 중생을 구제하는 것을 모범으로 삼아, 관자재보살을 스승으로 모시고, 제자가 스승과 같아지기를 원하고, 제자가 스승의 교화를 도와 모든 중생이 구제되기를 바라며, 제자의 목숨이 다해서는 백화도량에 왕생하기를 발원하는 글이다. 체원 역시 의상의 중생 구제라는 실천적 관음 신앙을 계승하는 입장에서 이 『약해』를 지은 것으로 보인다. 여기서 체원은 실천적 관음 신앙의 예를 해동화엄의 초조인 의상에게서 찾으려고 하였다.

6. 참고 자료

김호성, 『천수경과 관음신앙』, 동국대학교출판부, 2006.
蔡尙植, 『高麗後期佛敎史硏究』, 一潮閣, 1991.
金煐泰, 「白花道場發願文의 몇 가지 문제」, 『한국불교학』 13, 1988.
全海住, 「義相和尙 發願文 硏究」, 『불교학보』 29, 1992.
정병삼, 「『白花道場發願文略解』의 저술과 유통―새로 발견된 판본과의 비교를 중심으로」, 『한국사연구』 151, 한국사연구회, 2010. 12.

차례

백화도량발원문약해白花道場發願文略解 해제 / 9
일러두기 / 22

백화도량발원문약해白花道場發願文略解 / 23

제1편 제목 해석 ········ 25

제2편 본문을 해석함 ········ 27

제1장 귀경歸敬으로 관觀을 이루어 귀의의 주체와 대상을 잊음 ········ 27
   1. 귀경의 의례를 전체적으로 나타냄 ········ 27
   2. 관觀의 특성을 개별적으로 밝힘 ········ 28

제2장 귀의하여 발원을 사뢰고 일을 이어받아 과보를 이룸 ········ 47
   1. 귀의하는 모습을 전체적으로 표방함 ········ 47
   2. 발원을 별도로 밝힘 ········ 49

제3장 마치면서 귀의하여 우러러 받들고 본사에게 회향함 ········ 69

발문 / 71
간기 / 72

일러두기

1 '한글본 한국불교전서'는 문화체육관광부의 지원을 받아 동국대학교 불교학술원에서 수행하고 있는 '불교기록문화유산아카이브(ABC)사업'의 결과물을 출간한 것이다.
2 이 책은 『한국불교전서』(동국대학교출판부 간행) 제6책에 수록된 『백화도량발원문약해白花道場發願文略解』를 저본으로 삼았다. 다만 이 문헌은 제5장과 제7장이 결락되어 있으므로, 2010년에 새롭게 발견된 판본에 의거하여 결락 부분을 보완하여 번역하였다.
3 문은 『백화도량발원문』 본문이고, 정은 『백화도량발원문약해』의 주석이다.
4 번역문에 이어 원문을 병기하고 간단한 표점 부호를 삽입하였다.
5 원문의 교감 사항은 번역문의 각주와 별도로 원문 아래 부분에 제시하였다.
   원은 『한국불교전서』 편찬자가 교감한 내용이다.
   역은 번역자가 교감한 내용이다.
6 약물은 다음과 같다.
   『　』: 서명
   「　」: 편명, 산문 작품
7 역주에서 소개한 출전은 약호로 표시하였다. T는 『대정신수대장경大正新脩大藏經』, X는 『신찬대일본속장경新纂大日本續藏經』, K는 『고려대장경高麗大藏經』, H는 『한국불교전서韓國佛敎全書』, A는 『금장金藏』의 약호이다.

문 신라 법사 의상 지음

新羅法師義相製

집 법사의 속성은 김씨다. 당 고종 용삭龍朔 원년元年 신유辛酉(661)[1]에 입당하여 종남산 지엄智儼(602~668) 존자에게 귀의하여 화엄을 전수받았는데, 현수賢首(643~712) 국사와 함께 배웠다. 그때 현수는 아직 출가하지 않았으나, 두 분 모두 화엄의 깊은 뜻을 완벽하게 통달하였다. 지엄 존자는 법사에게 의지義持라는 호를 주었고 현수에게는 문지文持라는 호를 주었다. (법사가) 이미 현묘한 관문에 이르고는 『법계도法界圖』를 지어 지엄 존자에게 바치니, 존자가 자세히 살펴보고 놀라며 "그대가 법성을 완벽하게 증득하고 부처님의 뜻을 통달하였으니 해석서를 짓도록 하라."라고 하였다. 이에 법사가 붓을 들어 책을 짓고 『법계도』와 합하여 1권을 만드니,[2] 지금 세상에 유포되고 있는 것이다.

법사는 낙산 관음굴에 이르러 예배하고 발원한 뒤 이 글을 지었다. 법사가 당시 행한 교화와 신비로운 행적은 최치원崔致遠(857~?)이 서술한 「본전本傳」[3]에 자세히 기록되어 있다. 세수 78세에 앉은 채 입적하니, 곧 대주大周 측천황제 장안 원년 신축(701)[4] 3월이었다. 본조本朝[5]에 이르러

---

1 용삭龍朔 원년元年 신유辛酉(661) : 원문에는 "永徽六年庚戌"로 되어 있으나 "龍朔元年辛酉"가 옳다. 의상(625~702)은 650년(영휘 원년)에 원효(617~686)와 함께 입당入唐하려다가 요동에서 고구려의 순찰병에게 붙잡혀 실패하고, 661년(용삭 원년 신유)에 귀국하는 사신의 배를 타고 입당했다.
2 『법계도』와 합하여 1권을 만드니 : 이는 『華嚴一乘法界圖』이다. 이하에서 언급되는 『法界圖』의 서문과 석문釋文은 모두 이 『華嚴一乘法界圖』를 가리킨다.
3 「본전本傳」: 의천의 「新編諸宗敎藏總錄」 卷1(T55, 1168a16)에 최치원이 지은 "浮石尊者傳一卷"에 대한 기록이 전한다.
4 『浮石本碑』에 따르면 입적한 해는 장안長安 2년 임인(702)이다. 일반적으로 이에 따른다.
5 본조本朝 : 고려를 가리킨다. 『高麗史』에 의하면 고려 숙종 6년(1101) 8월에 의상 법사

원교국사圓敎國師라는 시호를 추증하고 해동화엄초조海東華嚴初祖라고 제수하였다.

集曰。法師俗姓金氏。唐高宗永徽六年庚戌入唐。投終南山智儼尊者。受華嚴與賢首國師同學。時賢首尙未出家。皆窮通奧旨。儼公號法師爲義持號。賢首爲文持。旣達玄關。製法界圖。進于儼公。公覽之嗟嘆曰。汝窮證法性。達佛義旨。宜造解釋。師乃奮筆成編。合爲一卷。今行於世。師詣洛山觀音窟。禮拜發願。而述斯文也。師當時行化神異。具於崔公致遠所述本傳。年七十八坐脫。卽大周則天皇帝長安元年辛丑三月也。至本朝追諡圓敎國師。制爲海東華嚴初祖。

에게 '원교국사 해동화엄초조圓敎國師海東華嚴初祖'를 추증했다.

제1편 제목 해석

문 백화도량발원문

白花道場發願文

집 이 글을 크게 둘로 나눠 해석한다. 먼저 제목을 해석하고 뒤에 본문을 해석하는데, 이(백화도량발원문)는 제목에 해당한다. 이 가운데 앞의 네 글자(백화도량)는 귀의의 대상이 되는 곳이고, 뒤의 세 글자(발원문)는 귀의의 주체가 되는 마음이다.

앞의 네 글자 가운데 ("백화白花"에 대해) 정원본貞元本 『화엄경』 제16권에서 "관자재보살은 보달락가補怛洛迦에 계신다."[6]라고 하였다. 『청량소淸涼疏』에서 이를 해석하여 "보달락가는 여기 말로 소백화수小白花樹이다. 이 산에 소백화수가 많아 향기가 멀리까지 퍼지고, (사람들이) 향기를 맡거나 꽃을 보면 기뻐한다."[7]라고 하였다. 그러므로 이렇게 이름하였다.

"도량道場"에 대해 『화엄경』에서 또한 "선남자야, 그대는 정성무이행보살正性無異行菩薩이 이 대회도량大會道場으로 오는 것을 보았느냐?"라고 하였다. 관자재보살이 이 산에 상주하니, 대비행大悲行을 설하여 일체 중생을 두루 구하고 보살도를 행하는 장소이다.

---

6 40권본 『華嚴經』 卷16(T10, 732c).
7 澄觀, 『華嚴經疏』 卷35(T35, 940a), "在補怛洛迦山者。此云小白華樹。山多此樹。香氣遠聞。聞見必欣。"

뒤의 세 글자(발원문) 가운데, 바라고 구하는 것을 '원願'이라 하고, 마음을 일으켜 밖으로 드러내는 것을 '발發'이라 하며, 표현하여 아름다운 문채를 이루는 것을 '문文'이라 한다.

集曰。將解此文。大分爲二。先釋題名。後釋正文。此卽題名。於中前之四字所歸處。後之三字能歸心。前中華嚴貞本經。第十六卷云。觀自在菩薩。在補怛洛迦。淸凉疏釋云。補怛洛迦者。此云小白花樹。山多此樹。香氣遠聞。聞見必欣。故以爲名。言道場者。經亦云。善男子。汝見正性無異行菩薩。來此大衆[1]道場海[2]不等。以是觀自在菩薩。常在此山。說大悲行。普救一切。行菩薩道之場也。後中希望趣求之謂願。起心形外謂之發。發而成彩謂之文。

---

1) ㉿ '衆'은 『華嚴經』에는 '會'로 되어 있다. 2) ㉿ '海'는 『華嚴經』에는 '中'으로 되어 있다.

제2편 본문을 해석함

제1장 귀경歸敬으로 관觀을 이루어 귀의의 주체와 대상을 잊음

1. 귀경의 의례를 전체적으로 나타냄

문 머리 숙여 귀의하옵고

稽首歸依。

집 둘째 본문을 해석함에 크게 셋으로 나눈다. 첫째는 귀경歸敬으로 관觀을 이루어 귀의의 주체와 대상을 잊는 것이고, 둘째 "이제 관음대성" 이하는 귀의하여 발원을 사뢰고 일을 이어받아 과보를 이루는 것이며, 셋째 "원을 발하였으니" 이하는 마치면서 귀의하여 우러러 받들고 본사本師에게 회향하는 것이나.

첫째 귀경歸敬으로 관觀을 이루어 귀의의 주체와 대상을 잊는 것에 두 가지가 있다. 첫째는 귀경의 의례를 전체적으로 나타내는 것이고, 둘째는 관觀의 특성을 개별적으로 밝히는 것이다.

이것은 (첫째) 귀경의 의례를 전체적으로 나타내는 것이다. 신하가 임금을 받들어 모시듯 머리를 땅에 닿게 숙이고, 자식이 어버이를 가까이하듯 우러러 받드니, 임금을 존중하고 어버이를 가까이하는 것이 공경과 믿음의 도를 지극히 하는 것이다.

集曰。二正釋文中。大分有二。[1] 一歸敬成觀。亡其能所。二今以觀音下。敬伸發願。承事成果。三發願已下。結歸投仰。廻向本師。第一歸敬成觀亡其能所中二。先惣標敬儀。二別明觀相。此即惣標敬儀也。屈頭至地。如臣奉君。投仰憑托。如子拊親。尊尊親親。則敬信之道盡矣。

1) ㉠ 원문에는 '二'로 되어 있으나 '三'의 잘못이다.

2. 관觀의 특성을 개별적으로 밝힘

문 저의 본사이신 저 관음대성의 대원경지를 관하오며

觀彼本師觀音大聖大圓鏡智。

집 둘째 관觀의 특성을 본격적으로 밝힌다. 여기에 두 가지가 있다. 첫째 "관하오며(觀)"라는 한 단어는 관하는 주체의 지혜이고, "저의 본사(彼本師)" 이하는 관해지는 객체의 대상이다.

첫째 관하는 주체의 지혜에 대해 능관能觀을 관觀이라고 하면 의주석依主釋[8]으로 해석할 수도 있고, 소관所觀을 관이라고 하면 지업석持業釋[9]으로 해석할 수도 있다. '관한다'라는 말은 정신을 오롯이 하고 생각을 붙들어 매어 달아나 흩어지지 않게 하는 것이다. 그러므로『유교경遺敎經』에서 "마음을 풀어 두면 착한 일을 잃고, 한곳에 두고 제어하면 하지 못할 게 없다."[10]라고 하였다. 그러나 관觀만 해서는 안 되고 반드시 지止도 행해

---

8 의주석依主釋 : 산스크리트의 합성어를 해석하는 육합석六合釋에서, 앞 단어가 뒤 단어를 제한하는 뜻으로 해석하는 방법이다. 예) Ⓢ rāja-prtra(왕의 아들).
9 지업석持業釋 : 육합석에서 앞 단어를 형용사 또는 부사로, 뒤 단어를 명사 또는 형용사로 해석하는 방법이다.
10『遺敎經』(T12, 1111a).

야 완성을 이룰 수 있다. 그래서 「여래출현품」에서 게송으로 설했다.

부처의 경계를 알고자 한다면
마음을 허공같이 깨끗이 하라
망상과 온갖 집착 멀리 여의면
마음 가는 곳 어디나 걸림 없으리[11]

『청량소清凉疏』에서는 이렇게 풀이했다.
"위의 두 구절은 비유를 들어 전체적으로 나타낸 것이고, 아래 두 구절은 개별적으로 그 의미를 나타낸 것이다. 아래 구절의 첫 구절은 망상과 집착을 벗어나므로 저 맑은 허공에 가리는 구름이 없는 것과 같다는 것이니, 이것이 참된 지止이다. 둘째 구절은 어떤 경계를 대하더라도 걸림 없음이 저 맑은 허공에 장애가 없는 것과 같다는 것이니, 이것이 참된 관觀이다.……이러할진대 털지도 않고 밝히지도 않았는데도 저절로 깨끗하니, 맑음 없이 맑은 것이 부처의 경계를 그윽이 밝는 것이다."[12]

二正明觀相。於中二。觀之一字。能觀之智。彼本師下。所觀之境。前中能觀名觀。可作依主。所觀名觀。即持業釋。所言觀者。專情繫念。不令馳散。故遺敎經云。縱此心者。喪人善事。制之一處。無事不辨。然不唯觀。要有止行。方成究竟。故出現品偈云。若有欲知佛境界。當淨其意如虛空。遠離妄想及諸趣。令心所向皆無导。清凉疏云。上半偈惣以喻現。下半偈別現。一

---

11 80권본『華嚴經』「如來出現品」(T10, 265b).
12 澄觀,『華嚴經疏』卷49(T37, 874c), "第二誡聽許說中分二。初一誡聽勸修淨意如空。總以喩顯。下二句別顯。一離妄取。如彼淨空無雲翳故。斯即眞止。二觸境無滯。如彼淨空無障礙故。斯即眞觀。此觀不作意以照境。則所照無涯。此止體性離。而息妄故諸取皆寂。若斯則不拂不瑩而自淨矣。無淨之淨則闇蹈佛境矣。"

離於妄取。如彼淨空。無雲翳故。斯則眞止。二觸境無滯。如彼淨空。無障碍故。斯則眞觀。乃至若斯。則不拂不瑩。而自淨矣。無淨之淨。暗蹈佛境矣。

둘째 관해지는 객체의 대상은 세 부분으로 나뉜다. 첫째는 성인의 지혜 자체를 관하는 것이고, 둘째는 자기 마음 자체를 관하는 것이며, 셋째는 이 두 가지가 서로 통함(交徹)을 관하는 것이다.

"저의 본사이신 저 관음대성의 대원경지를 관하오며"는 첫째 성인의 지혜 자체를 관하는 것이다.

"본사"란 번뇌를 없앤 이래 언제나 스승으로 모셔 왔음을 이르는 말이다. 또 이 생에서만 스승으로 모신 게 아니라 아주 먼 겁劫부터 스승으로 모시어 대비행문大悲行門을 잇겠다고 서원한 것이다.

"관음대성"이라는 말은 범어로는 바로기지섭벌다婆盧枳底攝伐多[13]이고, 여기 말로는 관세음觀世音이라 한다. 중생들의 음성을 관하여 해탈을 얻게 한다는 뜻인데, 관의 지혜로써 비추어 보는 것이지 귀로 듣는 것이 아니다. 그 지위가 높아 비교할 것이 없으므로 '대大'라 하고, 비원悲願이 지극히 신령하므로 '성聖'이라 한다. 관의 대상 중에는 의보依報와 정보正報[14]를 관하는 것도 있고, 깨달음의 경지를 관하는 것도 있다. 의보와 정보를 관하는 것은『무량수경無量壽經』[15]에서 설한 바와 같다. 여기서는 깨달음의 경지를 관하는 것이므로 "대원경지大圓鏡智"라고 하였다. 이 대원경지는 중생의 의지처인 제8 아뢰야식阿賴耶識이 등각等覺의 무루위無漏位에 이르러 대원경지로 전환된 것이다. 그러므로『성유식론』에서 "대원경지大圓鏡

---

13 바로기지섭벌다婆盧枳底攝伐多 : 이는 Ⓢ avalokiteśvara의 음사이다. 다만 여기에는 '阿(a)'가 생략되어 있다.
14 의보依報와 정보正報 : 의보는 부처나 중생의 몸이 의지하고 있는 자연 환경과 의식주 등을 말하고, 정보는 과거에 지은 행위의 과보로 받은 부처나 중생의 몸을 말한다.
15 『無量壽經』(T12, 273).

智는 몸과 국토, 지혜의 영상을 나타내고 생하여 미래가 다하도록 끊어지지 않고 이어지나니, 마치 둥근 거울이 갖가지 색상을 나타내는 것과 같기 때문이다."[16]라고 하였다. 이는 비유를 따라 이름을 붙인 것이고, 시교始敎에 의거하여 말한 것이다.[17] 아뢰야식은 아마라식阿摩羅識[18]이라고도 하고, 또 여래장경如來藏鏡이라고도 한다. 그러므로『기신론소』에서 "여래장심如來藏心이 부처의 경지에 있을 때는 대상과 화합하지 않으므로 시각始覺이 본각本覺과 같고 진여眞如와도 같다.……"[19]라고 하였는데, 이는 종교終敎의 입장에서 말한 것이다. 원교圓敎의 입장에서 말하면 이는 해인경海印鏡이다.

여기서 시교의 이치에 의거하여 대원경지를 밝힌 이유는, 종교의 여래장은 사성四聖과 육범六凡[20]에 통하기 때문이고, 원교의 해인경은 삼승三乘에는 통하지 않기 때문이다. 그러므로 '등각等覺의 증심證心'이라는 의미를 택하여 관하는 객체의 대상으로 삼았다.[21]

---

16 『成唯識論』卷10(T31, 56a), "云何四智相應心品。一大圓鏡智相應心品。謂此心品離諸分別。所緣行相微細難知。不忘不愚一切境相。性相清淨離諸雜染。純淨圓德現種依持。能現能生身土智影。無間無斷窮未來際。如大圓鏡現衆色像。" 이 인용문에서 일부를 인용하였다. 인용문에 나온 몸과 국토는 자수용신과 자수용토를 가리키고, 지혜의 영상은 나머지 세 가지 지혜의 영상을 가리킨다.

17 시교始敎에 의거하여 말한 것이다 : 체원體元은 법장이 분류한 화엄종의 교판을 따르고 있다. 시교始敎는『般若經』·『解深密經』의 가르침이고, 종교終敎는『楞伽經』·『起信論』의 가르침이며, 원교圓敎는 일승一乘을 설하는『法華經』·『華嚴經』의 가르침을 말한다.

18 아마라식阿摩羅識 : Ⓢ amalavijñāna. 이는 무구식無垢識·청정식淸淨識이라고 번역하는데, 현장玄奘 계통의 법상종法相宗에서는 제8 아뢰야식阿賴耶識의 청정한 부분으로 간주하지만, 진제眞諦 계통의 섭론종攝論宗에서는 제9식으로 상정한다.

19 法藏,『大乘起信論義記』(T44, 250b).

20 사성四聖과 육범六凡 : 사성은 성문聲聞·연각緣覺·보살菩薩·불佛을 말하고, 육범은 지옥地獄·아귀餓鬼·축생畜生·아수라阿修羅·인人·천天의 중생을 말한다.

21 여기서 말하는 관음대성은 부처도 아니고 범부도 아닌, 등각위等覺位의 보살이다. 그런데 종교終敎에서 말하는 대원경지는 범부까지 포함하여 범위가 너무 넓고, 원교圓敎에서 말하는 대원경지는 부처에 국한되어 범위가 너무 좁기 때문에 둘 다 여기서 말

二所觀中三。先觀聖智體。二觀自心體。三觀其交徹。此則觀聖智也。言本
師者。自零染已來。常師事之謂也。又非謂此世爲師。無始劫來。誓爲本師
和尙。資承大悲行門也。言觀音大聖者。梵云婆盧枳底攝代[1]多。此云觀世
音。即觀其音聲。而得度脫也。觀智照之。非耳識聞也。位高無等曰大。悲願
至神曰聖。此中或有觀依正。或有觀證境。觀依正則如無量壽經所說。今則
觀證境。即大圓鏡智也。此鏡智者。衆生所依。第八阿賴耶識。至等覺無漏
位中。轉成大圓鏡智。故唯識論云。大圓鏡智者。此智能現能生。身土智影。
無間無斷。窮未來際。如圓鏡現衆色像。故此乃從喩得名。此約始教說。此
阿賴耶。翻爲阿摩羅識。亦即名爲如來藏鏡。故起信論疏云。如來藏心。若
在佛地。無和合義。以始覺同本即如等。此約終教說。若約圓教。是海印鏡
也。今且約始教之義。明大圓鏡者。終教如來藏。通於四聖六凡。圓教海印
鏡者。不通三乘。故簡擧等覺證心之義。爲所觀境。

1) ㉠ '代'는 '伐'인 듯하다.

문 또한 제자의 성정본각性淨本覺을 관하옵니다.

亦觀弟子性靜[1]本覺。

1) ㉠ '靜'은 『大乘起信論疏』 등에는 '淨'으로 되어 있다.

집 둘째는 자신의 심체心體를 관하는 것이다.
 "제자"는 의상 법사 자신으로, 성인을 따르고 자신을 삼가며 법에 따라 중생을 교화하는 이를 말한다.
 "성정본각性淨本覺"은 모든 중생이 갖추고 있는 심체心體이다. 『기신론』 에는 일심의 법계에 둘이 있음을 밝혔으니, 첫째는 심진여문心眞如門이고,

하는 관음대성을 지시하기에 적합하지 않다. 그러므로 체원은, 아뢰야식이 등각의 지위 에서 대원경지로 변환된다는 시교始敎의 설을 택하여 관음대성을 해석한다는 것이다.

둘째는 심생멸문心生滅門이다. 생멸문 가운데 성정본각이 있으니, 곧 번뇌 속에 있는 진여이다. 그러므로 『기신론』에서 "생멸문에 둘이 있다. 첫째는 각覺의 측면이니, 마음 자체가 망념을 떠나 있어 그대로가 여래의 평등한 법신이라는 뜻이다."[22]라고 하였다. 현수賢首는 『기신론소』에서 "수류문隨流門에서는 본각本覺이라 하고, 반류문返流門에서는 시각始覺이라 한다."[23]라고 하였으니, 이는 종교終敎의 입장이다. 시교始敎에 의하면 아뢰야식이 근신根身과 기세계器世界와 제법의 종자種子를 변현시킨다. 그러므로 『유가瑜伽』에서 "연기하고 생멸하는 현상(事)에서 아뢰야식을 건립한다. 업 등의 종자가 식체識體에 의지하여 생길 때 이숙보식異熟報識(아뢰야식)이 제법의 의지처가 된다.……"[24]라고 하였다. 원교圓敎에 의하면, (제자의 성정본각을) '노사나불의 지혜'라 할 수 있으니, 노사나불의 과지果智가 중생계에 두루하여 원인을 짓고 결과를 짓는다는 뜻이다. 그래서 「여래출현품」에서 "모든 중생이 여래의 지혜와 덕상德相을 갖추고 있으나 단지 망상과 집착 때문에 증득하지 못하니, 망상을 떠나면 일체지一切智와 자연지自然智가 바로 나타나리라.……"[25]라고 하였다. 여기서는 (셋 중에) 종교의 자성청정심을 자기 마음 자체로 본 것이다.

> 二觀自心體。言弟子者。相公自謂也。順聖恭己。從法化生之謂也。言性靜本覺者。一切衆生。具有心體也。起信論明一心法界有二。一心眞如門。二

---

22 『大乘起信論』(T32, 576b).
23 이와 유사한 구절을 소개하면 다음과 같다. 法藏, 『大乘起信論義記』(T44, 250b22 이하), "隨流返流。唯轉此心。是故若隨染成於不覺。則攝世間法。不變之本覺及返流之始覺。攝出世間法."
24 이 문장과 관련하여 유가부 경론에서는 똑같은 문장을 찾을 수 없고, 법장의 『華嚴五敎章』 卷2(T45, 484c)에 같은 문장이 나온다. 즉 체원은 『五敎章』에서 소개한 유식설을 재인용한 것으로 보인다.
25 80권본 『華嚴經』 「如來出現品」(T10, 272c).

心生滅門。生滅門中。有性靜本覺。卽在纏眞如。故論云。生滅門中有二。一覺義。謂心體離念。卽是如來平等法身。賢首疏云。隨流門名本覺。返流門名始覺。此約終敎。若依始敎。賴耶藏識。能變根身器界諸法種子。故瑜伽云。緣起生滅事中。建立賴耶。從業等種。辨體而生。異熟報識。爲諸法依等。若依圓敎。可云舍那果智也。謂舍那果智。該衆生界。作因作果。故出現品云。一切衆生。具有如來智慧德相。但以妄想執著。而不證得。若離妄想。一切智。自然智。卽得現前等。今取終敎自性淸淨心。爲自心體也。〈第五張缺落〉

문 이는 동일한 체體여서 청정하여 깨끗하고, 시방세계에 두루하여 텅 비어 공적하여, 중생과 부처의 상이 없고 주체와 대상의 명칭이 사라졌습니다.

同[1]是一體。淸淨皎潔。周遍十方。廓然空寂。無生佛相。無能所名。

1) ㉠ '同~舍'의 365자는 새로 발견된 『白花道場發願文略解』 제5장에 의거하여 補入하였다.

집 셋째는 이 두 가지가 서로 통함을 관하는 것이다. 여기에 네 가지가 있다. 첫째는 동일한 체體여서 조건(緣)이 사라진 것이고, 둘째는 체體에 즉한 상相이고, 셋째는 체體에 즉한 작용(用)이고, 넷째는 작용을 거두어서 체로 귀결시키는 것이다.

이 절은 곧 '동일한 체여서 조건이 사라진 것'에 해당한다. 관음이 증득한 마음과 제자의 심체心體는 일찍이 두 가지 바탕이 없어서 움직이건 고요하건 하나의 근원이다. 이는 현수 국사의 『환원관』에 나오는 자성청정원명체自性淸淨圓明體를 가리킨다. 저 문장에서 "성인의 몸에 있어도 늘지 않고 범부의 몸에 처하여도 줄지 않는다."[26]라고 하였다. 그러므로 "이는

---

26 法藏, 『修華嚴奧旨忘盡還源觀』(T45, 637b), "一顯一體者。謂自性淸淨圓明體。然此

동일한 체體이다."라고 하였다. 또 "흐름을 따라 오염을 더해도 더러워지지 않고, 흐름을 거슬러 오염을 없애도 깨끗해지지 않는다."²⁷라고 하였다. 그러므로 "청정하여 깨끗하다."라고 하였다. 또 "성체性體가 두루 비추어 어떤 어두움도 비추지 않음이 없다."²⁸라고 하였다. 그러므로 "시방세계에 두루하다."라고 하였다.

이는 (의상) 법사의 『법계도』에 나온 '법성法性의 증분처證分處'에 해당한다. 저 글에서 말한 "법성 원융法性圓融"이 바로 여기서 말한 "두루함(周遍)"에 해당하고, "본래 고요함(本來寂)"이 여기서 말하는 "텅 비어 공적함(廓然空寂)"에 해당하고, "이름도 없고 상도 없어 일체가 끊어졌다."는 것이 여기서 말하는 "중생과 부처의 상이 없고 주체와 대상의 명칭이 사라졌다."에 해당한다. 즉 참된 법성法性에는 제도해야 할 중생도 없고 구해야 할 깨달음도 없으며, 증득하는 주체와 증득되는 대상의 차별된 명칭도 없다는 말이다.

三觀其交徹。於中四。先同體亡緣。二卽體之相。三卽體之用。四攝用歸体。此節卽同体亡緣也。觀音證心。弟子心体。曾無二体。動靜一源也。此是賢首國師。還源觀中。自性淸淨圓明体也。彼文云。在聖體而不增。處凡身而不減。故云。同是一體。又云。隨流加染而不垢。返流除染而不淨。故云。淸靜皎潔。又云。性體遍照。無幽不燭。故云。周遍十方也。卽法師法界圖中法性證分處也。彼文云。法性圓融者。卽此周遍也。本來寂者。卽廓然空寂。無名無相絶一切者。卽無生佛相。無能所名也。謂眞法性中。無衆生可度。無菩提可求。亦無能證所證差別之名故也。

即是如來藏中法性之體。從本已來性自滿足。處染不垢。修治不淨。故云自性淸淨。性體遍照無幽不燭。故曰圓明。又隨流加染而不垢。返流除染而不淨。亦可在聖體而不增。處凡身而不減。

27 法藏, 『修華嚴奧旨忘盡還源觀』(T45, 637b).
28 法藏, 『修華嚴奧旨忘盡還源觀』(T45, 637b).

문 이미 깨끗하므로 비추는 데 어그러짐이 없어 삼라만상이 그 속에 단박에 나타납니다.

旣然皎潔。鑑照無虧。万像森羅。於中頓現。

집 둘째는 체體에 즉한 상相이다. 여기에 두 가지가 있다. 첫째는 앞의 것을 매듭지어 뒤를 일으키는 것이다. 둘째 "(삼라)만상" 아래는 상대相大의 성덕性德을 곧장 밝히는 것이다.

첫째 가운데 "이미······"라고 한 것은 (앞에서 말한) "청정하여 깨끗하다."는 것을 거듭 거론한 것이고, "비추는 데······"라고 한 것은 (앞에서 말한) "시방세계에 두루하다."는 것을 거듭 거론한 것이다.

둘째 가운데 해인경海印鏡의 바탕은 그 본성이 본래 맑고 청정하여, 두루 비춘다는 의미가 보존되어 있는 것이 체體이다. 그리고 모든 만상이 그 속에 단박에 나타나 뚜렷하여 움직이지 않는 것은 상相이다. 그러므로 청량淸涼이 말하기를 "대략 두 가지 의미가 있다. 첫째 공하지 않은 항하의 모래와 같은 본성에 의거하는 것이니, 동교同敎의 뜻에 해당한다. 둘째 사사무애事事無礙하여 십현十玄의 상이 본래 구족한 것이니, 별교의 뜻에 해당한다.······그러므로 '온갖 묘함을 머금고도 남음이 있다.'라고 하였다."[29]라고 했다. 여기서는 뒤의 의미를 따른 것이니, 현수의 『환원관還源觀』[30] 중 해인삼라상주용海印森羅常住用의 뜻이다. 그러나 『환원관』의 뜻은 바로 용用에 해당하고, 상주의 용(常住之用)도 상대相大를 떠나지 않는다

---

29 澄觀, 『演義鈔』 卷1(T36, 2a29~b2), "然此相大。略有二義。一約不空具恒沙性德故。此是同敎意。二約事事無礙。十玄之相。本自具足。即是別敎之意也." 이는 澄觀의 『華嚴經疏』 서문(T35, 503a6)에 나오는 "含衆妙而有餘"를 그가 다시 『演義鈔』에서 부연 설명하는 내용에 해당한다. 그러므로 인용문 안에 "온갖 묘함을 갖추고서도 남음이 있다.(含衆妙而有餘)"가 나온다.
30 法藏, 『修華嚴奧旨妄盡還源觀』(T45, 637b).

는 뜻이다. 이는 체體·상相·용用 삼대三大가 서로 떠나지 않는다는 의미이다. "삼라만상은 한 법에서 찍혀 나온(印) 것이다."[31]라고 한 『법구경』의 말씀이 바로 그 의미이다.【'한 법'이란 체대體大를 뜻한다.】

二卽體之相。於中二。先結前生後。二万像下。正明相大性德。前中旣然等。牒淸淨皎潔。鑑照等。牒周遍十方。后中。海印鏡体性本澄淨。遍照義存者體也。而諸万像。頓現其中。歷然不動者相也。故淸涼云。略有二義。一約不空恒沙性。卽同敎意。二事事無㝵。十玄之相。本自具足。卽是別敎之意。故云。含衆妙而有餘等。今約後義。卽賢首還源中。海印森羅。常住用義也。然還源之義。正當用中。而其常住之用。亦不離相大。此是體相用三。不相捨離之義也。經云。森羅及萬像。一法之所印。卽其義也。【一法卽體大也。】

📖 본사의 수월장엄과 한량없는 상호는
제자의 헛된 몸과 유루[32]의 형체와
의보와 정보의 청정함과 더러움, 괴로움과 즐거움이 같지 않습니다.

所有本師。水月莊嚴。無盡相好。亦有弟子。空花身相。有漏形骸。依正淨穢。苦樂不同。

📖 셋째[33]는 체體에 즉한 작용(用)이니, 바로 해인삼라상주용海印森羅常住用의 뜻이다. 여기에 셋이 있다. 첫째는 성인의 상호를 밝히는 것이고,

---

31 『法句經』(T85, 1435a).
32 번뇌의 더러움에 물든 상태를 말한다. 누漏는 마음에서 더러움이 새어 나온다는 뜻이다.
33 셋째 : 이는 관상觀相을 크게 능관지能觀智와 소관경所觀境의 둘로 나누고, 그중에 '소관경'을 관성지체觀聖智體·관자심체觀自心體·관기교철觀其交徹의 셋으로 나눠 설명하는 가운데 세 번째 대목인 '관기교철'을 다시 셋으로 나눈 가운데 세 번째이다.

둘째 "제자의 헛된 몸(亦有)" 이하는 자신의 모습을 밝히는 것이며, 셋째 "의보와 정보" 이하는 범부와 성인이 같지 않음을 밝히는 것이다.

첫째 가운데 "수월장엄"이란, 모든 중생이 위험과 고통을 당할 때 지극한 마음으로 관음대성의 이름을 부르면 관음대성이 그 음성을 관하시고 갖가지 상호로써 모든 중생에게 두루 감응하심이 마치 달이 모든 물에 두루 나타나는 것과 같으므로 '수월장엄'이라 한 것이다. 그러므로『경』에서 "보살의 청량한 달에 중생의 마음 물이 맑아진다.······"라고 하였다.

"한량없는 상호"란『관무량수경觀無量壽經』에서 "관음대성은 키가 80억 나유타那由他 항하사恒河沙 유순由旬이고 몸은 자금색紫金色이다. 정수리에 육계肉髻가 있고 목에는 원광圓光이 있는데, 각 면面의 원광 속에 오백 명의 화신불인 석가모니가 계신다. 하나하나의 화신불마다 오백 보살이 있는데, 백호상白毫相에서 팔만 사천 가지 광명이 흘러나오고, 하나하나의 광명마다 무량 백천 화신불과 화신보살의 팔과 손바닥이 있어서 각기 팔만 사천 광명으로 일체를 두루 비춘다."[34]라고 하였고, 또 부처님이 아난에게 이르기를 "관음대성을 관찰하는 이는 갖가지 재앙을 만나지 않고 업장이 깨끗이 소멸되며, 무수한 겁 동안 지은 생사의 죄가 소멸되나니, 이 보살의 이름을 듣기만 해도 무량한 복을 얻게 되거늘 하물며 자세히 관찰함에 있어서랴."[35]라고 하였다.

> 三即體之用。正是海印森羅之義。於中三。先明聖相好。次亦有下。明自身相。後依正等者。凡聖不同。前中水月莊嚴者。一切衆生。危苦之時。至心稱觀世音名者。大聖觀其音聲。而以種種相好。普應一切。猶如月輪普現衆水。故云水月莊嚴。故經云。菩薩淸凉月。衆生心水淨等也。無盡相好者。觀無

34『佛說觀無量壽經』(T12, 343c).
35『佛說觀無量壽經』(T12, 344a).

量壽經云。觀世音菩薩。身長八十億那由他恒河沙由旬。身紫金色。頂有肉髻。項有圓光。面各圓光中。有五百化佛釋迦牟尼。一一化佛。有五百菩薩。毫相流出八萬四千種光明。一一光明。有無量百千化佛菩薩。臂及手掌。各有八萬四千光明。普照一切。乃至佛告阿難。若觀觀世音菩薩者。不遇諸禍。淨除業障。除無數劫。生死之罪。如此菩薩聞名。獲無量福。何況諦觀。

둘째 "제자의(亦有弟子)" 이하는 자신의 모습을 밝힌 것이다.

"헛된 몸(空花身相)"이란, 일체 중생이 진여의 법이 하나라는 점을 여실하게 알지 못하고 망령되이 여러 상을 보는 것이 마치 눈동자를 부릅뜨고 노려보다 피로해지면 허공에서 따로 헛꽃을 보게 되는 것과 같다.[36] 그러므로 『원각경』에서 "사대四大를 잘못 알아서 자기 몸의 상相으로 삼고, 육식六識을 반연하는 그림자를 자기 마음의 상으로 삼으니, 비유하면 저 병든 눈에 허공꽃이 보이는 것과 같다.……"[37]라고 하였다.

"유루의 형체"라는 것에서, 나의 이 몸의 상相은 여러 조건을 빌려 화합한 것이므로 허망하여 오래 가지 못하는 것이 마치 배에 물이 새면 물을 건너지 못하고 곧장 가라앉는 것과 같으므로 "유루"라고 하였다. 혹은 '유루라고 하는 것은 번뇌의 작용이니, 탐貪 등의 불선不善이 생사에 빠져들게 하기 때문이다.'라고 하였다.

次亦有弟子下。二明自身相。言空花[1)]等者。一切衆生。不如實知。眞如法

---

[36] 눈동자를 부릅뜨고~것과 같다 : 이는 『楞嚴經』 卷2(T19, 114a)에 나오는 내용이다. 즉 "아난아, 비유하면 어떤 사람이 청정한 눈으로 맑게 갠 밝은 허공을 볼 때, 오직 저 멀리 아무것도 없는 하나의 맑게 갠 빈 곳만을 보다가, 그 사람이 까닭 없이 눈동자도 움직이지 않고 멍하게 바로 뜬눈이 피로해지면 허공에서 따로 헛꽃을 보기도 하고, 또 일체의 어지럽게 날뛰는 헛된 모양을 보기도 하는 것과 같다.(阿難。譬如有人。以清淨目觀晴明空。唯一精虛迥無所有。其人無故不動目睛。瞪以發勞。則於虛空。別見狂花。復有一切狂亂非相。)"

[37] 『圓覺經』 卷1(T17, 913b).

一。妄見諸相。譬如目睛。瞪以發勞。於虛空中。別見狂花。故圓覺經云。妄認四大。爲自身相。六識緣影。爲自心相。譬彼病目。見空中花等。有漏形骸者。我此身相。假緣和合。虛妄不久。如舟漏水。未濟卽沈。故云有漏。或云有漏者。煩惱之用。謂貪等不善。流漏生死故也。

---

1) ㉠ '花~圓'의 362字는 새로 발견된『白花道場發願文略解』第7章에 의거하여 補入하였다.

"의보와 정보의 청정함과 더러움……"이라는 것은, 셋째 범부와 성인이 같지 않음이니, 본사本師와 제자弟子의 의보依報와 정보正報의 두 가지 보報를 통틀어 거론하였다.

즉 본사의 의보는 서방정토 및 백화도량 등이니, 이는 화토化土이다. 대원경지大圓鏡智나 해인경지海印鏡智나 일미법계一味法界는 법성토法性土이니, 바로 자수용토自受用土이다. 그런데 자수용토는 변현의 주체(能變現)이고, 화토는 변현된 대상(所變現)이니, 앞에서는 '변현의 주체'에 의거하였고, 여기서는 '현현된 대상'에 의거하였다. 정보는 위에서 말한 '상호로 몸을 장엄함' 등에 해당하니, 이는 청정하고 즐거운 것이다.

제자의 의보는 바로 사바세계의 산하 등의 기세계器世界이고, 정보는 오온五蘊으로 가립된 몸의 상이니, 이는 더럽고 괴로운 것이다.

依正淨穢等者。三凡聖不同。通擧本師及弟子。依正二報也。謂本師依。是西方淨土。及白花場等。此卽化土。若大圓鏡智。若海印鏡智。若一味法界。是法性土。卽自受用土也。然自受用土。爲能現變。化土爲所現。前約能現。此約所現。正卽如上相好嚴身等。是淨是樂也。弟子依乃娑婆山河器界。正卽五蘊假立身相。是穢是苦也。

🔲 문 그러나 모두 하나의 대원경大圓鏡을 벗어나지 않습니다.

然皆不離一大圓鏡。

집 넷째는 작용을 거두어서 체體로 귀결시키는 것이니, 앞서 말한 본사의 상호相好와 제자의 신상身相 등 의보와 정보의 차별을 거두어서 평등한 체성體性으로 귀결시키는 것이다. 이는 『환원관』의 "성기번흥법이지性起繁興法爾止"[38]에 해당한다. 『십구장』에서는 "해인경海印鏡에 현현한 영상이란, 나의 오척신五尺身이 삼세간三世間을 갖추고 있으므로 별도로 주처住處가 있는 것이 아니다. 그러므로 무주無住라고 하였다. 무주는 바로 움직이지 않는 것(不動)이다. 이미 머묾이 없는 나의 몸이라면 어디서부터 와서 어느 곳으로 움직이는가?"[39]라고 하였으니, 그것의 의도는 이와 같다.

第三[1] 攝用歸體。攝前本師相好。弟子身相等。依正差別。歸於平等體性也。卽還源中。性起繁興法尒止也。十句章云。海印鏡中所現像者。吾五尺身。具三世間故。非別有住處也。故云無住。無住卽是不動。旣無住之吾身。從何處轉何處耶。其意以此。

1) ㉠ '三'은 문맥상 '四'가 되어야 한다.

문 어째서 이 문장을 기술할 때 처음은 시교始敎에 의거하고, 다음은 종교終敎에 의거하고, 마지막은 원교圓敎에 의거했는가? 또 관음대성의 입장에서는 대원경지라 하고, 제자의 입장에서는 성정본각이라 하지만, 마지막의 '한 몸으로 통하는 문(同體交徹門)'에서의 의미는 해인경海印鏡을 쓰는 것이니, 그 의미는 어떠한가?

---

38 法藏,『修華嚴奧旨忘盡還源觀』(T45, 637b).
39 均如,『十句章圓通記』(H4, 61b), "一乘中體融等者。觀釋中云。海印鏡中所現像者。吾五六尺身。具三世間故。非別有住處。故云无住。如此无住。卽云不動也。旣无側之吾身。從何處轉何處也。"

답 두 가지 뜻이 있다. 첫째, 대원경지大圓鏡智는 범부의 단계에는 해당되지 않고 부처님의 과위에만 해당된다. 성정본각性淨本覺은 이미 생멸문에서 언급했던 대로 부처님의 과위에 속하지 않는다. 그런데도 그 둘이 한 몸으로 서로 융합한다는 뜻은 원교圓敎에 와서야 구경究竟이 되기 때문에 해인경의 뜻에 의거하여 결론을 맺은 것이다. 둘째, 일불승에서 삼승을 설하는 까닭은 각기 근기가 정해지지 않은 삼승을 위해 점점 걸러 내어 애써서 구경의 일승으로 인도하기 위해서이다. 의상 법사 또한 부처님의 뜻에 따라 하근기 중생들로 하여금 위를 바라 깨닫게 하려는 까닭에서 차례를 정하였다. 그러므로 『법계도』 서문에서 "이름에 집착하는 무리들이 이름 없는 진리의 근원으로 돌아가길 바란다."⁴⁰라고 하셨으니, 바로 이 뜻이다.

> 問。何故述此一文。始則約始敎。次焉約終敎。終則約圓敎耶。又大聖邊云大圓鏡。弟子邊云性淨覺。終於同体交徹門中義。用海印鏡。其義云何。答。有二意。一大圓鏡智者。不通凡位。唯當果位。性淨覺者。旣於生滅門中所論。不屬果位。其同體即入之義。於圓敎方究竟故。約海印鏡義而終也。二所以於一佛乘。說三乘者。各爲三乘根不定者。漸以淘汰。務令引導究竟一乘也。相公亦依佛意。爲令下機。望上取證。故作次第也。故法界圖序云。冀以執名之徒。還歸無名眞源。即此義也。

문 앞에서 삼교三敎(시교·종교·원교)에 의거하여 글을 서술했는데, 왜 소승교와 돈교는 언급하지 않는가?⁴¹
답 소승은 생사를 두려워하고 대승에 대해서도 겁을 먹고 있는데 어찌

---

40 『華嚴一乘法界圖』(T45, 711a).
41 현수 국사가 분류한 화엄종의 교판은 소승교小乘敎·시교始敎·종교終敎·돈교頓敎·원교圓敎의 5교판이다. 그런데 왜 소승교와 돈교는 언급하지 않는가라는 뜻이다.

일승의 큰 원願에 참여할 수 있겠는가. 또 돈교에서는 차별 현상이 단박에 끊어지는 것과 마음을 관찰하여 성품을 보는 것도 '마음을 일으킨다.'고 하며, 한 생각도 일으키지 않아야 부처라 한다. 그러므로 상相을 관찰하고 원을 발하는 이 글에서 어찌 돈교를 가지고 서술하겠는가? 그러나 그 뜻을 제대로 파악한다면 한 몸으로 통하는 문(交徹門)의 체대體大 중에 돈교의 가르침이 약간은 포함되어 있음을 알 수 있다. 그렇다 해도 일승과는 총체가 완전히 다르다.

> 問。旣約三敎述文。何故不擧小乘及頓敎耶。答。小乘則恐生死怖大乘。何得預於一乘大願。又頓敎則事相頓盡。觀心見性。亦曰生心。一念不生。卽名爲佛。故於此觀相發願。亦何所述。然苟得其意。於交徹門。體大之中。微含其敎。然與一乘。惣體全別也。

문 대원경지 중에도 단박에 나타난다는 뜻이 있으므로 시교와 종교에서 모두 대원경지로 밝혔다. 그러면 왜 해인경海印鏡의 삼라森羅를 구경으로 삼는가? 그렇지 않다면, 시교에서는 방편으로 인도한다는 의미에서 대원경지를 언급하여 명을 따랐으나, 무슨 뜻으로 종교에서도 대원경지를 언급하는가?

답 시교와 종교에서도 대원경지를 언급하고 있긴 하다. 그러나 그 융통한 뜻을 다 드러내지 못하고 다만 공空의 뜻에 주안점을 두었을 뿐이다. 그러므로 『십구장十句章』[42]에 "시교에서는 부처님의 대원경지 중에 모습을 나타낸다는 뜻이지, 의지하는 주체와 의지할 대상이 한 몸이라는 것은 아니다. 숙교熟敎(종교)에서는, 인훈습경因熏習鏡[43] 중에 모습을 나타내

---

[42] 『십구장十句章』: 의상의 스승 지엄智儼이 『華嚴經』의 핵심 내용을 열 가지로 정리한 십구十句에 대해 신라의 화엄 학승 법융法融이 해설한 것이 『十句章』이다.
[43] 인훈습경因熏習鏡: 중생이 본디 갖추고 있는 깨달음의 성품인 본각本覺의 한없는 공

는 것은 성정본각심에서 생기는 것이지 새록새록 일어나는 마음에서 갖가지 대상이 생기는 것이 아니기 때문에 의지하는 주체와 의지할 대상이 한 몸이기도 한 것이다."라고 하였다. 그렇다면 이는 원성실성圓成實性이다. 일승에서는 체體가 원융하므로 갖가지로 나타나는 모습 그대로가 물자체(水身)이다. 이러한 의미에 따르기 때문에 (스승의 대원경지와 제자의 성정본각이) 한 몸으로 통한다는 대목을 해인삼라海印森羅로 해석할 필요가 있었던 것이다. 더구나 의상 법사께서 『법계도』를 풀이한 글에서 "(사각인四角印 속에 새겨 넣은 것으로) 석가여래의 교망敎網에 포함되는 세 가지 세간이 해인삼매에서 나와서 복잡하게 나타나는 모습을 표현하려 하였다."[44]라고 하였으니, 이렇게 볼 때 이 교철문 중에 세 가지 세간이 갖추어져 있는 것이다. 즉 "스승의 수월장엄"은 지정각세간智正覺世間이고, "제자의 몸"은 중생세간衆生世間이며, "스승과 제자가 의지하는 국토"는 기세간器世間[45]이다. 이렇게 배대하면 의혹은 없어진다. 종교에서 또한 대원경지를 언급하는 것은 이 경지가 곧 일심법계이고 무장애법계이며 노사나불의 과지果智이고 해인경이기 때문이다. 삼승의 분별된 집착을 깨뜨려 우리 법의 기쁨을 함께하여 삼승을 일승에 동참하게 하려는 것뿐이니, 바로 『오교장五敎章』중의 법상교참동교의法相交叅同敎義이다. 그러므로 의상 법사는 『법계도』에서 "삼승의 방편교문方便敎門에 의지하므로 높고 낮음이 같지 않고, 일승원교一乘圓敎에 의지하므로 앞뒤가 있지 않다."[46]라고 하였다.

덕이 성숙하여 깨달음에 이르는 것을 인훈습因熏習이라 하고, 모든 현상이 그 가운데 나타나므로 거울에 비유한 말이다.
44 『華嚴一乘法界圖』(T45, 711a).
45 중생세간衆生世間은 중생들의 세계이고, 기세간器世間은 중생들이 거주하는 자연 환경이며, 지정각세간智正覺世間은 불보살의 세계이다.
46 『華嚴一乘法界圖』(T45, 711c).

問。大圓鏡智中。亦有頓現之意。故始終皆以圓鏡智明也。何故要以海印鏡森羅爲究竟耶。不然則始約方便引接之義。擧大圓鏡聞命矣。終亦擧其大圓鏡智。其義云何。答。始終雖大圓鏡智。然其所現。未能融通。但約即空之義耳。故十句章云。始敎有義佛。大圓鏡智中現像。非謂能依所依一身。熟敎因重¹⁾習鏡中現像。從性淨心生。非從新新心生種種境。故亦是能依所依一身。然是圓成實也。一乘中體融故顯。現種種像。直是水身。約此義故。要以海印森羅。爲交徹也。又況相公法界圖釋文云。欲表釋迦如來敎網。所攝三種世間。從海印三昧。繁出顯現。以此論之。則於此交徹門中。具三世間也。謂本師水月莊嚴。即智正覺世間。弟子身相。即衆生世間。本師及弟子依土。即器世間也。以此對之。尙無惑矣。其終亦擧大圓鏡智者。此鏡智即一心法界。亦是無障碍法界。亦舍那果智。亦海印鏡也。爲破三乘別執。而生同於我法之欣。但以三乘。叅於一乘耳。即五敎章中。法相交叅同敎義也。故相公法界圖云。依三乘方便敎門。高下不同。依一乘圓敎。故無有前後。

1) ㉘ 重은 熏인 듯하다.

問 이미 석가여래의 해인삼매를 표현하고자 한다고 했고, 또 『오교장』에서 "여기서는 석가모니불의 해인삼매를 열고자 한다."[47]라고 하였다. 그렇다면 부처님이 처음으로 정각을 이룬 날 아침에 증득한 마음이라야 해인이라 할 수 있는데, 여기서는 왜 인위因位에서 증득한 지혜를 관하는 것을 해인이라 하는가?

答 두 가지 뜻이 있다. 첫째는 지엄 화상智儼和尙이 오중해인五重海印[48]을 밝혔고, 균여 법사均如法師가 인위로서의 해인(因海印)을 더하였기 때문이다. 둘째는 관음대성께서 과거에 정법명왕여래正法明王如來가 된 뒤에

---

47 『五敎章』(T45, 477a).
48 오중해인五重海印 : 망상해인忘像海印·현상해인現像海印·외향해인外向海印·정관해인定觀海印·어언해인語言海印을 말한다.

이제 교화의 자취(迹門)를 보이신 것이니, 어찌 깨달음을 이룬 사람이 아니겠는가?

> 問。既云欲表釋迦如來海印三昧。又五教章云。今將開釋迦佛海印三昧。則海印者。佛始成正覺之旦證心。方曰海印也。何故觀因人證智。云海印耶。答。有二義。智儼和尙。明五重海印。而均如法師。又加因海印也。又此大聖。過去已成正法明王如來。今示迹門。豈非果人耶。

문 인해인因海印을 논한다면 『대집경』에서 "비유하자면 염부제 일체 중생의 몸과 그 밖의 외색外色이 바닷속에 모두 상像을 갖는 것과 같다. 그것을 '큰 바다가 인印이 된다.'고 하듯이, 보살도 이와 같이 큰 해인삼매를 얻는다."[49]라고 했는데, (인해인因海印은) 『대집경』의 설과 어떻게 다른가?

답 『대집경』의 해인도 영상을 나타낸다는 뜻이 있지만, 이는 단지 의지할 바탕(依持)이 된다는 뜻이지 겹겹으로 즉입即入한다는 뜻은 없고, 나타내 보인 대상 그대로가 나타내는 주체라는 뜻도 없다. 반면 이 일승종一乘宗에서 나타나는 세 가지 세간법은 곧 대원경大圓鏡의 체여서 거울 밖을 벗어나 나타나는 영상이 없고, 그 나타나는 바는 겹겹이 한량없어 하나가 곧 일체이고 일체가 곧 하나여서 원융하고 자재하며 장애가 없다. 그러므로 『대집경』의 해인과는 같지 않다.

> 問。若論因海印者。大集經云。喩如閻浮提一切衆生身。及餘外色。於海中皆有像。以是名大海爲印。菩薩亦如是。得大海印三昧。與此何別。答。大集經海印。亦有現像之義。但是依持之義。無有重重即入之義。亦無所現即能現之義。今此一乘宗中。所現三世間法。即是鏡體。無有鏡外所現之像。而

---
49 『大方等大集經』 卷15(T13, 106c).

彼所現重重無盡。一卽一切。一切卽一。圓融自在。無障無碍。與彼不同也。

제2장 귀의하여 발원을 사뢰고 일을 이어받아 과보를 이룸

1. 귀의하는 모습을 전체적으로 표방함

문 이제 관음대성의 거울 속의 제자의 몸으로
제자의 거울 속의 관음대성께 목숨 바쳐 정례하옵고

今以觀音鏡中。弟子之身。歸命頂禮。弟子鏡中。觀音大聖。

집 둘째, 발원을 사뢰고 일을 이어받아 결과를 이루는 것이다. 여기에 둘이 있다. 첫째는 귀의하는 모습을 전체적으로 표방하는 것이고, 둘째는 발원을 별도로 밝히는 것이다.

이는 귀의하는 모습이니, 여기에 둘이 있다. 첫째는 귀의하는 주체인 몸이고, 둘째는 귀의의 대상인 성인이니, 알 수 있을 것이다.

위에서 말한 바와 같이 관음대성의 대원경지와 제자의 성정본각이 동일한 체體이고, 번뇌를 떠나 청정하여 삼라만상의 본체와 영상이 단박에 나타난다. 이는 다만 막힘없는 일법계一法界의 체體여서, 모든 부처님의 증득은 과위果位로서의 해인이 되고, 보살의 증득은 인위因位로서의 해인이 되니, 분分과 만滿[50]이 다를 뿐이다. 그러므로 제자가 저 관음대성의 거울 속에 나타나고 관음대성이 제자의 거울 속에 나타나므로, 미혹하면 생사이고 깨달으면 열반이다. 이렇게 미혹과 깨달음이 다르다고 하나 그

---

[50] 분分과 만滿 : 일반적으로 분分은 보살의 증득을, 만滿은 부처님의 증득을 가리킨다.

체體는 둘이 아니다. 그러므로 「성기품性起品」에 "여래의 몸 가운데서 일체 중생이 보리심을 발하여 바르고 원만한 깨달음을 이루어 적멸·열반에 드는 것까지를 다 볼 수 있다."[51]라고 하고, 또 "보살이 자기의 몸속에 부처의 보리菩提가 있음을 스스로 알고, 자기의 마음속과 같이 일체 중생의 마음속도 이와 같음을 스스로 안다.……"[52]라고 하였다. 현수 국사의 주석에도 "'여래의 몸' 이하는 다섯째 인과를 드러내는 문(顯因果門)이다. 보리의 몸이 중생계와 같으므로 중생이 그 속에 나타나니, 저 나타나는 대상은 나타나는 주체와 같기 때문이다. 그러므로 성불하지 못할 중생이 없다. 이 글은 매우 중요하니 바라건대 가벼이 여기지 말라."[53]고 하였다. 청량국사가 "세간에서 스승과 제자가 한 거울을 같이 대하고 있을 때, 스승 쪽에서 보면 스승의 거울이고 제자 쪽에서 보면 제자의 거울이다."[54]라고 한 것이 바로 이 뜻이다.

"목숨 바쳐(歸命)"란 현수의 『기신론소』에 "귀의하는 주체의 정성을 드러내는 것이니, 귀歸는 의지하고 투신하여 향해 간다는 뜻이고, 명命은 모든 기관(根)을 총괄하는 한 몸의 가장 중요한 것으로서 사람이 이 보다 더 소중히 여기는 것은 없다."[55]라고 하였다. 이렇게 하나밖에 없는 목숨을 들어 가장 높은 분(尊)께 바치는 것이다.

第二敬伸發願。承事成果。於中二。先惣標歸相。二別明發願。此則歸相於中二。先能歸身。後所歸聖。可知。如上大聖鏡智。弟子本覺。既同一體淸淨離染。萬像本影。森羅頓現。只此無儻一法界體。諸佛證爲果海印。菩薩證

---

51 60권본 『華嚴經』 卷35(T9, 627a).
52 60권본 『華嚴經』 卷35(T9, 627b).
53 法藏, 『華嚴經探玄記』 卷16(T35, 413b).
54 澄觀, 『演義鈔』 卷13(T36, 97a).
55 法藏, 『大乘起信論義記』(T44, 246c).

爲因海印。但分滿異可。故弟子現彼大聖鏡中。大聖現於弟子鏡中。迷之生死。悟則涅槃。迷悟雖殊。其體莫二。故性起品云。如來身中。悉見一切衆生。發菩提心。成等正覺。乃至寂滅涅槃。又云。菩薩自知身中。有佛菩提。如自心一切衆生心中。亦如是等。賢首釋云。如來身下。第五顯因果門。以菩提身。等衆生界。是故衆生。悉於中現。以彼所現。同能現故。是故衆生。無不成佛。此文是大節。幸不輕之。淸涼云。如世師資。同對一鏡。若以師取之。卽師之鏡。若以弟子取之。卽弟子鏡者。卽此義也。言歸命者。賢首起信疏云。顯能歸誠。歸者。依投趣向。命者。摠御諸根。一身之要。人之所重。莫不爲先。擧此無二之命。以奉無上之尊。

2. 발원을 별도로 밝힘

문 진실한 발원을 사뢰오니 가피를 내려 주소서
오로지 원하옵건대
제자는 세세생생 관세음을 부르며 스승으로 모시겠습니다.
보살께서 아미타불을 머리에 이고 다니시듯이[56]

發誠願語。冀蒙加被。惟願弟子。生生世世。稱觀世音。以爲本師。如菩薩頂戴彌陀。

집 둘째 발원을 별도로 밝히는 것이니, 여기에 둘이 있다. 첫째는 가피를 청함을 표방하는 것이다. 둘째 "오로지 원하옵건대" 이하는 두 가지 원을 함께 밝히니, 첫째는 스승과 같아지겠다는 원이고, 둘째는 정토에

---

56 보살께서 아미타불을~이고 다니시듯이 : 관음보살은 아미타불의 좌보처左補處이다. 그 보살상의 보관寶冠에 아미타불이 새겨져 있다. 그래서 "머리에 이고(頂戴)"라고 하였다.

태어나고자 하는 원이다.

첫째 가피를 청하는 데 있어 중생의 원력이 비록 깊다 하나 관음대성이 명훈가피를 빌려야만 대원大願을 이룰 수 있으니, 마치 사람이 배를 타고 바다를 건너는 데 뱃사공의 지혜로운 방편에 의지해야만 그 뜻을 이루는 것과 같다. 『청량소』에 "위에 하얀 달이 있어도 아래의 맑은 못에 의존해야 한다. 못이 맑아야 달이 나타나듯 중생이 발원해야 보살의 감응이 생긴다. 물이 맑지 못하면 어찌 달이 밝겠으며, 마음이 정성스럽지 못하면 감응이 어찌 이렇게 빠르겠는가."[57]라고 하였다. 그러므로 "진실한 발원을 사뢰오니"라고 하였다. 『정원소貞元疏』에서는 최적정바라문最寂靜婆羅門이 얻은 법문을 이렇게 해석하였다. "'진실한 발원……'이란 전체적으로 말해서 거짓이 없다는 뜻인데, 여기에는 별도로 네 가지 의미가 있다. 첫째는 진리에 계합하여 잃어버림이 없기 때문이며, 둘째는 처음과 끝이 상반되지 않기 때문이며, 셋째는 스스로 행함에 어긋남이 없기 때문이며, 넷째는 남을 이롭게 하는 데 헛됨이 없기 때문이다. 이 네 가지 의미를 갖추었으므로 '진실한 발원'이라 한다."[58]

二別明發願中二。先標請加。次惟願下。雙明兩願。一願同本師。二願生淨土。就請加中。衆生願力雖深。要借大聖冥加。能成大願。如人乘舡渡海。要依蒿師智方。方遂其志。淸凉疏云。上有白月。下資澄潭。潭淸月現。機感應生。水若不淸。月豈分明。心若不誠。應何斯速。故云發誠願語等。貞元疏釋最寂靜婆羅門所得法門云。誠願語者。摠謂無妄。別有四義。一稱理無失故。二始終無違故。三自行無違故。四利他不虛故。具此四義。名誠願語。

---

57 澄觀, 『華嚴經疏』 卷1(T35, 504a).
58 澄觀, 『華嚴經行願品疏』 卷9(X5, 170c). 이는 『소』의 내용을 압축해서 인용한 것이다.

(두 가지 원 가운데) 첫째 스승과 같아지겠다는 원에 또 둘이 있다. 먼저는 같아지겠다는 대상의 예를 드는 것이고, 나중은 같아지는 주체를 분별하는 것이다.

이는 같아지겠다는 대상의 예를 드는 것이다. 『정원소』에는 "정수리 위에 계신 화불化佛이 곧 본사本師이다."[59]라고 하였고, 『능엄경』에는 "관세음보살이 부처님께 말씀하시기를, 생각건대 옛날 항하사겁恒河沙劫에 부처님이 출현하였으니 관세음이라 합니다. 저는 그 부처님께 보리심을 발하였고, 그 부처님은 저에게 문聞·사思·수修[60]를 따라 삼매(三摩地)에 들게 하셨습니다.[61]······그 부처님이 원통법문을 잘 얻었다고 저를 칭찬하시면서 대중들 가운데서 수기하시고 관세음이라는 이름을 주셨습니다. 제가 듣는 것을 관찰함으로써 시방이 두루 밝아져 관세음의 이름이 시방세계에 두루하였습니다."[62]라고 하였고, 『계환소戒環疏』에는 "스승인 부처님의 이름도 관세음인 것은 원인과 결과가 부합한다는 뜻이며, 고금古今이 한결같은 도道라는 뜻이다."[63]라고 하였다.

우리 의상 법사께서 관음대성을 스승으로 모시는 것도 이와 같다. 어진 이를 보고 같아지려는 것[64]이야말로 진정 고금이 한결같은 도라고 하는 것이다.

一願同本師中亦二。先例所同。后辨能同。此則所同。貞元疏云。頂上化佛

---

59 이는 징관의 『貞元疏』가 아니라 『演義鈔』 卷87(T36, 680b24)의 "頂上化佛即是彌陀故"를 가리키는 것으로 보인다. 징관은 '본사本師'를 '아미타불'이라고 해석하였다.
60 문聞·사思·수修 : 가르침을 듣고 얻은 문혜聞慧와 이치를 사유하여 얻은 사혜思慧와 수행으로 얻은 수혜修慧의 세 가지 지혜를 말한다.
61 『楞嚴經』 卷6(T19, 128b).
62 『楞嚴經』 卷6(T19, 129c).
63 戒環, 『楞嚴經要解』 卷11(X11, 830c).
64 어진 이를~같아지려는 것 : 이는 『論語』 「里仁」에 나오는 "見賢思齊焉。見不賢而內自省也。"에 나오는 문구이다.

即本師也。楞嚴經。觀世音菩薩白佛言。憶念我昔。恒[1]河沙劫。有佛出現[2]
名觀世音。我於彼佛。發菩提心。彼佛教我。從聞思修。入三摩地。乃至云。
彼佛如來。歎我善得圓通法門。於大衆中授記。我爲觀世音號。由我觀聽。
十方圓明。故觀音名。遍十方界。戒環䟽云。所師之佛。亦名觀世音者。因果
相符。古今一道也。我相公之師事觀音。亦猶是也。見賢思齊。眞所謂古今
一道歟。

1) ㉉『楞嚴經』본문에는 '恒' 위에 '無數'가 있다.　2) ㉉『楞嚴經』본문에는 '現' 아래에 '於世'가 있다.

문 저 또한 관음대성을 머리에 이고 다니겠습니다.
십원·육향[65]과 천수천안과 대자대비가 모두 관음대성과 같아지고
몸을 버리는 이 세상과 몸을 받는 저 세상에서 머무는 곳마다
그림자가 형체를 따르듯이 언제나 설법을 듣고 참된 교화를 돕겠습니다.

我亦頂戴觀音大聖。十願六向。千手千眼。大慈大悲。悉皆同等。捨身受身。
此界他方。隨所住處。如影隨形。恒聞說法。助揚眞化。

집 이는 같아지는 주체이다.
『초지론初地論』[66]에서는 "우열을 비교하는 데에 둘이 있다. 첫째 무량행

---

[65] 십원·육향十願六向 : 체원은『高麗大藏經』에 수록된『千手千眼經』을 인용하였다. 이는『大正新脩大藏經』에 수록된『千手千眼經』(T20, 106c)과 문구의 차이가 있으므로, 고려대장경본에 의거하여 내용을 소개하고 차이가 있는 부분은 괄호 속에 표시하고자 한다. 먼저 십원十願은 "① 願我速知一切法, ② 願我早得智慧眼, ③ 願我速度一切衆, ④ 願我早得善方便, ⑤ 願我速乘般若船, ⑥ 願我早得越苦海, ⑦ 願我速得戒足道(T: 願我速得戒定道), ⑧ 願我早登涅槃山, ⑨ 願我速會無爲舍, ⑩ 願我早同法性身"이고, 육향六向은 "① 我若向刀山, 刀山自摧折, ② 我若向火湯, 火湯自消滅, ③ 我若向地獄, 地獄自枯竭, ④ 我若向餓鬼, 餓鬼自飽滿, ⑤ 我若向修羅, 惡心自調伏, ⑥ 我若向畜生, 自得大智慧"이다.
[66] 『초지론初地論』: 초지初地, 곧 환희지를 논하는『十地經論』을 가리킨다.

無量行을 행하는 것은 자리自利이고, 둘째 중생과 함께하는 것은 이타利他이다."⁶⁷라고 하였다. 『초지론』을 가지고 이 발원문 역시 두 가지 뜻으로 해석할 수 있다. 첫째 "십원·육향" 이하는 자리행이고, 둘째 "널리 온 누리" 이하는 이타행이다. 이러한 두 가지 이로움이 이승二乘보다 뛰어나므로 앞에서 삼교三敎만 언급하고 이승의 행은 언급하지 않았다.

(첫째 자리행 가운데) "십원 등"에 대해 어떤 사람은 '이 주문을 외우는 자가 큰 원·향을 발하면, 관음대성이 그것에 따라 그가 십원·육향을 모두 이루도록 하는 것이지 관음대성이 스스로 원·향을 발하는 것은 아니다.'라고 하였고, 어떤 사람은 '관음대성은 일찍이 부처님 계신 곳에서 그러한 원·향을 발하고서 중생에게 나와 같이 이러한 큰 원을 발하라고 가르쳤으니, 그렇다면 관음대성께서 본디 발원한 것이다.'라고 하였다. 『천수천안경』에 따르면 후자의 뜻이 경에 부합하니, 그 경에 "제가 생각건대 과거겁過去劫에 천광왕정주여래千光王靜住如來라는 부처님이 출현하셨습니다. 그 부처님이 저를 불쌍히 여기시고 또 일체 중생을 위해 이『대비심다라니』를 설하였습니다. 제가 이 다라니를 듣고 제8지에 올라 이렇게 서원하였습니다. '제가 장차 일체 중생을 이익되게 할 수 있다면 저의 몸으로 하여금 즉시 천수천안을 갖추게 하고, 비구·비구니·우바새·우바이·동남童男·동녀童女 등으로 이 다라니를 지송하는 자는 모든 중생에게 자비심을 일으켜서 먼저 나를 따라 이렇게 발원하게 하여지이다.'"⁶⁸라고 하였다. 나를 따라 발원해야 한다고 했다면, 어찌 먼저 서원하지 않고 중생들만 하도록 하였겠는가. 비록 '나무대비관세음'이라고 했지만 '본사관세음여래'라고 해도 되고, 또 자신의 명호를 불러서 가피를 입게 한다고 해도 된다.

---

67 『十地經論』卷3(T26, 141a18), "此挍量菩薩願勝有二種勝聲聞辟支佛。一常勤修習無量行故。二與一切衆生同行故。同行者。十盡句示現。"
68 『千手千眼經』(T20, 106b).

二能同中。初地論云。校量勝有二。一行無量。行即是自利。二與衆生同。即是利他。以彼准此。亦有二義。一十願六向下。即自利行。二普令法界下。是利他行。如是二利。勝於二乘故。前但擧三教。不擧二乘行也。言十願等者。或云是誦呪者。發大願向時。大聖應彼。令彼十願六向皆遂。非謂大聖自發願向也。或云。大聖曾於佛所。發其願向。故令衆生。敎如我發如是大願。則觀音聖本所發願也。准千手千眼經。後意如經。謂經云。我念過去劫。有佛出世。號千光王靜住如來。彼佛憐愍我故。及爲一切衆生。說此大悲心陁羅尼。我聞此呪。超第八地。即發誓言。若我當來。堪能利益一切衆生者。令我卽時。身生千手千眼。皆悉具足。若有比丘比丘尼優婆塞優婆夷童男女等。欲誦持者。於諸衆生。起慈悲心。先當從我發如是願。旣說從我發願。則豈自不先發誓。唯敎衆生而已耶。雖云南無大悲觀世音。亦可云本師觀世音如來。亦可云敎念自號使蒙加被也。

"십원十願"이라는 것은 원이 열 가지이나 구하는 것은 다섯 가지이니, 곧 사홍서원四弘誓願이다. 이른바 다섯 쌍의 열 가지 원(五雙十願)이니, 각기 앞의 서원이 원인이고 뒤의 서원이 결과이다.

첫째와 둘째 (쌍)의 네 가지 원[69]의 경우, 지혜안智慧眼을 얻은 뒤에 일체법을 알게 되고, 선방편善方便을 얻은 뒤에 중생을 제도한다는 것이다. 그러나 (이 네 가지가) 그 뒤의 것들과 순서가 같지 않은 이유는, 앞의 것은 반연의 대상인 경계이고 뒤의 것은 반연의 주체인 마음이어서 대상이 있고 마음이 뒤따르는 것이 반연하는 뜻의 순차이기 때문이다. 첫째(願我速知一切法)는 알아야 할 경계이고, 둘째(願我早得智慧眼)는 아는 주체인 마음이며, 셋째(願我速度一切衆)는 제도할 대상이고, 넷째(願我早得善方便)는 제

---

[69] 첫째와 둘째~가지 원 : 첫째 쌍은 願我速知一切法과 願我早得智慧眼이고, 둘째 쌍은 願我速度一切衆과 願我早得善方便이므로, 총 네 가지 원이 된다.

도하는 주체이다. 앞의 둘은 법문을 배우겠다는 서원이고, 뒤의 둘은 중생을 제도하겠다는 서원이다.

그다음 한 쌍의 서원[70] 가운데 반야는 지혜이니, 지혜로 생사를 벗어나는 것이 마치 배로 바다를 건너는 것과 같기 때문이다. 생사가 끝이 없으므로 고해라고 한 것이니, 곧 번뇌를 끊고자 하는 서원이다. 번뇌를 끊음으로써 생사의 바다에 결코 빠지지 않기 때문이다.

그러므로 그다음 두 쌍의 원 가운데 처음 두 가지 원(願我速得戒足道, 願我早登涅槃山)은 열반의 과보를 구하는 것이고, 그다음 두 가지 원(願我速會無爲舍, 願我早同法性身)은 자성법신自性法身의 과보를 구하는 것이다. 그렇다면 앞은 응화법신應化法身이고 뒤는 자성법신이니, 이들은 불과佛果를 이루고자 하는 서원이다. 계행이 만족되어 열반에 오른다는 것은 미혹을 끊고 과보를 이루는 것이다. 그러므로 응화법신이라고 한다. 그래서 『본업경』에서는 "첫째는 자성법신이고, 둘째는 응화법신이다."라고 하였고, 『양론梁論』[71]에서는 "자성법신이 (응화)법신에게 의지가 되어 주기 때문이다."[72]라고 하였다. '계족도戒足道'[73]는 무루無漏의 율의도律儀道이니 삼취정계三聚淨戒[74]와 십성계十性戒[75] 등이다. '족하다(足)'라는 것은 원만히 갖

---

70 그다음 한 쌍의 서원 : 셋째 쌍으로 願我速乘般若船과 願我早得越苦海를 가리킨다.
71 『양론梁論』: 眞諦 譯 『攝大乘論釋』을 가리킨다.
72 眞諦 譯, 『攝大乘論釋』 卷1(T31, 155c).
73 계족도戒足道 : 고려대장경에 수록된 『千手千眼經』(K11, 964b6)에는 '願我速得戒足道'로 되어 있는 반면, 대정신수대장경에 수록된 『千手千眼經』(T20, 106c)에는 "願我速得戒定道"라고 되어 있다. 체원은 고려대장경에 수록된 『千手千眼經』에 의거한 것으로 보인다.
74 삼취정계三聚淨戒 : 대승의 보살이 받아 지녀야 할 세 가지 계율로, 섭률의계攝律儀戒·섭선법계攝善法戒·섭중생계攝衆生戒를 말한다. 섭률의계는 악을 방지하기 위해 제정한 모든 금지 조항으로, 흔히 '하지 마라'고 하는 계율이고, 섭선법계는 선善을 행하는 계율, 섭중생계는 선을 행하면서 중생에게 이익을 베푸는 계율이다.
75 십성계十性戒 : 십선계十善戒를 말한다. 즉 불살생不殺生·불투도不偸盜·불사음不邪婬·불망어不妄語·불악구不惡口·불양설不兩舌·불기어不綺語·불탐욕不貪欲·불진에不瞋恚·불사견不邪見이다.

추어진 것을 말한다. 열반은 원적圓寂이니, 덕이 원만한 것을 '원'이라 하고, 번뇌가 다한 것을 '적'이라 한다. 그 열반은 생사의 바다를 높이 벗어나 있으므로 '산'에 비유하였다. 그러므로 『청량소』의 비슬지라毗瑟底羅 거사의 법문 중에 "바다에 산이 있다."는 말을 해석하여 "대비를 수순하여 생사의 바다에 들고 열반의 산에 머문다는 것으로 표현하였다."[76]라고 하였다. '무위의 집'이란 대비·법성 등의 집이다. 분별을 등지면 무분별이 되므로 무위라 한다. '집'이란 『법계도』를 해석한 글에서 "집이란 어떤 뜻인가? 머무는 곳을 뜻한다. 즉 법성진공法性眞空을 가리키니, 깨달은 자가 머무는 곳이기 때문이다."[77]라고 하였다. 또 "대비의 선교방편으로 중생을 덮어 주므로 집이라 한다. 이것은 일승의 구경을 뜻한다."[78]라고 하였다. '법성신法性身'이란 그 진공의 집에 있는 깨달은 자를 법성신이라 말한다. 모든 부처님이 법성의 동일한 체성을 증득했으므로 '같다(同).'라고 한 것이다. 『양론』에서 "이 법계에서 흘러나오지 않는 곳이 없고, 이 법계로 돌아가 증득하지 않는 곳이 없다."[79]라고 한 것은 이를 일컫는 말이리라.

"천수천안"은 앞에서 인용한 바와 같다.

"육향"은 사악도四惡道의 중생을 구제하는 것이다. 그 첫째와 둘째의 향(我若向刀山, 我若向火湯)은 칼날지옥과 불지옥을 구체적으로 거론하였으니, 이는 극심한 고통이 있기 때문이다. 셋째(我若向地獄)는 여러 지옥을 총체적으로 들고, 나머지 셋은 아귀·수라·축생이다. 수라는 비천非天이니, 비록 천天에 속하긴 해도 마음이 교만하여 천天의 진실한 행이 없으므로

---

76 澄觀, 『華嚴經行願品疏』 卷6(X5, 135c14), "海上有山者. 卽南印度之南. 表大悲隨順. 入生死海. 住涅槃山. 亦處大悲海. 不爲愛見之所溺故."
77 『華嚴一乘法界圖』(T45, 714a).
78 『華嚴一乘法界圖』(T45, 714a).
79 眞諦 譯 『攝大乘論釋』 卷13(T31, 254a25~26), "後成佛時. 各觀一切法. 無不從此法身生. 無不還證此法身故." 다만 『攝論』에는 '法身'으로 되어 있는 반면, 체원은 '法界'라고 기재하고 있다.

비천이라 한다. 악심을 많이 내므로 '악심을 다스린다.'고 한다. 축생은 어리석음이 깊고 무거우므로 '지혜를 얻는다.'라고 하였다.

앞의 십원 중에는 비록 이타가 있긴 해도 모두 자리이고, 이 육향은 모두 이타이다.

"대자대비"에서, '자'는 즐거움을 주는 것이니 곧 삼십이응신三十二應身이고, '비'는 괴로움을 덜어 주는 것이니 곧 십력十力과 사무소외四無所畏이다. 『능엄경』과 (『법화경』)「보문품」의 설과 같다.

十願者。願雖十種。所求五種。即四弘誓願。謂五雙十願。各先願其因。後願其果。唯一二四願者。例如得智惠眼然後。知一切法。得善方便然後。度衆生也。然其與後不同者。但先是所緣境。後是能緣心。有境後心。緣義次第故耳。一是所知境。二是能知心。三是所度。四是能度。前二誓學法門。後二誓度衆生也。次一兩願中。般若此云智。由智能越生死。如因舡渡海故。生死無際。故稱苦海。即誓斷煩惱也。以能斷煩惱。必不沉沒生死海。故次二兩願中。先二願求涅槃果。次二願求自性法身果。然則前是應化法身。後是自性法身。此則誓成佛果也。則戒行滿足。趣登涅槃。斷惑成果。故云應化法身也。故本業經云。一自性法身。二應化法身。又梁論云。自性身與法身。作依止故也。戒足道者。無漏律儀道也。謂三聚十性戒等。足即圓足。涅槃此云圓寂。德滿口圓。障盡口寂。以其涅槃。高出生死海中。故比山也。故清涼釋毗瑟底羅居士法門中。海上有山之文云。表大悲隨順。入生死海。住涅槃山等。言無爲舍者。即大悲法性等家也。背反分別。得無分別。故曰無爲也。舍者。法界圖釋文云。家者何義。住處義故。所謂法性眞空。覺者所住故。又大悲善巧。蔭覆衆生。名曰爲舍。此義在一乘究竟。言法性身者。謂其眞空宅中覺者。爲法性身也。佛佛皆證法性。同一體性。故云同也。梁論云。無不從此法界流。無不還證此法界。此之謂歟。千手眼已如前引。六向者。救四惡道。其一二向。別擧刀輪火輪地獄。此極苦故。第三摠擧諸地獄。餘三餓鬼修羅畜等。修羅。此云非天。雖天趣攝。其心諂慢。無天實行。故云非天。多生惡心。故云惡心調伏。畜生愚癡深重故。令得智惠也。前十願中。雖有利他。全是自利。此中全是利他。言大慈悲者。慈能與樂。即三十二應。悲能拔苦。即十四無畏。如楞嚴經。及普門品說。

문 널리 온 누리의 모든 중생들에게
대비주를 외우게 하고
관음대성의 이름을 염하게 하여
다함께 원통삼매 법성바다에 들게 하소서.

普令法界一切衆生。誦大悲呪。念菩薩名。同入圓通三昧性海。

집 둘째 이타행이다. 『천수천안경』에 의하면 "관음대성이 부처님께 사뢰기를 '세존이시여, 만약 중생들이 대비신주大悲神呪를 지송하고서도 삼악도에 떨어진다면, 저는 정각을 이루지 않겠습니다.……'"[80]라고 하였다. 남을 이롭게 하고자 서원을 발하는 것이 저 『천수천안경』에서 설하는 것과 같으며, 의상 법사의 이타행도 그와 같은 서원이다.

"원통삼매 법성바다"는 『능엄경』에서 "관세음보살이 부처님께 사뢰기를 '부처님께서 원통圓通을 물으시니 저는 귀로 원조聞照하는 삼매三昧로……삼마지三摩地를 얻어서 보리를 성취하는 것이 제일이라 하겠나이다.'"[81]라고 하였다. 『계환소』에서 "하나도 빠뜨림 없는 것을 '원'이라 하고 조금도 막힘없는 것을 '통'이라 한다."[82]라고 하였다. "삼매"는 여기 말로 정수正受라고 하고 또는 등지等持라고 하니, 마음을 평등하게 지녀 밖으로

---

80 『千手千眼經』(T20, 107a).
81 『楞嚴經』卷6(T19, 129c).
82 이 문구는 계환戒環의 『楞嚴經要解』(X11)에서는 찾을 수 없다.

흩어지지 않게 하기 때문이다. 성품의 근원이 깊고 넓기 때문에 "바다"에 비유하였다.

二利他行。准千手眼經。觀世音菩薩白佛言。世尊。若諸衆生。誦持大悲神呪者。墮三惡道者。我誓不成正覺等。利他發誓。如彼經說。相德利他。亦願同彼也。圓通等者。楞嚴云。觀世音菩薩白佛言。佛問圓通。我從耳門圓照三昧。乃至得三摩地。成就菩提。斯爲第一等。環䟽云。無一缺減曰圓。無小滯擁曰通。三昧。此云正受。亦云等持。平等持心。不令外散故。性源深廣。故比海也。

문 또 원하옵건대, 제자
이 생의 업보가 다할 때
보살께서 빛을 놓아 인도해 주심을 몸소 받아
모든 두려움에서 벗어나 몸과 마음이 쾌적하고
한 찰나에 백화도량에 왕생하여
여러 보살과 함께 정법을 듣고 진리의 흐름에 들어가
매 순간 밝아져서 여래의 큰 무생인을 발하게 하소서.

又願弟子。此報盡時。親承大聖。放光接引。離諸怖畏。身心適悅。一刹那間。卽得往生白華道場。與諸菩薩。同聞正法。入法流水。念念增明。現發如來大無生忍。

집 둘째 정토에 태어나고자 하는 원이다.
문 『장자론長者論』[83]에 이 보살은 "대비가 지극하여 만물을 성숙시키고

---

83 『장자론長者論』: 이통현李通玄의 『新華嚴經論』을 가리킨다.

중생을 이롭게 하기 위해 자신의 보토에 머물지 않고 중생의 더러운 땅에 머문다."[84]고 했는데, 어찌 정토라 하는가?

[답] 이 백화산白花山은 화장세계 안에 있는가, 밖에 있는가? 사바세계가 화장세계의 열세 번째에 있으므로 백화도량은 비로자나불의 설법도량인 금강보지金剛寶地 청정찰해淸淨刹海에 있다. 그러므로 신수神秀 공의 『묘리원성관妙理圓成觀』[85]에 "[문] 사바세계는 화장세계에 있는 국토 가운데 열세 번째 잡염토雜染土인데, 어째서 경經에서는 보리도량 중의 금강지金剛地·보수寶樹 등의 경계가 온전히 화장세계의 본찰本刹이라고 설하는가? [답] 근본은 근본으로 정해져 있지 않고, 지말은 지말로 정해져 있지 않다. 사바세계가 비록 열세 번째 중에 있으나, 깨끗한 근기가 보면 온전히 본찰이고, 만약 깨끗한 근기가 아니면 온전히 말찰末刹(사바세계)이다."[86]라고 하였다. 또 『대경大經』의 「화장세계품」에는 "세존이 옛날 티끌같이 많은 부처님 세계에서 청정한 행을 닦아, 갖가지 묘한 빛을 내는 광명의 화장장

---

84 李通玄, 『新華嚴經論』卷37(T36, 982a3~4), "爲大悲至極。熟物利生。不就自報。就衆生界穢境而居。"

85 신수神秀 공의 『묘리원성관妙理圓成觀』: 『妙理圓成觀』을 지은 신수에 대해서는 종래 북종의 대통 신수大通神秀(606~706)로 보는 견해와 화엄종의 회계 신수會稽神秀로 보는 견해가 있다. 의천의 『新編諸宗敎藏總錄』(T55, 1166c20)에는 "妙理圓成觀三卷神秀述"이라고 되어 있고, "(華嚴經)疏三十卷 神秀述"이라는 내용도 나온다. 회계 신수는 현수 법장의 손제자인 법선法詵(718~778)의 제자로서 『宋高僧傳』 권5(T50, 736b10)에 그 이름이 한번 거론된다. 그는 청량 징관(738~839)과 동시대 인물이다. 『妙理圓成觀』은 고려의 균여와 체원의 저술에서 인용되는데, 특히 균여의 저술에서 저자를 '신수 법사神秀法師'라고 기재하고 있어, 선사인 대통 신수가 아닌 화엄종의 회계 신수라고 보는 것이 적절할 듯하다. 이에 대해서는 金煐泰, 「均如書에 보인 妙理圓成觀의 著者—北宗神秀가 아니다」, 『한국불교학』 11권, 1986 참조.

86 『妙理圓成觀』은 현존하지 않는다. 다만 균여均如의 『釋華嚴旨歸章圓通鈔』 卷上(H4, 89c)에 동일한 문구가 인용되어 있으므로, 소개하고자 한다. "妙理圓成觀云。問。沙婆旣當花藏正中刹種上。第十三重雜染土。如何經說。菩提場中。金剛地寶樹等境界。全是華藏本刹耶。答。本不定本。末不定末。裟婆雖在第十三層中有。淨機所見。全是本非末。若非淨機。全是末非本。餘異類刹。應知亦爾。" 본문의 '淨穢所見'은 문맥이 잘 통하지 않으므로, 균여의 글에 인용된 '淨機所見'에 맞추어 번역하였다.

엄의 세계바다를 얻었느니라."⁸⁷라고 하였다. 만약 사바세계가 청정한 보배국토라고 믿는다면, 어찌 다시 백화도량의 깨끗함과 더러움을 묻겠는가.

第二願生淨土。問。長者論云。此菩薩。爲大悲至極。熟物利生。不就自報。就衆生穢境而居。何云淨土。答。此白花山。是華藏內耶外耶。娑婆旣當華藏世界第十三重。故白花在於毗盧遮那。說法道場。金剛寶地。淸淨刹海也。故神秀公妙理圓成觀。問云。娑婆旣當花藏正中刹種上第十三重雜染土。如何經說。菩提場中。金剛地寶樹等境界。全是花藏本刹耶。答。本不定本。末不定末。娑婆雖在第十三層中有。淨穢¹⁾所見。全是本刹。若非淨穢。* 全是末刹。又大經花藏世界品云。世尊往昔。於諸有微塵佛所。修淨行故。獲種種妙光明花藏莊嚴世界海。若信娑婆是淨寶刹。何更問於白花淨穢。

1) ㉱ '穢'는 均如의 『釋華嚴旨歸章圓通鈔』 卷上(H4, 89c)에는 '機'로 되어 있다. 바로 다음도 마찬가지다.

問 그렇다면 어째서 장자長者가 "중생의 더러운 땅에 머문다."라고 했는가?

答 현수 국사가 『사나품소舍那品疏』에서 이렇게 말했다. "여러 세계해世界海를 전체적으로 해석하는 데 열 가지가 있다.……일승에 둘이 있다. 첫째 과분果分에 의거하면 십불十佛 자체가 국토해國土海가 된다. 이것은 설할 수 없는 것인데 인연에 의지하여 열 가지를 말하니, 제2회 설법이 여기에 해당한다. 둘째 섭화攝化에 의거하면 세 부류의 처處가 있다. 첫째, 수미산의 세계와 나무 모양, 중생의 모양, 세계해 등이 첫째 부류이다. 둘째, 삼천대천세계 밖에 따로 있는 열 가지 세계가 둘째 부류이다. 셋

87 80권본 『華嚴經』 卷8 「華藏世界品」(T10, 39b12~13), "世尊往昔。於諸有微塵佛所修淨業。故獲種種寶光明。華藏莊嚴世界海。"

째, 열 가지 연화장장엄의 세계해가 있어 제석의 그물처럼 주체와 객체를 잘 갖추었으니, 셋째 부류이다."[88]

장자는 섭화토攝化土의 첫째 부류에 의거해서 말한 것이다. 비록 첫째 부류의 잡염토雜染土이지만 부처님 덕에 의거하면 더러운 모습이 다 소멸되어 오직 정토뿐이므로 비슬지라 거사가 선재동자에게 "바다에 온갖 보배로 된 산이 있는데, 성현이 머무는 지극히 청정한 곳이다."[89]라고 하였다.

問。何故長者云。就衆生穢境而居。答。賢首法師。舍那品疏云。今通釋諸世界海有十。【云云】一乘有二。一約果分。十佛自體國土海。此當不可說。寄緣說十。如第二會說。二約攝化處有三類。一須彌山界。及樹形。衆生形。世界海等。爲第一類。二三千界外。別有十世界。爲第二類。三十蓮花藏莊嚴世界海。具足主伴。如帝網等。爲第三類。長者約攝化土中。第一類云也。雖第一類雜染土。約佛德能。染相皆盡。唯是淨土。故毗瑟底羅居士。指示善財云。海上有山衆寶成。賢聖所居。極淸淨等。

여기에(정토에 태어나고자 하는 원에) 둘이 있으니, 첫째는 가피를 입어서 번뇌를 떠나는 것이고, 둘째 "한 찰나에" 이하는 백화도량에 왕생하여 이익을 이루는 것이다.

첫째 가운데 "이 생의 업보"란 이 한 생의 업보이니, 목숨을 버리려 할 때이다. 『대경』에서 관자재보살이 선재동자에게 게송으로 말씀하셨다.

위급에 처하여 걱정과 두려움 많을 때

---

88 法藏,『華嚴經探玄記』卷3(T35, 158a).
89 40권본『華嚴經』卷16(T10, 732c).

밤낮으로 내 이름을 부르면
나는 그때마다 그 앞에 나타나
가장 좋은 귀의처가 될 것이니
그는 나의 청정한 불찰에 태어나
나와 함께 보살행을 닦으리라[90]

이것은 정토에 태어나기를 원하는 데 대한 응답이다. 또 이렇게 말씀하셨다.

어떤 중생이 임종할 때
죽음 모습 여러 가지 나쁘게 나타나
저 갖가지 모습을 보고 나서
황당하고 두려워 의지할 곳 없을 때
지극 정성으로 나의 이름 부르면
저 나쁜 모습이 모두 다 소멸되고
나의 대비와 관자재로 말미암아
천상 인간 좋은 길에 태어나리라[91]

이것은 가피를 입어 미혹을 떠나는 것에 대한 응답이다. 또 이렇게 말씀하셨다.

어떤 사람 이 목숨이 끝난 뒤에
삼도와 팔난에 몸 받지 않기 원한다면

---

90 40권본 『華嚴經』 卷16(T10, 734b).
91 40권본 『華嚴經』 卷16(T10, 734b).

언제나 인간 천상 좋은 길에 태어나
청정한 보리도를 언제나 행하리

몸을 버리고 정토에 태어나기 원한다면
모든 부처 계신 곳 어디나 나타나고
시방의 불국토 어디에나 있으며
언제나 청정한 최상의 보살 되리

시방의 모든 부처님 빠짐없이 친견하고
모든 부처님의 설법 소리 들으며
지극 정성으로 내 이름을 부른다면
일체의 소원이 모두 이뤄지리라[92]

"어떤 사람 이 목숨이……" 이하의 한 게송은 가피를 입고서 번뇌를 떠남을 밝힌 것이고, "몸을 버리고 정토에……" 이하의 두 게송은 백화도량에 왕생하여 이익을 이루는 일을 밝힌 것이다. 또 『천수천안경』에 "대비신주大悲神呪를 지송하는 중생이 있다면 목숨이 다할 때, 시방의 모든 부처님께서 오셔서 손을 내려 주시고 어떤 불토에 태어나길 원하더라도 원하는 대로 모두 왕생할 수 있게 하신다."[93]라고 하였다. 이는 대성大聖의 영접을 친히 받는다고 하는 말이니, 시방의 모든 부처님과 관음대성에 공통한다.

於中二。先蒙加離惑。後一刹那下。生彼成益。前中此報者。此一期之報。將

---

92 40권본 『華嚴經』 卷16(T10, 734b).
93 『千手千眼經』(T20, 107a).

捨之時也。大經。觀自在菩薩。告善財偈云。或在危厄多憂怖。日夜六時稱我名。我時現住彼人前。爲作最勝歸依處。彼當生我淨佛利。與我同修菩薩行。此是願生淨土之應也。又或有衆生臨命終。死相現前諸惡色。見彼種種色相已。令心惶怖無所依。若能至誠稱我名。彼諸惡相皆消滅。由我大悲觀自在。令生天人善道中。此當蒙加離惑之應也。又云。若人願此命終後。不受三途八難身。恒處人天善趣中。常行淸淨菩提道。有願捨身生淨土。普現一切諸佛前。普於十方佛利中。常爲淸淨勝薩埵。普見十方一切佛。及聞諸佛說法音。若能至誠稱我名。一切所願皆圓滿。若人願此下一偈。明蒙加離惑。有願捨身等二偈。明生彼成益也。又千手千眼經云。若諸衆生。誦持大悲神呪者。臨命終時。十方諸佛。皆來授手。欲生何等佛土。隨願皆得往生。則所謂親承大聖接引之言。通於十方諸佛及觀音也。

뒷부분(백화도량에 왕생하여 이익을 이루는 부분) 중 "한 찰나"란 마치 장사壯士가 팔과 목을 굽혔다 펴는 동안만큼 지극히 짧은 시간을 말한다.

"진리의 흐름에 들어"는 『십지경론』에서 '팔지八地 이상 무상지無相智는 성스러운 길이고 진리의 흐름이니 찰나찰나 자연스레 일어난다.'[94]라고 한 것과 같다. 즉 능증能證의 성지聖智가 신속히 증진되어 힘쓰지 않고도 일어나는 것이 마치 빠른 물이 끊임없이 계속해서 흘러가는 것과 같기 때문이다. "여래의 (큰 무생인을) 발하게" 이하는 원이 이제 스승과 같아져서 마침내는 구경의 과보를 이루리라는 것을 곧장 밝힌 것이다.

"여래"는 종교終敎의 입장에서는 여실如實한 도를 타고 와서 정각을 이루었기 때문이며, 돈교頓敎의 입장에서는 오는 바도 없고 가는 바도 없기 때문이며, 원교圓敎의 입장에서는 처음 발심할 때 번뇌가 다 끊어지고 복덕과 지혜가 완성되어 예부터 부동不動하기 때문에 여래라 한다.

---

[94] 이 인용문은 『十地經論』에서는 찾을 수 없다.

"큰 무생인"에서 인忍이란 인해忍解하여 인가印可하는 것이니, 지혜로 비추고 관으로 통달하는 것이다. 이 인忍은 등각等覺의 최후심에서 미세한 무명의 번뇌를 끊는다. 원교에 의거하면 각 계위에서 미혹을 끊고 성불하니, 신위信位의 초심에서도 이 무생인을 얻을 수 있다. 지금은 종교의 지위에 기대어 설하니, 그 의미는 「십인품十忍品」에서 설한 것과 같다. 『청량소』에서 "무생인無生忍이란, 무생無生의 이치를 체인(忍)하는 점에 의거하면 '무생의 인'이고, 무생의 지혜 및 번뇌의 불생不生에 의거하면 '무생이 곧 인'이다. 두 가지 해석이 다 통한다."[95]라고 하였다. 시교에 의거하면 인人과 법法이 모두 공하므로 무생의 이치라 하고, 종교에 의거하면 여래장이 인연 따라 육도에 생멸하면서도 여래장이 온전하므로 시각을 얻는 날에 시각과 본각이 본래 다르지 않음을 깨치므로 무생의 이치라 하며, 돈교에 의거하면 자기 마음을 직관하여 닦을 것도 깨칠 것도 없이 본래 청정하므로 무생이라 한다. 그러므로『법계체성경法界體性經』에서 "부처님께서 문수보살에게 말씀하였다. '그대는 여러 선남자에게 어떻게 보리심을 발하도록 가르치느냐?' 문수보살이 대답하셨다. '저는 아견심我見心을 발하라고 가르칩니다. 왜냐하면 아견의 경계가 바로 보리이기 때문입니다.'"[96]라고 하였다.【지공指空의 계명戒名[97]이 이에 의거한다.】 원교에 의거하면 예부터 부동不動함을 무생의 이치라 한다. 위의 모두는 교敎에 해당

---

95 澄觀,『華嚴經疏』卷46(T35, 852b).

96 이는『入法界體性經』(T12)에서는 정확히 일치하는 인용을 찾을 수 없고, 법장의『華嚴一乘教義分齊章』권3(T45, 495c)에서 재인용한 것으로 보인다. "如法界體性經云。佛告文殊師利。汝云何教諸善男子發菩提心。文殊言。我教發我見心。何以故。我見除即是菩提故。" 인용문 마지막의 '除'는 '際'로 된 판본도 있다.

97 인도 출신의 승려 지공指空은 1324년경에 원元의 연경燕京에 도착하고, 충숙왕 3년(1326)에 고려에 와서 무생계無生戒를 전했다. 또한 지공이 고려에 전래한 경으로『文殊師利菩薩最上乘無生戒經』이 있다. 위의 본문에서는 '큰 무생인'을 시교·종교·돈교·원교의 순서로 논하고 있는데, 그 가운데 돈교에서는 '자기 마음을 직관하여 닦을 것도 깨칠 것도 없이 본래 청정함'을 무생無生으로 보고 있다고 설명하였다. 체원은 지공의 무생계가 바로 이 돈교의 맥락에서 제기된 것이라고 설명하였다.

하기 때문에 말로 설할 수 있다. 그러나 인분因分을 빌려 과분果分의 불가설처不可說處의 무생인을 증득하고자 하므로 '대무생인'이라 하였다.

後中刹那者。時之極促。如壯士屈伸臂項也。言入法流水者。十地論云。八地已上無相智。聖道法流。刹那刹那。任運而轉。謂能證聖智。速疾增進。而無功用。任運而轉。如彼馻水。流流無絶故。言現發如來下。正明願同今師。終成究竟之果也。言如來者。若約終敎。乘如實道。來成正覺故。若約頓敎。無所從來。亦無所去故。若約圓敎初發心時。煩惱斷盡。福智成竟。舊來不動。故曰如來。言大無生忍者。忍謂忍解印可。智照觀達。此忍在等覺後心。爲斷微細無明煩惱。若約圓敎。位位斷感¹⁾成佛。乃至信位初心。亦得此忍。今寄終敎位說。義如十忍品說。彼疏云。無生忍者。若約忍無生理。即無生之理。²⁾ 若約無生之智。及煩惱不生。則無生即忍。通二釋也。若約始敎。人法俱空曰無生理。若約終敎。如來藏隨緣六道生滅。全如來藏故。始覺之日。本無始本之異。名無生理。若依頓敎。直觀自心。無修無訂³⁾本來淸淨。方曰無生。故法界體性經云。佛告文殊。汝云何敎諸善男子。發菩提心。文殊言。我敎發我見心。何以故。我見際即是菩提。【指空戒名依此】若依圓敎。舊來不動。名無生理。上皆猶是敎分可說。然借因分。願證果分不可說處無生忍。故云大無生忍也。

1) ㉮ '感'은 '惑'과 통용하여 썼다. 2) ㉯ '理'는 『淸涼疏』에는 '忍'으로 되어 있다. 3) ㉰ '訂'은 '證'인 듯하다.

이상으로 '귀의하여 발원을 사뢰고 일을 이어받아 과보를 이룸'을 해석하였다. 이 부분 중 환희지에 대해 『청량소』와 『행원품소』에서 열 가지 원으로 해석하고 있다. 청량은 『양섭론석梁攝論釋』을 인용해서 "첫째 공양원供養願, 둘째 수지원受持願, 셋째 전법륜원轉法輪願, 넷째 수행이리원修行二利願, 다섯째 성숙중생원成熟衆生願, 여섯째 승사원承事願, 일곱째 정토원

淨土願, 여덟째 불리원不離願, 아홉째 이익원利益願, 열째 성정각원成正覺願."[98]이라고 하였다.

이 열 가지 원으로 『백화도량발원문』을 해석하면 "관음대성을 부르면서 스승으로 모시겠습니다." 이하는 승사원이고, "십원육향" 이하는 수행이리원이며, "몸을 버리는 이 세상과 몸을 받는" 이하는 공양원이니, "머무는 곳마다 그림자가 형체를 따르듯이"는 어찌 부처님을 공양하는 일이 아니겠는가. "언제나 정법을 듣고"는 수지원이고, "교화를 돕겠습니다."는 전법륜원이며, "널리 온 누리" 이하는 성숙중생원이고, "이 생의 업보가 다할 때" 이하는 이익원이고, "한 찰나에" 이하는 정토원이고, "여러 보살과 함께" 이하는 불리원이고, "진리의 흐름에 들어" 이하는 성정각원이다. 이는 모두 저것에 준한 것이니, 알 수 있을 것이다.

이 열 가지 원 중에 원인과 결과가 잘 갖추어져 있다. 그러므로 청량淸凉이 "말로 나타내면 앞의 아홉은 원인을 구하는 것이고, 뒤의 하나는 결과를 구하는 것이다. 모든 것을 포함하는 입장에서 말하면 일곱째도 결과를 구하는 것이 되니, 결과에 의지하기 때문이다. 그러나 열째가 바로 결과이고, 나머지는 원인이다.……열 가지만 설하는 이유는, 두 가지 장엄【복福과 지智】과 두 가지 이익【자리自利와 이타利他】을 포함함으로써 원인과 결과의 수행 단계가 빠짐없이 갖추어지기 때문이며, 이 열 가지로 한량없는 원을 나타내기 위함이다."[99]라고 하였다.【화엄의 십수十數는 모두 한량없음을 나타낸다.】

약사여래의 12원과 아미타불의 48원이 모두 이 열 가지 원에 포함된다. 저것에 준하면 환히 드러나 숨겨진 것이 없을 것이다. 이 열 가지 원을 갖추었으므로 발원이라 하나니, 도를 이루려는 자라면 누군들 본받지

---

98 澄觀, 『華嚴經疏』 卷34(T35, 761c).
99 澄觀, 『華嚴經疏』 卷34(T35, 762a).

않을 수 있으랴.

此上敬伸發願。承事成果中。若准勸[1]喜地淸凉疏。及行願品疏。亦以十種願釋之。謂淸凉引梁攝論釋云。一供養願。二受持願。三轉法輪願。四修行二利願。五成熟衆生願。六承事願。七淨土願。八不離願。九利益願。十成正覺願。若以彼釋。此言稱觀世音以爲本師下。承事願。十願六向下。修行二利願。捨身受身下。供養願。謂隨所住處如影隨形。豈無供佛之行。恒聞正法者。受持願。助揚眞化者。轉法輪願。普令法界下。成熟衆生願。此報盡時下。利益願。一刹那下。淨土願。與諸菩薩下。不離願。入法流水下。成正覺願。並准彼可知。此十願中。具因果也。故淸凉云。若就言現前九求因。後一求果。若約具攝。七亦求果。是依果故。然第十正果。餘則是因。乃至所以但說十者。以攝二嚴【福智二也】二利。因果行位。無不周故。又爲表此無盡願也。【華嚴十數皆表無盡】藥師十二願。彌陁四十八大願。皆攝在此十願中也。以彼准之。昭然無隱矣。具此十願。方爲發願。凡爲道者。可不勉焉。

1) ㉘ '勸'은 '歡'인 듯하다.

제3장 마치면서 귀의하여 우러러 받들고 본사에게 회향함

문 원을 발하였으니
관자재보살께 몸과 마음을 바쳐 정례하옵니다.

發願已。歸命頂禮觀自在菩薩摩訶薩。

집 셋째는 마치면서 귀의하여 우러러 받들고 본사에게 회향하는 것이다. 이는 세 가지 회향 가운데 보리회향菩提廻向이니, 중생을 깨닫게 하고

자기도 정각을 이루었기 때문이다. 또 이미 자성에 맞으므로 실제회향實
際廻向이고, 자리와 이타를 갖춘 원행이므로 중생회향衆生廻向이다. 이렇
게 하여 세 가지 회향이 모두 갖추어졌다.

第三結歸投仰。廻向本師。三處廻向中。菩提廻向也。以是覺有情故。亦是
已成正覺故。又旣是稱性故。卽是實際廻向。又旣具二利願行故。亦是衆生
廻向。如此則三處具矣。

백화도량발원문 약석 1권
白花道場發願文略釋一卷

나의 가형家兄 보응 대사普應大師 원공源公은 일생을 관음대성만 믿어서 『화엄경』의 관음법문을 지송하도록 권하셨다. 30여 명(의 제자들)이 내게 그 『경』(『화엄경』의 관음법문)을 주석해 달라고 청하기에, 『청량소』를 가지고 『경』 아래에 주를 붙이고 또 간략한 주해들을 모아서 2권[100]을 만들었다.

또 『경』의 취지에 입각해서 『백화도량발원문』을 간략히 주해하여 형이 우러러 믿는 정성을 돕고, 아울러 같이 배우는 벗들의 뜻에 답하고자 널리 법재法財를 전하노니, 위로는 한 사람의 그윽한 복에 의지하고, 아래로는 진리의 흐름을 구류九類 중생에게 베풀고자 할 뿐이다.

치화致和 원년(1328) 무진戊辰 10월 해인사에서 집해集解하다.

我家兄普應大師源公。一生偏信觀音大聖。勸誦花嚴觀音法門。三十餘人。倩我注來其經。以淸凉疏。箋於經下。兼集略解。因成二卷。又依經旨。略解白花道場文。以助家兄崇信之誠。兼答同學交于之意。廣施法財。上資玄福於一人。下施法流於九類云耳。

致和元年。戊辰十月。在海印山寺集解。

---

[100] 체원體元이 집록集錄한 『華嚴經觀自在菩薩所說法門別行疏』 2권(H6)을 말한다.

후학 사미 목암 체원木庵體元이 쓰고,
각화사 주지 비구 성지性之가 교감하다.

원통元統 2년(1334) 갑술 7월 일 계림부鷄林府에서 개판하다.
　동원同願 각수刻手 승僧 보영甫英
　색기관色記官 최변崔汴
　별색전부호장別色前副戶長 이기李奇
　동원同願 수재秀才 김신기金神器 서書
　동원同願 동천사東泉社 도인道人 선순善珣
　계림부권지윤鷄林府權知尹 승봉랑承奉郎 도관좌랑都官佐郎 지울주사知蔚州事 겸 권농사勸農使 노신盧愼[101] □

後學沙彌木庵體元誌。
覺華寺住持比丘性之校勘。
元統二年甲戌七月日。雞林府開板。
同願刻手。僧甫□。[1)]
色記官。崔汴。
別色前副戶長。李奇。
同願秀才。金神器書。
同願東泉社道人。善珣。
雞林府權知尹承奉郎都官佐郎知蔚州事兼勸農使。盧□[2)]□。

1) ㉠ □는 새로 발견된『白花道場發願文略解』에는 '英'으로 되어 있다.　2) ㉠ □는 '愼'인 듯하다.

---

101 노신盧愼 : 채상식蔡尙植에 따르면,『白花道場發願文略解』(1334)보다 1년 뒤인 원통 3년(1335)에 간행된『觀心論』의 간기가『略解』의 간기와 거의 유사한데, 그 가운데 "同願 雞林府權知尹 蔚州副使 盧愼"이라는 문구가 있어, 결락된 글자가 '愼'임을 알 수 있다. 蔡尙植,『高麗後期佛敎史研究』, 一朝閣, 1991, p.208.

화엄경관자재보살소설법문별행소
| 華嚴經觀自在菩薩所說法門別行疏 |

체원 집해 體元集
박인석 옮김

화엄경관자재보살소설법문별행소
華嚴經觀自在菩薩所說法門別行疏 해제

박 인 석
동국대학교 불교학술원 조교수

1. 개요

고려의 체원體元이 당의 반야 삼장般若三藏이 한역한 40권본 『화엄경』 가운데 관자재보살과 관련된 경문을 대상으로 삼아, 경문에 대한 청량 징관淸涼澄觀의 소疏를 기준으로 삼고, 체원 자신이 기존의 여러 주석을 모아 '집왈集曰'의 형식으로 보충 설명을 붙여 간행한 책이다.

2. 저자

체원의 정확한 생몰연도는 확인할 수 없다. 다만 그의 저술의 편찬 연대를 보면 1328년에 해인사에서 『화엄경관자재보살소설법문별행소』(이하 『별행소』로 약칭)와 『백화도량발원문약해』(이하 『약해』로 약칭)를 편찬하고, 1334년 계림부에서 『약해』를 개판했으며, 1338년에는 『화엄경』을 사경寫經하기도 했으므로, 그가 14세기 전반에 활발히 활동했음을 알 수 있다. 체원에 대해 알 수 있는 자료로는 그의 저술에 나온 발문과 최해崔瀣 (1287~1340)가 쓴 「송반룡여대사서送盤龍如大師序」(『동문선』 제84권) 등을 들 수 있다. 이들 자료에 따르면, 그의 법명은 체원體元이고, 법호는 목암木庵·향여向如이며, 각해대사覺海大師라는 호를 받았다. 또한 최해의 글에서 태정泰定 초初(1324~1325, 충숙왕 11~12)에 반룡사盤龍社의 주법으로 추천된 '법수당두 각해 여공法水堂頭覺海如公' 역시 체원을 가리킨다.[1]

최해의 글에 따르면, 체원은 이진李瑱(1244~1321)의 둘째 아들이고, 이제현李齊賢(1287~1367)의 바로 위의 형이다. 이를 잠시 살펴보자.

> 사師는 동암東庵 이문정공李文定公의 둘째 아들인데, 지금 왕부단사관王府斷事官 국상國相 익재益齋 공의 형이다. 친교 맺기를 좋아하여 당대의 이름난 귀공자인 회안군淮安君과 그 아우 창원공昌原公 같은 이도 다 사師를 경애하였다.[2]

동암東庵은 체원의 부친인 이진의 호이고, 문정文定은 그에게 내려진 시호이다. 익재益齋는 이제현의 호로서, 이 글을 쓴 최해는 이제현과 돈독한 사이였다. 체원이 이제현의 바로 위의 형이라는 점에서 그가 태어난 해를 대략 1280년대 초중반으로 보고 있다.[3] 한편 위의 글에서 최해는 체원의 출가와 이후의 삶에 대해 다음과 같이 기술하였다.

> 여공如公은 소년 시절에 머리를 깎고 선불장選佛場에서 고보高步하였

---

1 蔡尙植, 『高麗後期佛敎史硏究』, 一潮閣, 1991, p.199.
2 『東文選』 권84 「送盤龍如大師序」, "師東庵李文定公次子. 今王府斷事官國相益齋公之兄. 善結交. 當代名勝貴公子如淮安君. 其弟昌原公. 皆敬愛師云." 번역은 한국고전번역원에서 재인용.
3 蔡尙植, 위의 책, p.199.

으며, 태위상왕太尉上王(충선왕)에게 지우知遇를 얻어 승직僧職을 높이고 명찰名刹을 제수 받았다. 그러나 어버이가 늙었으므로 차마 좌우를 떠나지 못하고 탕약湯藥은 반드시 먼저 맛보았으며 죽은 뒤에도 더욱 형제간에 우애하였으니, 대개 그 효도하고 우애하는 마음이 천성에서 우러난 것이다.[4]

인용문에 나오는 태위상왕은 충선왕忠宣王으로, 그는 원에 있을 때 체원의 동생인 이제현을 불러 원의 학자들과 교류시키기도 했다.

이상의 내용을 바탕으로 체원의 생애와 활동을 좀 더 구체적으로 정리하면 다음과 같다. 우선 그는 1280년대 초중반에 태어나 소년 시절에 출가하였다. 태정 초(1324~1325)에 반룡사盤龍社의 주법으로 추천되었고, 치화致和 원년(1328)에는 해인사에서 『별행소』와 『약해』를 편찬하였으며, 1334년에는 계림부에서 『약해』를 개판하였다. 1338년에 『화엄경』을 사경하면서 남긴 발문을 보면 당시 체원은 양가도승통兩街都僧統의 지위에 있었다.[5]

현재 그에게는 3종의 편찬서(주석서)와 1종의 발문이 남아 있다. 이를 연대순으로 정리해 보면 다음과 같다. 1328년에 작성된 『약해』의 발문에 따르면, 이 당시 그는 『별행소』 2권을 먼저 편찬했고, 다음으로 『약해』를 편찬했다. 1331년 10월에는 『별행소』에서 경문과 과목만을 남겨 독송용으로 만든 『관음지식품觀音知識品』을 편찬했는데, 이 문헌은 현재 후반부만 남아 있다. 그리고 같은 해(1331) 12월에는 『삼십팔분공덕소경三十八分

---

4 앞의 책, "如公妙年披剃。高步選佛場。見知太尉上王。崇緇秩授名刹。而以親老不忍去左右。湯藥必先嘗。至丁其歿。尤友愛弟兄間。蓋孝悌發於性."
5 蔡尙植, 앞의 책, pp.200~201. 이 발문은 국립중앙박물관에 소장되어 있다. 여기에 나오는 "上資玄福於一人"이라는 구절은 『백화도량발원문약해』 말미의 발문에도 동일하게 나오므로, 이 발문을 체원이 직접 지었을 가능성도 있다고 생각한다.

功德疏經』에 대한 발문跋文을 작성했다. 『삼십팔분공덕소경』은 도교와 불교가 습합된 형태의 책으로, 체원은 그의 사형인 인원忍源의 청에 의해 발문을 작성하게 되었다고 말하였다.

3. 서지 사항

이 문헌은 현재 『한국불교전서』 제6책에 수록되어 있는데, 체원이 1328년 해인사에서 상·하 2권으로 편찬한 것이다. 현재 규장각에 소장된 판본을 보면, 이 문헌의 발행지·발행자·발행연도 등이 모두 불명不明으로 되어 있다.

4. 내용과 성격

1) 『별행소』 편찬의 계기

체원이 『별행소』를 편찬하게 된 계기는 1334년 개판된 『약해』의 말미에 수록되어 있는 발문에 잘 나타나 있다. 이에 따르면, 체원의 사형인 보응 대사普應大師 원공源公은 일생 동안 관세음보살만을 믿었고, 사람들에게 『화엄경』에 나오는 관음법문을 지송하도록 권하였다. 그러던 중 여러 제자들이 체원에게 『화엄경』의 관음법문을 주석해 주기를 청하자, 체원이 청량 징관의 소疏를 경문에 붙이고 그 외의 주해를 모아 상하 2권으로 편찬하였다. 징관의 소는 40권본 『화엄경』에 대한 주석서인 『화엄경행원품소華嚴經行願品疏』를 가리킨다. 다만 체원은 80권본 『화엄경』에 대한 징관의 주석서인 『화엄경소華嚴經疏』 역시 참고하고 있다. 체원의 사형 원공은 체원이『삼십팔분공덕소경』의 발문을 작성하는 데 있어서도 큰 영향을 끼친 인물이다. 원공은『화엄경』의 관음법문과『삼십팔분공덕소경』등을 신앙하는 데 매진했던 인물로 보이고, 이들 문헌에 대한 학문적 주석과 발문의 작성 등은 화엄학에 조예가 깊었던 체원이 맡았던 것으로 보인다.

2)『별행소』의 구성과 주요 내용

체원은 40권본『화엄경』에서 관자재보살이 등장하는 부분을 별행시켜 주석했는데, 주석의 체제는 청량 징관의『화엄경행원품소』에 의거하였다. 체원은 관자재보살의 법문에 국한시켜 과목과 주석을 달았지만,『별행소』가 시작되는 전반부에『화엄경』의 여러 한역본에 대한 소개와 소주疏主인 징관에 대한 소개를 먼저 배치한 뒤, 본격적으로 관자재보살의 법문에 대한 주석을 전개한다.

『화엄경』의 한역본과 징관에 대한 소개를 마친 후 체원은『별행소』를 크게 세 가지로 나누었다. 첫째는 삼보에 귀경하는 것이고, 둘째는 관자재보살과 관련된 경문을 따라가면서 해석하는 것이고, 셋째는 회향이다. 이 중 첫째와 셋째는 징관의『화엄경행원품소』의 맨 앞과 제일 뒤에 나오는 내용으로, 간략히 언급되고 있다.

『별행소』의 대부분을 차지하는 둘째 부분 역시 크게 둘로 나뉜다. 처음은 '대방광불화엄경大方廣佛華嚴經 입부사의해탈경계보현행원품入不思議解脫境界普賢行願品'이라는 40권본『화엄경』의 제명을 해석하는 것이다. 다음으로 관자재보살이 등장하는 경문을 해석하는 것이 실질적인 본문에 해당한다. 40권본『화엄경』을 보면 관자재보살의 법문은 제16권에 나오는데, 관자재보살에 대한 언급은 선재가 관자재보살을 만나기 직전에 친견한 비슬지라 거사에게서부터 나오므로『별행소』의 경문은 비슬지라 거사와 선재의 문답에서 시작된다. 그런데 거사와 선재의 문답 중간에서부터

『별행소』가 시작되는 것이 어색했는지 체원은 40권본 『화엄경』에는 없는 "爾時。毗瑟底羅居士。告善財言。"이라는 12자를 경문의 첫머리에 추가하고, 협주에서 이를 밝혀 두었다. 징관의 과목에 따르면, 비슬지라 거사와 관자재보살에 대한 경문은 모두 6단락으로 나뉘는데, 비슬지라 거사는 회會의 후반부에서 선재에게 관자재보살을 언급하므로, 비슬지라 거사가 나오는 6단락 중 뒤의 2회가 『별행소』의 전반부에 나오고, 관자재보살이 등장하는 6단락 전체가 그다음에 이어진다.

전반적인 주석의 방식은 징관의 소에 따라 해당 경문의 과목을 먼저 드러낸 뒤, 징관의 주석을 인용하여 경문을 해석하고, 그에 대해 보충 설명이 필요한 부분이 있으면 '集曰'이라는 문구 아래 여러 가지 주석서들을 인용하여 그 내용을 보완하는데, 종밀의 『화엄경행원품소초華嚴經行願品疏鈔』, 징관의 『화엄경수소연의초華嚴經隨疏演義鈔』, 이통현의 『신화엄경론新華嚴經論』 등의 내용이 동원된다. '集曰' 부분에서 또한 주목되는 점은 체원이 『법화경』 「관세음보살보문품」의 내용을 인용하여 『화엄경』과 상세히 대비시키는 점이다. 물론 『화엄경』과 『법화경』에 나오는 관음법문에 대한 대비 역시 기본적으로는 징관의 주석에 의거하지만, 체원은 두 경의 문구를 상세히 거론하여 이를 더욱더 자세히 설명해 주고 있다.

이 외에도 체원은 그가 『약해』에서 화엄의 5교판에 따라 본문을 주석한 것처럼, 『별행소』의 주석에 있어서도 화엄의 교판설에 근거하여 내용을 설명하고 있다. 가령 관자재보살의 '대비大悲'와 관련하여 유혹留惑, 곧 번뇌를 남겨 윤회하면서 중생을 구제하는 문제를 설명함에 있어, 관자재보살의 대비는 범부·이승·시교의 설명과는 확연히 다른 『화엄경』의 특징이 있음을 보여 주고 있다. 이 부분의 설명에 있어 체원은 법장의 제자인 문초文超의 글을 인용하기도 한다. 문초의 글은 아주 일부분만 현존하고 있으므로, 체원이 인용한 글은 매우 주목할 만하다.

『별행소』의 하권은 관자재보살이 선재를 위해 게송으로 설법하는 내용이 주를 이루는데, 이 부분을 주석함에 있어 체원은 영험담을 많이 소개한다. 아마 이는 경문을 수지해서 얻게 되는 실질적인 영험을 부각시킴으로써 『화엄경』에 대한 대중적 신앙을 강조한 것이라고 생각된다.

마지막으로 『별행소』를 이루는 세 가지 큰 단락 중 셋째 '회향' 부분에서 체원은 징관의 『화엄경행원품소』 마지막에 나오는 7언 4구의 회향게를 소개한다. 그리고 '集曰' 부분에서 회향에 중생衆生·보리菩提·실제實際의 세 가지 회향이 있는데, 징관의 회향게에 이 세 가지가 모두 있음을 밝히는 것으로 『별행소』를 매듭지었다.

5. 가치

체원의 『별행소』는 14세기 고려 불교의 화엄 교학에 대한 수준을 알려주는 매우 귀중한 주석서이다. 경문을 이해함에 있어 기존의 권위 있는 주석서에 의거하여 과목을 분류하고 내용을 풀어 주고 있으며, 상당히 다양한 경론을 인용하여 그 내용을 뒷받침하고 있다. 또한 이 문헌에는 순수한 학술적 측면뿐 아니라 실제로 『화엄경』의 관자재보살의 법문을 수지 독송함으로써 얻을 수 있는 종교적 체험의 측면 역시 강조되고 있다.

6. 참고 자료

蔡尙植, 『高麗後期佛敎史硏究』, 一潮閣, 1991.

華嚴經觀自在菩薩所說法門別行疏 科目

편	장	1	1)	(1)	①	가	가)	(가)	㉮
一歸敬三寶									
二隨文正釋	一略釋經題	先標總題	第一總顯得名						
			第二對辨開合						
			第三具彰義類						
			第四展卷難思						
	二正釋經文	第一釋品目							
		先毗盧遮那會	先指示後友	先長行	先舉友依正				
					後勸往教問				
				二偈頌					
			二禮辭						
		二觀自在會	第一依教推求	先念前					
				二趣後					
			第二見敬諮問	先覩見	先見勝依正				
					二將(彰)見之益				
					三友垂讚讚				
				二欽問					
				二長行二	先讚美	先擧名相			
					二按已法界二	二略顯體相			
			第三稱讚授法			先標其名			
						二略顯體相	先約普門		先略顯
							二廣顯業用二		二廣明
						第二約大悲行以題業用三		一令繼怖
								二顯難因
								三令離究竟

편	장	1	1)	(1)	①	가	가)	(가)	㉮
					先說意				
					一偈詞五	第二偈頌二			
					二頌其敬問	第一讚彼自述			
						第二讚其敬問			
						第三頌稱讚授法二	先結集		
							一正頌前文授己法界二	先頌標擧名相	一總明
							二頌印文授己法界二	一廣辯業用三	二別顯
									第三總結成益
						第四即讚已推勝			
						第五示後勸修			
				先正謙推	先敍設儀				
				二善財領解	一說偈三	先惣讚	一讚所得法門		
					二說偈三	二別讚四	二讚神通		
							三自申讚意		
							四廣讚勝德	先讚身相任嚴	一惣讚悲滿周邊平等
								二讚業用深廣三	二讚依正妙嚴滿衆生願
									三悲隨萬類拔苦慰安
		大段第四謙已推勝二				第三結歎			
		大段第五指示後友二	先後友二						
			二大聖指示						
		大段第六懸德體辭							
三述意週向									

차례

화엄경관자재보살소설법문별행소華嚴經觀自在菩薩所說法門別行疏 해제 / 75
일러두기 / 88

화엄경관자재보살소설법문별행소 상권 / 89

제1편 삼보에 귀경함 95

제2편 경문을 해석함 97

제1장 경의 제목을 해석함 97
　1. 총명總名을 드러냄 97
　　1) 경명을 총체적으로 드러냄 97
　　2) 개합開合을 짝지어 설명함 99
　　3) 의미의 부류를 자세히 드러냄 99
　　　(1) 대大의 열 가지 뜻 100
　　　(2) 방方의 열 가지 뜻 101
　　　(3) 광廣의 열 가지 뜻 101
　　　(4) 불佛의 열 가지 뜻 103
　　　(5) 화華의 열 가지 뜻 104
　　　(6) 엄嚴의 열 가지 뜻 105
　　　(7) 경經의 열 가지 뜻 106
　　4) 전권난사展卷難思 106
　2. 품목品目을 해석함 108
제2장 경문을 곧장 해석함 117
　1. 비슬지라회毗瑟底羅會를 해석함 118
　　1) 뒤에 오는 선우를 가리켜 보임 118
　　　(1) 장행長行 118
　　　　① 선우의 의보依報와 정보正報를 들어 보임 118
　　　　② 가서 묻기를 권함 122

(2) 게송偈頌 123
2) 예를 올리고 사직함 125
2. 관자재회觀自在會 127
  1) 가르침에 따라 찾아감 136
   (1) 앞의 선우를 생각함 136
   (2) 다음으로 나아감 138
  2) 보고서 공경히 물음 139
   (1) 봄 139
    ① 수승한 의보와 정보를 봄 139
    ② 보는 것의 이익을 드러냄 144
    ③ 선우가 칭찬하며 거두어들임 147
   (2) 공경히 물음 149
  3) 칭찬하며 법을 전수함 151
   (1) 장행長行 151
    ① 찬미함 151
    ② 자신의 법계를 전수함 153
     가. 법계의 이름과 모습을 제시함 153
      가) 이름을 드러냄 154
      나) 체상體相을 간략히 드러냄 156
     나. 업용業用을 자세히 밝힘 158
      가) 보문에 의거하여 밝힘 159
       (가) 간략히 밝힘 159
       (나) 자세히 밝힘 162
      나) 대비행大悲行에 의거하여 업용業用을 드러냄 166
       (가) 두려움을 여의게 함 166
       (나) 두려움을 여의는 원인을 드러냄 172
       (다) 두려움을 궁극적으로 여의게 함 173

화엄경관자재보살소설법문별행소 하권 / 175

  (2) 게송 176

① 설하는 의도 176
② 게송의 글 176
　가. 선재를 찬탄하며 스스로 술회함 179
　나. 선재를 찬탄하며 정중히 물음 180
　다. 게송으로 칭찬하며 법을 전수함 181
　　가) 결집結集 181
　　나) 앞에서 자신의 법계를 전수한 것을 곧장 노래함 184
　　　(가) 자신의 이름과 모습을 게송으로 드러냄 184
　　　(나) 업용業用을 자세히 설명함 185
　　　　㉮ 총체적으로 밝힘 185
　　　　㉯ 별도로 드러냄 186
　　　　　a. 계박의 두려움에서 벗어남을 노래함 186
　　　　　b. 살해의 두려움에서 벗어남을 노래함 191
　　　　　c. 왕과 관리의 두려움에서 벗어남을 노래함 193
　　　　　d. 애별리의 두려움에서 벗어남을 노래함 195
　　　　　e. 흑암黑暗의 두려움에서 벗어남을 노래함 197
　　　　　f. 험도險道의 두려움에서 벗어남을 노래함 199
　　　　　g. 원증회怨憎會의 두려움에서 벗어남을 노래함 201
　　　　　h. 몸을 핍박하는 두려움에서 벗어남을 노래함 204
　　　　　i. 악명惡名의 두려움에서 벗어남을 노래함 205
　　　　　j. 미혹迷惑의 두려움에서 벗어남을 노래함 205
　　　　　k. 마음을 핍박하는 두려움에서 벗어남을 노래함 207
　　　　　l. 병의 두려움에서 벗어남을 노래함 208
　　　　　m. 불활不活의 두려움에서 벗어남을 노래함 210
　　　　　n. 빈궁의 두려움에서 벗어남을 노래함 211
　　　　　o. 악도惡道의 두려움에서 벗어남을 노래함 212
　　　　　p. 대중위덕大衆威德의 두려움에서 벗어남을 노래함 213
　　　　　q. 천이遷移의 두려움에서 벗어남을 노래함 214
　　　　　r. 구부득求不得의 두려움에서 벗어남을 노래함 215
　　　　　s. 열뇌熱惱의 두려움에서 벗어남을 노래함 217
　　　　　t. 죽음의 두려움에서 벗어남을 노래함 220
　　　　㉰ 이익이 됨을 총결함 223

라. 스스로를 낮추고 뛰어난 이를 추대함 ········ 228
　　　마. 뒤의 선우를 보여 주며 수행을 권함 ········ 229
　4) 스스로를 낮추고 뛰어난 이를 높임 ········ 230
　(1) 곧장 스스로를 낮추고 뛰어난 이를 높임 ········ 230
　(2) 선재가 이해함 ········ 234
　　① 설하는 의례를 서술함 ········ 234
　　② 게송을 설함 ········ 237
　　　가. 총체적으로 찬탄함 ········ 237
　　　나. 별도로 찬탄함 ········ 238
　　　　가) 증득한 법문을 찬탄함 ········ 238
　　　　나) 신통을 찬탄함 ········ 239
　　　　다) 스스로 찬탄의 뜻을 펼침 ········ 240
　　　　라) 뛰어난 공덕을 널리 찬탄함 ········ 241
　　　　　(가) 몸의 장엄을 찬탄함 ········ 241
　　　　　(나) 업용業用의 깊고 광대함을 찬탄함 ········ 245
　　　　　　㉮ 자비로 두루 평등하게 제도함을 찬탄함 ········ 245
　　　　　　㉯ 의보와 정보가 오묘하게 장엄되어 중생의 소원을 만족시킴을 찬탄함
　　　　　　　········ 246
　　　　　　㉰ 자비로 온갖 중생마다 고통을 없애어 편안케 함 ········ 247
　　　다. 찬탄을 매듭지음 ········ 249
　5) 뒤의 선우를 지시함 ········ 251
　(1) 뒤의 선우가 회에 들어옴 ········ 251
　(2) 대성이 지시함 ········ 257
　6) 덕을 사모하며 사직함 ········ 261

제3편 발원하고 회향함 ········ 263

간기 / 265

일러두기

1 '한글본 한국불교전서'는 문화체육관광부의 지원을 받아 동국대학교 불교학술원에서 수행하고 있는 '불교기록문화유산아카이브(ABC)사업'의 결과물을 출간한 것이다.
2 이 책은 『한국불교전서』(동국대학교출판부 간행) 제6책에 수록된 『화엄경관자재보살소설법문별행소華嚴經觀自在菩薩所說法門別行疏』를 저본으로 번역하였다.
3 번역문에 이어 원문을 병기하고 간단한 표점 부호를 삽입하였다.
4 원문의 교감 사항은 번역문의 각주와 별도로 원문 아래 부분에 제시하였다.
   ㉠은 『한국불교전서』 편찬자가 교감한 내용이다.
   ㉡은 번역자가 교감한 내용이다.
5 약물은 다음과 같다.
   『 』: 서명
   「 」: 편명, 산문 작품
6 역주에서 소개한 출전은 약호로 표시하였다. T는 『대정신수대장경大正新脩大藏經』, X는 『신찬대일본속장경新纂大日本續藏經』의 약호이다.

화엄경관자재보살소설법문별행소 상권
華嚴經觀自在菩薩所說法門別行疏 卷上*

해동사문 체원體元이 소疏를 채록採錄하여 경經을 주석하고 아울러 간략한 풀이를 모음**

海東沙門。體元。錄疏注經。幷集略解。

* ㉠ 底本은 海印寺 寺刊藏本이다. 甲本은 般若 譯 40권본『大方廣佛華嚴經』의 권16에 수록된「觀音知識品」(新修藏經 권10)이고, 乙本은 澄觀 述『華嚴經行願品疏』(續藏經 第一編 七套第三冊)이고, 丙本은『大方廣佛華嚴經普賢行願品別行疏』로서, 澄觀의『別行疏』에 宗密이『疏』를 따라 鈔한 것이다.(續藏經 第一編 七套第五冊)
** 주석의 대상인 경은 반야般若 역譯, 40권본『大方廣佛華嚴經』제16권에 나오는 관자재보살과 관련된 대목이고, 소疏는 징관澄觀 술述,『華嚴經行願品疏』(X5)이다. 이상의 내용에 관한 설명이 더 필요한 부분에 대해서는 80권본『華嚴經』에 대한 징관의 주석서인『華嚴經疏』(T35),『華嚴經隨疏演義鈔』(T36), 그리고 종밀宗密의『華嚴經行願品疏鈔』(X5) 등을 인용하여 보충 설명하고 있다. 체원은 이를 '간략한 풀이를 모아 편집함(集略解)'이라고 하였다.

경 계빈국罽賓國 삼장三藏 반야般若가 칙명을 받들어 경을 번역함

罽賓國三藏。般若。奉詔譯經。

집 이 경은 세 가지 번역본이 있다.

첫째는 동진東晉의 사문 지법령支法領이 몸을 바쳐 법을 구하여 차구반 국遮拘盤國에 이르러 범본梵本 3만 6천 게송을 청해 얻은 것으로, 북천축北 天竺 삼장 불도발타라佛度跋陁羅—당나라 말로는 각현覺賢이다.—를 청하 여 그와 함께 양주楊州의 사사공사謝司空寺에 돌아와 진경晉經 60권으로 번 역해 내었으니, 34품이 있다. 사문 법업法業 등이 필수筆受를 맡았고, 혜 엄惠嚴 등이 윤문潤文을 맡았으니, 안제安帝 의희義熙 14년(418)으로 여래께 서 입멸入滅하신 지 천2백 년이 지난 때였다.

둘째는 대당大唐 증성證聖 원년元年(695) 을미세乙未歲에 거듭 범본을 맞 이하여 우전于闐의 삼장 실차난타實叉難陁—당나라 말로는 희학喜學이 다.—가 동도東都 불수기사佛授記寺에서 측천무후則天武后의 칙명을 받아 옛 경을 번역하고 아울러 여러 빠진 부분을 보충한 것이다. 모두 4만 5천 게송으로, 합하여 당본唐本 80권을 이루었으니, 39품이 있다. 사문 의정義 淨·홍경弘景, 국사 현수賢首 등이 함께 번역하였고, 법사 복례復禮가 윤색 潤色을 맡았다.

이상 두 책의 마지막 품은 모두「입법계품入法界品」이라 했는데, 관자재 보살觀自在菩薩이 설한 문의文義에 두루하지 못함이 있었다.

셋째는 당 덕종德宗 정원貞元 12년(796) 세차歲次 병자丙子에 계빈국罽賓 國의 반야般若 삼장三藏에게 칙명을 내려 경사京師의 대숭복사大崇福寺에서 번역하여 40권을 이룬 것이다. 사문 원조圓照가 필수를 맡았고, 지정智淨 등이 철문綴文을 맡았으며, 국사 징관澄觀 등이 상정詳定을 맡았으니, 옛 경의「입법계품」에 해당한다. 지금은「입부사의해탈경계보현행원품入不思

議解脫境界普賢行願品」이라 부르니, 40권이 있으며, 모두 53선지식이 설한 내용이다. 28번째가 관자재보살이 설한 것으로, 제16권에 해당한다. 대성大聖(관자재보살)의 교화는 비원悲願이 더욱 깊고, 이 사바세계娑婆世界에서는 음성音聲의 교체敎體가 감응이 빨라 사람들이 많이 외우므로 별도로 유통시킨 것이다.

"계빈국……"이라 한 것은 곧 역주譯主의 가호嘉號이다.『정원록貞元錄』[1]에서 말하기를 "계빈罽賓은 북천축 지역의 이름으로 또한 가필시국迦畢試國이라 부른다."고 했다. '삼장'이란 덕호德號이다. '반야'는 가휘嘉諱이다. 범어로 갖춰 말하면 '반랄약般剌若'이니, 당나라 말로는 지혜智慧를 뜻한다. 성은 교답마喬答摩씨이니 곧 구담瞿曇씨이다. 하늘이 내린 총명함을 지니고 7세에 발심하여 양친을 모시지 않았으며, 학문이 삼장三藏에 통하였다. 손수『육바라밀경六波羅蜜經』을 지니고 바다 건너 중국에 와서 이 경을 역출譯出하였으니, 덕종이 칙명으로 삼장의 호를 내리고 자의紫衣를 하사하였다.

정원貞元 11년(795) 병자세丙子歲에 남천축南天竺 오차국왕烏茶國王이 손으로 쓴 백천百千의 게송 중에 선재동자善財童子가 55명의 성자를 가까이 받드는 과정에서 설해진「보현행원품」을 바치니, 덕종이 삼장에게 칙명을 내려 이 경을 번역하게 하였다. 그 나머지 자세한 덕행德行은『별전別傳』의 내용과 같다.

    集曰。此經有三譯。第一東晉沙門支法領。捐躬求法。至遮拘盤國。請得梵本三萬六千偈。及請北天竺三藏佛度跋陁羅。唐言覺賢。同歸於楊州謝司空寺。譯成晉經六十卷。有三十四品。沙門法業等筆受。惠嚴等潤文。即安

---

[1]『정원록貞元錄』: 갖춘 책명은『貞元新定釋敎目錄』. 총 30권. 당의 원조圓照가 편찬. 당 덕종의 칙명에 따라 정원 15년(799)에 찬술한 것이다. 후한 명제 영평 10년(67)에서 당 덕종 정원 16년까지의 734년간의 여러 대소승 경론 등을 소개한 내용이다.

帝義熙十四年如來入滅一千二百歲矣。第二大唐證聖元年乙未歲。重迎梵本。于闐三藏實叉難陁。唐言喜學。承則天詔於東都佛授記寺。譯舊經兼補諸闕。摠四萬五千頌。合成唐本八十卷。有三十九品。沙門義淨弘景國師賢首等同譯。法師復禮潤色。此上二本末品。皆云入法界。然有觀自在所說文義不周。第三唐德宗貞元十二年歲次丙子。詔罽賓三藏。於京師大崇福寺。譯成四十卷。沙門圓照筆受。智淨等綴文。國師澄觀等詳定。即舊經入法界品。今云入不思議解脫境界普賢行願品。有四十卷。皆五十三知識所說。至二十八。是觀自在菩薩說。即第十六卷也。大聖攝化。悲願尤深。於此娑婆。音聲敎體。感應斯速。人多諷誦。故爲別行。言罽賓國等者。即譯主嘉號。貞元錄云。罽賓。北天竺境名。亦云迦畢試國。三藏者。德號也。般若者。嘉諱也。梵語具云。般剌若。唐言智惠。姓是喬答摩氏。即瞿曇氏。穎悟天假。七歲發心。違侍二親。學通三藏。手持六波羅蜜經。泛海來朝。譯出玆經。德宗勅賜三藏之號。仍賜紫衣。貞元十一年丙子歲。南天竺烏茶國王。以手寫百千偈中。善財童子。親近承事五十五聖者所說普賢行願品。而奉進獻。德宗勅詔三藏。翻譯此經。其餘德行。具如別傳。

소 태원부太原府 대숭복사大崇福寺 사문沙門 징관澄觀이 소疏를 기술하다.

大原府大崇福沙門。澄觀述疏。

집 이는 소주疏主(징관)의 가호嘉號이다.
"태원부太原府"는 옛 병주幷州이다. 부府는 모이는 곳이니, 공公·경卿·사士·대부大夫가 모이는 곳을 말한다. "대숭복사大崇福寺"는 소주가 거처하던 곳이니, 측천무후가 그곳을 건립하여 복을 심는 장소로 삼았다. 사寺는 잇는다는 뜻이니, 일을 처리하는 사람들이 그곳에서 서로 계통을 잇는 것이다.² "사문沙門"은 범어이다. 여기 말로는 '부지런히 그친다(勤息)'는 뜻이니, 출가자가 부지런히 허망을 그쳐 참됨으로 돌아간다는 말이다.

다음의 두 글자(즉 징관)는 소주의 이름이니, 자字는 대휴大休이다. 개원開元 연간에 월주越州 하후씨夏候氏 집안에서 태어났다. 10세에 삼장을 이해하여 통달하였고, 11세에 삭발하여 전의田衣(가사)를 입었다. 마음이 이관리觀과 하나 되어 신新·구舊의 두『화엄경』을 강의하였고,『대소大疏』와『연의演義』등 60권과『수문수경隨文手鏡』³ 100권을 지었다.『화엄경소』를 펼침에 이르러서는 다섯 구름이 허공에 모이듯 천하의 배우는 이들이 국사의 학풍을 받들어 모여들었다.

정원貞元 연간에 덕종德宗이 칙명을 내려 계빈의 삼장과 함께 오차국烏茶國에서 진상한 범본을 번역하게 하였으니, 바로 지금의 40권본『화엄경』이다. 황제가 강설講舌을 듣고 "짐의 스승은, 말은 단아하고 간이하며, 글은 풍부하고 법식이 있도다. 제일의第一義의 하늘에서 진풍眞風을 일으켜 수승한 법으로 짐의 마음을 청량淸涼하게 하는구나."라고 찬탄하고는, 마침내 청량국사淸涼國師라는 호號를 하사하였다. 평소 말을 하면 두 명의 필수가 그들의 재능을 바쳤다. 밤에는 눈에서 빛이 났으며, 낮에는 눈을 깜빡이지 않았다. 이는 40개를 채웠고, 신장은 9척 4촌이었으며, 팔을 드리우면 무릎을 지나쳤다. 세수世壽는 102세였고 승랍僧臘은 83세였다. 구조九朝를 거치면서 일곱 황제의 스승이 되었다. 그래서 배휴裵休(797~870)가 묘각탑비妙覺塔碑를 지으면서 "이는 화엄보살華嚴菩薩이 진단震旦에 화신을 드러낸 것임을 징험할 수 있다."고 하였으니, 자세한 것은『별전別傳』과 같다.

"술述"은 기술하되 창작하지 않는다는 뜻이다.⁴

---

2 유희,『釋名』제5권「釋宮室」제17, "寺嗣也. 治事者. 嗣續於其內也."
3 『수문수경隨文手鏡』: 현재 전해지지 않는 징관의 저술.
4 『論語』「述而」편에 나오는 말. "선생님께서 말씀하셨다. 나는 기술하되 창작하지 않으

"소疏"는 경문을 통하게 하고 의리義理를 결택決擇하는 것이다.

集曰。即疏主嘉號。大原府者。古并州也。府者。聚也。謂公卿士夫之所聚也。大崇福寺者。即疏主所居處也。則天建之爲植福之地。寺者。嗣也。治事相嗣續於其內也。沙門者。梵語。此云勤息。言出家者勤勤然息妄歸眞也。次二字。即疏主名也。字大休。開元中降跡越州夏候氏家。十歲解通三藏。十一削鬃服田衣。心冥理觀。講新舊兩經。製大疏及演義等六十卷。隨文手鏡一百卷。曁敷新疏。五雲凝空。天下學者。承風而湊。貞元中德宗。詔與罽賓三藏。譯烏茶國所進梵本。即今四十卷本經也。帝聞講舌歎曰。朕之師也。言雅而簡。辭富而典。扇眞風於第一義天。能以勝法淸凉朕心。遂賜淸凉國師以爲號。平昔立言二筆供其才。目夜發光。晝不仍瞬。齒盈四十。身長九尺四。垂臂過膝。俗壽一百二。僧臘八十三。歷九朝爲七帝門師。故裴休述妙覺塔碑云。驗是華嚴菩薩。示化震旦。具如別傳。述者。述而不作意也。疏者。疎通經文。決擇義理也。

며 옛것을 믿고 좋아함을 가만히 우리 노팽에게 견주어 본다.(子曰。述而不作。信而好古。竊比於我老彭。)" 술述은 조술祖述의 뜻이고, 작作은 창작創作의 뜻이다.

제1편 삼보에 귀경함

소

진법계眞法界와 　　　　　　　　　　　　　稽首歸依眞法界
광명변조 여래 및 모든 여래와 　　　　　　光明遍炤¹⁾諸如來
보현과 문수와 해회존海會尊에게 계수귀의하오니 　普賢文殊海會尊
그윽한 도움 받아 현묘함 찬탄하길 발원합니다. 　願得冥資贊玄妙

1) ㉠ '炤'는 丙本에는 '照'로 되어 있다.

집 소疏의 글은 크게 세 부분으로 나뉜다. 첫 번째는 삼보三寶에 귀경歸敬하는 것이고, 두 번째는 경문을 따라 바로 해석하는 것이고, 세 번째는 뜻을 기술하여 회향하는 것이다.

이는 삼보에 귀경하는 것이다. 앞의 세 구절은 귀경이고, 뒤의 한 구절은 가피를 청함이다. 앞의 "계수귀의稽首歸依" 네 글자는 귀의의 주체인 삼업이고, 나머지는 모두 귀의의 대상인 삼보이다. 머리를 조아리는 것은 곧 정례頂禮하는 모습이니, 자신에게 가장 존귀한 머리를 숙여 부처님을 믿고 의지하는 것이다.

"진법계眞法界" 이하는 귀의할 대상인 삼보이다. 삼보에는 주지住持·별상別相·동체同體 등의 세 가지가 있으니, 모두 보배로 중히 여길 만한 것이다. "진법계"는 법보法寶이다. 먼저 법보를 드러낸 것은 이것이 제불의 스승이기 때문이고, 또한 불보살이 모두 진법계에 의지하여 머물기 때문이다. "광명변조光明遍照"는 범어로는 비로자나毗盧遮那이니, 항상 고요하면서도 빛이 나서 일체를 두루 비추기 때문이다. 이는 곧 본존本尊이다. "모든 여래"는 주반主伴의 중중重重을 나타낸다. "보현과 문수"는 승보僧寶이다. 이 두 보살은 덕위德位가 부처님과 나란하여 바다처럼 많은 대중의 존경을 받는다. 또한 위의 "모든 여래"에 짝한다면 "보현과 문수와 해회존海會尊"이라고 말할 수도 있다. 삼성三聖의 원융함은 『연의초』 및 종밀의 『행원초』의 내용과 같다.

이 아래는 두 번째 경문을 해석하는 부분이다.

集曰。疏文大分爲三。一歸敬三寶。二隨文正釋。三述意廻向。此則歸敬三寶。前三句歸敬。後一句請加。前中稽等四字。能歸三業。餘並所歸三寶。稽屈頂首禮之相。屈已最尊之頂。歸投依托也。眞法界下。所歸三寶。三寶有住持別相同體等三。皆可寶重也。眞法界者。法寶也。先標法者。諸佛之師。又佛菩薩。皆依眞界而住故。光明遍炤者。梵云。毗盧遮那。謂常寂光遍炤一切故。即本尊也。 諸如來者。主伴重重也。普賢文殊。即僧寶也。此二菩薩。德位齊佛。爲其海會之所尊仰。亦可。對上諸如來。則普賢文殊及海會諸菩薩尊也。三聖圓融。如演義及宗密行願鈔。此下第二釋經文。

제2편 경문을 해석함

소 이 경을 해석하는 데 두 부분이 있다. 첫째는 경의 제목을 해석하는 것이고, 둘째는 경의 본문을 바로 해석하는 것이다. 앞에 두 가지가 있으니, 먼저 총명總名을 드러내는 것이다.

將釋此經有二。一略釋經題。二正釋經文。前中二。先標摠題。

제1장 경의 제목을 해석함

1. 총명總名을 드러냄

1) 경명을 총체적으로 드러냄

경 대방광불화엄경

大方廣佛華嚴經

소 이는 곧 다함없는 수다라修多羅의 총명이다. 총명 일곱 글자를 간략히 네 문으로 풀이하겠다. 첫째는 경명을 총체적으로 드러냄이고, 둘째는 개합開合을 짝지어 설명함이며, 셋째는 의미의 부류를 자세히 드러냄이고, 넷째는 전권난사展卷難思[5]이다.

첫째 가운데서 총명(대방광불화엄경) 일곱 글자는 곧 일곱 가지 뜻이 된다. 대大는 체體이고, 방方은 상相이며, 광光은 용用이고, 불佛은 과果이며, 화華는 인因이고, 엄嚴은 총상總相이며, 경經은 능전能詮이다. 그러므로 사람(人)과 법法이 함께 드러나고, 법法과 비유(喩)가 나란히 제시되며, 체體와 용用이 걸림 없고, 인因과 과果가 두루 원만하다. 그러므로 다함없는 법문이 이를 여의지 않고 포섭된다.

> 即無盡修多羅之摠名。摠名七字。略爲四門。第一摠顯得名。第二對辨開合。第三具彰義類。第四展卷難思。第一中[1]七字。即爲七義。大體也。方相也。廣用也。佛果也。花[2]因也。嚴摠相也。經能詮也。故人法雙題。法喩齊擧。體用無碍。因果周圓。故無盡法門。不離此攝。
>
> 1) ㉠ '第一中'은 丙本에는 '今初經題'로 되어 있다.　2) ㉠ '花'는 丙本에는 '華'로 되어 있다.

집 『연의』에서 이르기를 "첫째 경명을 총체적으로 드러냄이니, 범어로는 '마하비불략발타건나표하수다라摩訶毗佛略勃陁健拏驃訶修多羅'이고, 여기 말로는 '대방광각자잡화엄식경大方廣覺者雜花嚴飾經'이다."[6]라고 하였다.

---

5 전권난사展卷難思 : 전展과 권卷은 '대방광불화엄경'이라는 제목 7자를 펼치거나 거두어들이는 것을 뜻한다. 징관의 설명에 따르면, 펼치는 것은 '청정법계'에서부터 시작하여 '이치와 지혜'를 거쳐 '대방광불화엄경'이라는 제목으로 펼쳐진 뒤, 다시 9회會, 한 부의 경 내지 미진수 국토에 이르는 것을 말하고, 거두어들이는 것은 미진수 국토에서부터 시작하여 다시 청정법계로 수렴되는 과정을 말한다. 이 두 과정이 생각으로 헤아리기 어렵다는 점에서 '난사難思'라고 칭한 것이다.

6 宗密, 『華嚴經行願品疏鈔』 卷3(X5, 257b11~14), "鈔今初經題七字至不離此攝者。總顯得名也。梵云摩訶毗佛略勃陀。【或云佛陀。此云覺者。若言菩提即云覺。】健拏驃訶欲底修多羅。此云大方廣覺者雜華嚴飾契經。即十一字." 이 문장은 징관의 『華嚴經隨疏演義鈔』에는 나오지 않는다.

集曰。演義云。一摠顯得名。梵云摩訶毗佛略勃陁健拏驃訶修多羅。此云大方廣覺者雜花嚴飾經。

2) 개합開合을 짝지어 설명함

소 둘째, 개합開合을 짝지어 설명하는 것이다. 전체적으로 열 가지 사事를 다섯 짝으로 만들었다. 첫째, '경'은 능전能詮이고 위의 여섯 글자는 소전所詮이니, 곧 교敎와 의義가 하나의 짝이 된다. 둘째, '엄'은 총상總相이고 위의 다섯 글자는 별상別相이니, 곧 총總과 별別이 하나의 짝이 된다. 셋째, '화'는 장엄하는 주체(能嚴)이고 위의 네 글자는 장엄되는 대상(所嚴)이니, 곧 능能과 소所가 하나의 짝이 된다. 넷째, '불'은 증득하는 사람이고 '대방광'은 증득되는 법이니, 사람과 법이 하나의 짝이 된다. 다섯째, '방광'은 작용(用)이고 '대'는 체體이니, 곧 체體와 용用이 하나의 짝이 된다.

第二對辨開合。[1] 摠爲十事五對。一經爲能詮。上六所詮。即敎義一。對二嚴爲摠相。上五別相。即摠別一對。三華爲能嚴。上四所嚴。即能所一對。四佛爲能證之人。大方廣爲[2]所證之法。即人法一對。五方廣[3]用也。大者[4]體也。即體用一對。[5]

1) 웹 '合' 아래 丙本에는 '者'가 있다. 2) 웹 '爲'는 丙本에는 없다. 3) 웹 '廣' 아래 丙本에는 '者'가 있다. 4) 웹 '者'는 丙本에는 '方'으로 되어 있다. 5) 웹 '對' 아래 丙本에는 '方字兩用'이 있다.

3) 의미의 부류를 자세히 드러냄

셋째, 의미의 부류를 자세히 드러냄이다. 일곱 글자는 각기 열 가지 뜻을 가지고 있다.

第三具彰義類者。七字各有十義。

(1) 대大의 열 가지 뜻

첫째, 대大의 열 가지 뜻을 해석하겠다.

첫째, 체대體大이니, 상相이건 성性이건 모두 진성眞性과 같이 항상 두루하기 때문이다.

둘째, 상대相大이니, 항하의 모래 수와 같이 많은 성덕性德이 체에 두루하기 때문이다.

셋째, 용대用大이니, 업의 작용이 두루하여 마치 체와 같이 두루 포괄하기 때문이다.

넷째, 과대果大이니, 지덕智德·단덕斷德, 의보依報·정보正報가 법계에 두루하기 때문이다.

다섯째, 인대人大이니, 성덕性德에 걸맞게 닦아 행하지 않음이 없기 때문이다.

여섯째, 지대智大이니, 지혜를 위주로 삼아 만행萬行을 운용하여 법신을 장엄하기 때문이다.

일곱째, 교대敎大이니, 하나의 문장과 하나의 구절도 시방十方을 매듭지어 통하게 하여 법성에 걸맞기 때문이다. 위의 일곱 가지는 순서대로 위의 일곱 자에 해당한다.

여덟째, 의대義大이니, 드러내지 않는 법이 없어서 법의 근원을 끝까지 궁구하기 때문이다. 이는 위의 일곱 자를 총괄하는 것이다.

아홉째, 경대境大이니, 다함없는 중생을 대상으로 삼기 때문이다.

열째, 업대業大이니, 삼세의 시간이 다하도록 항상 이 법을 통해 중생을 이롭게 하기 때문이다. 그러므로 위의 일곱 자를 모두 '대'라 하는 것이다.

一釋大[1]十義者。一體大。若相若性。[2] 皆同眞性而常遍[3]故。二相大。恒沙性德。遍於體故。三用大。業用周普。如體包徧故。四果大。智斷依正周法界故。五因大。稱性德修無不行故。六智大。謂[4]智爲主。運於萬行。嚴法身故。七敎大。一文一句。結通十方。稱法性故。上七如次是上七字。八義大。無法不詮。窮法源故。摠上六[5]字。九境大。無盡衆生爲所緣故。十業大。窮三世[6]時。常將此法利含識故。故上七字。皆名爲大。

1) ⓐ '大' 아래 丙本에는 '字'가 있다. 2) ⓐ '若相若性'은 丙本에는 '若性若相'으로 되어 있다. 3) ⓐ '遍'은 丙本에는 '徧'으로 되어 있다. 4) ⓐ '謂' 아래 丙本에는 '大'가 있다. 5) ⓐ '六'은 丙本에는 '七'로 되어 있다. ⓐ 문맥상 '七'이 적절하다. 6) ⓐ '世'는 丙本에는 '際'로 되어 있다.

(2) 방方의 열 가지 뜻

둘째, 방方의 열 가지 뜻을 해석하겠다. 방方은 법法이니, 곧 위의 열 가지 '대' 자체에 열 가지 법이 갖춰져 있기 때문이다.[7]

二釋方[1]十義者。方者法也。即上十大。當體軌持即十法故。

1) ⓐ '方' 아래 丙本에는 '字'가 있다.

(3) 광廣의 열 가지 뜻

셋째, 광廣의 열 가지 뜻을 해석하겠다.
첫째, 널리 끊는다는 뜻(廣絶義)이니, 심식心識으로 헤아려서 알 수 있는

---

7 宗密, 『華嚴經行願品疏鈔』卷3(X5, 258c1~4), "『초』, 둘째 '방' 자의 열 가지 뜻을 해석하겠다. '빙은 법의 뜻이다'라는 것은 '약방'을 '약법'이라 말하는 것과 같으니, 응당 '체법·상법·용법·과법……업법'이라고 해야 할 것이다. '당체궤지'란 열 가지가 모두 이 둘을 갖추기 때문이다.(鈔第二釋方字十義。方者法也。如言藥方即是藥法。應云體法相法用法果法乃至業法。言當體軌持者。謂十皆具此二故。)"

것이 아니기 때문이다.

둘째, 널리 초월한다는 뜻(廣超義)이니, 어떠한 법도 이것과 짝할 수 없기 때문이다.

셋째, 널리 포섭한다는 뜻(廣攝義)이니, 가없이 많은 다른 종류의 법을 통섭通攝하기 때문이다.

넷째, 널리 안다는 뜻(廣知義)이니, 갖가지의 지혜를 갖추어 사견邪見을 깨트리기 때문이다.【이상 ①, ②, ③, ④은 순서대로 '대·방·광·불' 네 자에 해당한다.】

다섯째, 널리 깨트린다는 뜻(廣破義)이니, 일체의 장애를 남김없이 깨트리기 때문이다.

여섯째, 널리 대치한다는 뜻(廣治義)이니, 가없이 많은 대치법對治法을 포섭하여 갖추기 때문이다.

일곱째, 널리 생하게 한다는 뜻(廣生義)이니, 헤아릴 수 없이 광대한 결과를 생기게 할 수 있기 때문이다.【이상 ⑤, ⑥, ⑦은 모두 '화' 자에 해당한다.】

여덟째, 넓은 공덕의 뜻(廣德義)이니, 두 가지로 장엄된 모든 공덕을 갖추고 있기 때문이다.

아홉째, 널리 의지한다는 뜻(廣依義)이니, 언교言敎가 광범위하여 중생이 의지하기 때문이다.

열째, 널리 설한다는 뜻(廣說義)이니, 깊고 깊으며 광대한 법을 설하기 때문이다. 이는 곧 일곱 자가 모두 광대하다는 뜻이다.【여덟째는 '엄'에 해당하고, 아홉째와 열째는 모두 '경'에 해당한다.】

三釋廣[1]十義。[2] 一廣絕義。非是心識思量[3]知故。二廣超義。無有諸法能比類故。三廣攝義通攝無邊異類法。[4] 四廣知義。具足種智破邪見故。【此上如次。大等四字。[5]】五廣破義。破一切障無有餘故。六廣治義。具攝無邊對治法故。七廣生義。能生無量廣大果故。【此上皆花字也。[6]】八廣德義。具足二嚴諸

功德故。九廣依義。言敎繁廣爲生依故。十廣說義。宣說廣大甚深法故。即[7]七字皆廣。[8]【八則嚴也。九十皆經。[9]】

1) ㉮ '廣' 아래 丙本에는 '字'가 있다. 2) ㉮ '義' 아래 丙本에는 '者'가 있다. 3) ㉮ '量' 아래 丙本에는 '所能'이 있다. 4) ㉮ '法' 아래 丙本에는 '故'가 있다. 5) ㉮ '此上…四字'의 8자는 丙本에는 없다. 6) ㉮ '此上…字也'의 6자는 丙本에는 없다. 7) ㉮ '卽'은 丙本에는 '則'으로 되어 있다. 8) ㉮ '廣' 아래 丙本에는 '也'가 있다. 9) ㉮ '八則…皆經'의 8자는 丙本에는 없다.

(4) 불佛의 열 가지 뜻

넷째, 불佛 자의 열 가지 뜻을 해석하겠다. 이는 곧 십불十佛이다. 첫째 법계불法界佛, 둘째 본성불本性佛, 셋째 열반불涅槃佛, 넷째 수락불隨樂佛,【첫째와 둘째는 '대' 자와 '방' 자에 해당하고, 셋째와 넷째는 모두 '광' 자에 해당한다.】 다섯째 성정각불成正覺佛, 여섯째 원불願佛, 일곱째 삼매불三昧佛,【다섯째는 '불' 자에 해당하고, 여섯째와 일곱째는 '화' 자에 해당한다.】 여덟째 업보불業報佛, 아홉째 주지불住持佛,【여덟째는 '엄' 자에 해당하고, 아홉째는 '경' 자에 해당한다.】 열째 심불心佛이니, 일곱 자가 모두 '불'에 해당한다.

四釋佛字十義。[1] 則[2]是十佛。一法界佛。二本性佛。三涅槃佛。四隨樂佛。【一二大方三四皆廣字也[3]】五成正覺佛。六願佛。七三昧佛。【五則佛六七花[4]】八業報佛。九住持佛。【八嚴九經字也[5]】十心佛。卽七字皆佛。

1) ㉮ '義' 아래 丙本에는 '者'가 있다. 2) ㉮ '則'은 丙本에는 '卽'으로 되어 있다. 3) ㉮ '一二…字也'의 10자는 丙本에는 없다. 4) ㉮ '五則…七花'의 6자는 丙本에는 없다. 5) ㉮ '八嚴…字也'의 6자는 丙本에는 없다.

🅟 앞의 세 가지는 순서대로 법신法身·지신智身·화신化身이고, 넷째는 의생신意生身이며, 다섯째는 보리신菩提身이고, 여섯째는 원신願身이며, 일곱째는 복덕신福德身이고, 여덟째는 장엄신莊嚴身이며, 아홉째는 역지신力

持身이고, 열째는 위세신威勢身이다.【『이세간품離世間品』에 대한 『소』의 해석과 같다.】⁸

集曰。前三如次法智化。四意生身。五菩提。¹⁾ 六願身。七福德身。八莊嚴身。九力持身。十威勢身。【如離世間品疏所釋】

1) ㉑ '提' 아래『華嚴經疏』(T35, 892a17)에는 '身'이 있다.

(5) 화華의 열 가지 뜻

소 다섯째, 화華의 열 가지 뜻을 해석하겠다.

첫째, 열매를 머금고 있다는 뜻(含實義)이니, 법계가 성덕性德을 머금고 있음을 드러내기 때문이다.

둘째, 청정하게 빛난다는 뜻(光淨義)이니, 근본지혜가 밝게 드러나서 비추지 않음이 없기 때문이다.

셋째, 미묘하다는 뜻(微妙義)이니, 하나하나의 모든 행이 법계法界와 같기 때문이다.

넷째, 딱 맞게 기뻐한다는 뜻(適悅義)이니, 중생 근기의 마땅함에 맞추어 기쁘게 해 주기 때문이다.

다섯째, 과를 이끌어낸다는 뜻(引果義)이니, 행行이 생인生因이 되어 정각正覺을 일으키기 때문이다.

여섯째, 단정하다는 뜻(端正義)이니, 행行과 원願에 모두 빠짐이 없기 때문이다.

일곱째, 오염이 없다는 뜻(無染義)이니, 하나하나의 행문行門에 삼매三昧가 함께하기 때문이다.

---

8 澄觀,『華嚴經疏』卷51「離世間品」第38(T35, 892a14~26).

여덟째, 훌륭하게 성취한다는 뜻(巧成義)이니, 닦아야 할 덕업을 훌륭하게 성취하기 때문이다.

아홉째, 향기가 난다는 뜻(芬馥義)이니, 여러 덕으로 유지되어 향기(流馨)가 더욱 멀리 퍼지기 때문이다.

열째, 꽃핀다는 뜻(開敷義)이니, 여러 행이 꽃을 피워 마음을 열리게 하기 때문이다.

이 열 가지 꽃은 순서대로 앞의 부처에 짝하니, 이는 십불十佛의 원인이기 때문이다. 이는 또한 경의 명칭에 나오는 일곱 자를 떠나지 않는다.

五釋華[1]十義者。一[2]含實義。表於法界含性德故。二光淨義。本智明顯無不照故。三微妙義。一一諸行同法界故。四適悅義。順物機宜令歡喜故。五引果義。行爲生因起正覺故。六端正義。行與願俱無所缺故。七無染義。一一行門三昧俱故。八巧成義。所修德業善巧成故。九芬馥義。衆德任[3]持流馨彌遠故。十開敷義。衆行敷榮令心開故。此之十花。如次對前。爲十佛因故。亦不離經題[4]七字。

1) ⑪ '華' 아래 丙本에는 '字'가 있다. 2) ⑪ '一' 아래 丙本에는 '者'가 있다. 3) ⑪ '任'은 丙本에는 '住'로 되어 있다. 4) ⑪ '經題'는 丙本에는 '題中'으로 되어 있다.

(6) 엄嚴의 열 가지 뜻

여섯째, 엄嚴의 열 가지 뜻을 해석하겠다. 곧 위의 열 가지 꽃은 함께 한 부처를 장엄하는데, 장엄하는 데 다른 점이 있으므로 열 가지 뜻이 있게 된다. 또 이 열 가지 꽃은 순서대로 앞의 십불十佛을 장엄하니, 이것이 열 가지 뜻이다. 꽃으로 장엄의 주체를 삼아 앞의 법계를 장엄하여 십불을 성취하므로 '엄'이 총상總相이 된다.

六釋嚴¹⁾十義者。即上十花。同嚴一佛。爲嚴不同。即十義也。²⁾ 又此十花如次嚴前十佛。卽是十義故。以花爲能嚴。嚴前法界。成於十佛故。嚴爲摠相。

1) ㉔ '嚴' 아래 丙本에는 '字'가 있다.   2) ㉔ '卽十義也'는 丙本에는 '卽是十義'로 되어 있다.

(7) 경經의 열 가지 뜻

일곱째 경經의 열 가지 뜻을 해석하겠다. 첫째 솟아오르는 샘(涌泉)의 뜻이고, 둘째 출생出生의 뜻이며, 셋째 현시顯示의 뜻이고, 넷째 승묵繩墨의 뜻이며, 다섯째 꿰뚫는다(貫穿)는 뜻이고, 여섯째 섭지攝持의 뜻이며, 일곱째 항상(常)의 뜻이고, 여덟째 법法의 뜻이며, 아홉째 전典의 뜻이고, 열째 지름길(徑)의 뜻이다.

七釋經¹⁾十義者。一曰涌泉。二曰出生。三曰顯示。四曰繩墨。五曰貫穿。六曰攝持。七曰常也。八曰法也。九曰典也。十曰經²⁾也。

1) ㉔ '經' 아래 丙本에는 '字'가 있다.   2) ㉔ '經'은 丙本에는 '徑'으로 되어 있다. ㉱ 문맥상 '徑'이 적절하다.

4) 전권난사展卷難思

네 번째, 전권난사展卷難思이다. 청정법계淸淨法界를 근본으로 삼아 먼저 이치와 지혜의 두 문을 열고, 다음으로 이치를 체와 용으로 열어 '대방광'이라 하고, 지혜를 인과 과로 나누어 '불화엄'이라 한다. '경'은 위의 여섯 자를 드러내는(詮) 것이다. 이는 제목 중의 일곱 자를 가리킨다. 다음으로 이 일곱 자를 펼쳐 이 한 부의 경으로 만드니, 증득되는 법계가 바로 '대방광'이고, 증득하는 주체인 보현의 행원이 바로 '불화엄'이다. 또 이 제목(目)을 펼쳐 구회九會로 만들고, 다시 구회를 펼쳐 시방에 두루하고 나아가 미진수微塵數 국토에 이르는 것이다. 그러므로 보현보살이 게송으로 말하기를 "하나의 터럭 끝에 계시는 모든 부처님, 일체 국토에는 미진수로 계시네. 모두 보살중회 가운데서 다 보현행을 선양하시네."[9]라고 하였다. 내지 중중의 무진하고 무진함이 모두 "대방광불화엄"을 벗어나지 않는다.

또 구회를 포섭하여 이 한 부의 경으로 삼고, 다시 이 회會를 포섭하여 총명總名으로 삼으며, 다시 총명을 포섭하여 이치와 지혜로 삼는다. 이치와 지혜는 둘이 아니어서 본래 청정하지만 억지로 이름 붙여 '청정법계'라 한 것이다.

그러므로 저 다함없는 곳에서부터 한 글자나 글자 없음에 이르더라도 모두 '화엄성해華嚴性海'를 포섭하여 남김이 없다. 또 펼치면 법계에 가득 차고 거두어들이면 자취도 찾기 어렵다. 그러나 펼치는 것이 곧 거두어들이는 것이므로 부처님 국토의 미진수 법문 바다를 한마디 말로 다 설하여 남김이 없고, 거두어들이는 것이 펼치는 것이므로 여래께서는 한마디 말 가운데 가없이 많은 계경 바다를 연설하시는 것이다.

第四展卷難思者。本[1]於淸淨法界。開[2]理智二門。次理開體用。爲大方廣。智分因果。爲佛花嚴。經詮上六。卽題中七字。次展此七字。爲此一經。所證法界。卽大方廣。能證普賢行願。卽佛華嚴。又展此目。以爲九會。又展九會。周遍十方。乃至塵刹故。普賢偈云。一毛端處所有佛。一切刹土極微數。悉於菩薩衆會中。皆爲宣揚普賢行。乃至重重無盡無盡。皆亦不出大方廣佛花嚴也。[3] 又[4]攝九會。爲此一經。復攝此會。[5] 以爲摠題。更攝摠題。以爲理智。理智不二。本來淸淨。强爲立名淸淨法界。是以極從無盡。乃至一字無字。皆攝花嚴性海無遺。[6] 又[7]舒則彌綸法界。卷則足跡難尋。舒卽卷故。

---

9 40권본 『華嚴經』 卷3(T10, 671a21~22).

佛刹微塵法門海。一言演說盡無餘。卷卽舒故。如來於一語言中。演說無邊
契經海。[8]

1) ㉠ '本' 위에 丙本에는 '謂'가 있다. 2) ㉠ '開' 위에 丙本에는 '初'가 있다. 3) ㉠ '又展…嚴也'의 72자는 丙本에는 '若更展此以爲一部則五周因果。皆佛華嚴。因果所證。皆大方廣。乃至無盡皆自此生收無盡法界以爲九會。'로 되어 있다. 4) ㉠ '又'는 丙本에는 '復'로 되어 있다. 5) ㉠ '會'는 丙本에는 '經'으로 되어 있다. 6) ㉠ '理智…無遺'의 36자는 丙本에는 '融此理智爲眞法界能所兩亡事理雙寂故'로 되어 있다. 7) ㉠ '又'는 丙本에는 없다. 8) ㉠ '舒卽…經海'의 36자는 丙本에는 '卽舒恒卷卽卷恒舒卽展卷無礙若展若卷若廣若略皆爲大方廣佛華嚴經矣'로 되어 있다.

2. 품목品目을 해석함

소 두 번째 품목品目을 해석하는 것이다.

第二釋品目。[1)]

1) ㉠ '目'은 丙本에는 '名者'로 되어 있다.

경 입부사의해탈경계보현행원품

入不思議解脫境界普賢行願品。[1)]

1) ㉠ 甲本의 註에서 "品 아래 明本에는 十六이 있다."고 하였다.

소 이는 대략 세 마디로 나뉜다. "입부사의해탈경계" 등의 여덟 자는 들어갈 곳이고,[10] "보현행원"은 들어가는 주체이며, "입"이라는 한 글자는 대상과 주체에 통하는 것이다. 그러므로 세 가지로 구별된다.

---

10 宗密,『華嚴經行願品疏鈔』卷3(X5, 261a6)에 따르면, "첫째, '부사의해탈경계'는 들어갈 곳이다.(一不思議解脫境界卽所入也。)"라고 되어 있어서, '入' 자를 포함하고 있지 않다. 문맥상 '부사의해탈경계의 7자는 들어갈 곳이다.'라고 하는 것이 더 적절하다.

첫 번째 들어갈 곳(所入)을 해석하겠다.

어째서 부사의不思議하다고 하는가? 생각과 말로 미칠 수 없기 때문이다.

어떤 법이 부사의한가? 해탈解脫의 경계境界이다.

해탈에는 두 가지가 있다. 첫째는 작용해탈作用解脫이니, 작용이 자재하여 구속에서 벗어났기 때문이다. 둘째는 이장해탈離障解脫이니, 두 가지 지혜를 갖추어 두 가지 장애에서 벗어났기 때문이다. 안으로 장애를 여의었기 때문에 밖으로 작용함에 매인 것이 없으니, 두 가지 뜻이 서로 이루어 주므로 총체적으로 해탈解脫이라고 하였다.

경계에는 두 가지가 있다. 첫째는 분제경分齊境이니, 예를 들면 한 나라의 국경에 각기 분제(곧 영역)가 있는 것과 같다. 부처님과 보현보살이 지닌 덕용德用의 분제는 미칠 수 있는 자가 없기 때문이다. 둘째는 소지경所知境이니, 이사理事의 무애함은 오직 부처님과 보현보살이라야 끝까지 궁구할 수 있기 때문이다. 증득을 통해 알게 되는 가없는 경계이므로 덕용德用을 성취하는 것도 끝이 없어서, 두 가지가 또한 서로를 이루어 주므로 총체적으로 경계境界라고 하였다. 두 가지 경계에서 두 가지 해탈을 얻기 때문에 부사의한 것이다.

어째서 부사의한가? 이에 대략 네 가지 뜻이 있다. 첫째 사事에 한계가 없기 때문이고, 둘째 이理가 심원하기 때문이며, 셋째 이 두 가지가 걸림이 없기 때문이고, 넷째 성性으로 상相을 융통시켜 거듭거듭 다함이 없기 때문이다.

어째서 부사의함을 쓰는가? 법이 망정妄情을 벗어나 있음을 드러내어 말을 잊게 하기 위해서이다.

略爲三節。入等八字。[1] 即所入也。普[2]賢行願。爲能入也。入[3]之一字。通能所也。則爲三別。[4] 第一釋所入。[5] 何名不思議。心言罔及故。何法不思議。謂[6]解脫境界。解脫有二。一作用解脫。作用自在脫拘导故。二離障解脫。具足二智脫二障故。由內離障。外用無羈。二義相成。摠名解脫。境界有二。一分齊境。如國疆域。各有分齊。佛及普賢。德用分齊。無能及故。二所知境。事理無㝵。⁷⁾ 唯佛普賢。方究盡故。由證所知無邊之境。故成德用。無有邊涯。二亦相成。摠爲境界。則⁸⁾於二境。得二解脫。⁹⁾ 故不思議。何故不思議。略有四節。¹⁰⁾ 一事無邊故。二理深遠故。三此二無㝵故。四以性融相重重無盡故。何用不思議。顯法超情令亡言故。

1) ㉈ '入等八字'는 丙本에는 '一不思議解脫境界'로 되어 있다. 2) ㉈ '普' 위에 丙本에는 '二'가 있다. 3) ㉈ '入' 위에 丙本에는 '三'이 있다. 4) ㉈ '則爲三別'은 丙本에는 없다. 5) ㉈ '入' 아래 丙本에는 '者'가 있다. 6) ㉈ '謂' 아래 丙本에는 '卽'이 있다. 7) ㉈ '㝵'는 丙本에는 '邊'으로 되어 있다. 8) ㉈ '則'은 丙本에는 '卽'으로 되어 있다. 9) ㉈ '脫' 아래 丙本에는 '此二不二'가 있다. 10) ㉈ '節'은 丙本에는 '義'로 되어 있다. ㉇ 문맥상 '義'가 적절하다.

집 종밀의 『초』에서 다음과 같이 말하였다.

명칭을 통틀어 해석하겠다. (마음과 지혜가 계합하는 것이 "입入"이고) 마음과 말이 미치지 못하는 것이 "부사의不思議"이고, 작용作用과 이장離障이 "해탈解脫"이고, 지혜로 나아가는 영역이 "경계境界"이고, 덕용德用에 잘 수순하는 것이 "보현普賢"이고, 수증修證과 희구希求가 "행원行願"이고, 이 한 부류의 의미를 총괄하는 것이 "품品"이다.¹¹

들어갈 곳(所入)을 해석하는 데 네 가지가 있다.

첫째, 부사의의 명칭을 드러내는 것이다. 생각과 말로 미칠 수 없다(心言罔及)는 것에서 망罔은 무無와 불不의 뜻이다. 법은 이름이 없으므로 말이 미치지 못하고, 법은 상이 없으므로 생각이 미치지 못하는 것이다. 소연所緣의 경계에 대해 이름과 상을 정할 수 없으므로, 마음으로 생각할 수 없고 입으로 논의할 수 없다.¹²

---

11 명칭을 통틀어~것이 "품品"이다 : 宗密, 『華嚴經行願品疏鈔』 卷3(X5, 261a8~11).
12 생각과 말로~수 없다 : 宗密, 『華嚴經行願品疏鈔』 卷3(X5, 261a18~20).

둘째, "어떤 법이 부사의한가?" 아래는 부사의의 체體를 가리키는 것이다. "작용해탈"이란,『정명경』에서 "부사의라는 이름의 해탈이 있으니, 보살로서 이 해탈에 머무는 자는 수미산처럼 높고 광대한 것을 겨자 속에 집어넣는다."[13]라고 말한 것과 같다. "두 가지 지혜"란 여리지如理智와 여량지如量智이고, "두 가지 장애"란 이장理障과 사장事障이다. "안으로 장애를 여의었기 때문에……"라고 한 것을 설명해 보자. 일체 제법은 본래 융통融通하지만 다만 내심內心의 집착하는 마음이 여러 겁 동안 얽혀서 외경外境을 볼 때 마치 막힘이 있는 것처럼 보니, 가령 평탄하고 텅 빈 곳에서 잠이 들어 꿈에서 사면이 산과 물로 막혀 있는 것을 보다가 홀연 잠에서 깨어나 만져 보면 아무 걸림이 없는 것과 같다. 그러므로 깨달아서 장애가 사라지고 지혜가 열리면 온갖 경계 속에서 작용이 자재함을 알아야 할 것이다. 그러므로 "밖으로 작용함에 매인 것이 없다."고 하였다. 어리석은 자는 신통을 구하고자 하니 마음에서 망념을 없앨 기약이 없다.[14]『정명경』에서 "제불의 해탈을 마땅히 중생의 마음에서 구해야 할 것이다."라고 하였다.[15]

셋째, "어째서 부사의한가?" 아래는 부사의한 이유를 해석한 것이다. "네 가지 뜻"은 다음과 같다. 첫째 사事가 다함없이 많으니 광대하여 부사의하고, 둘째 이理에 상상相狀이 없으니 심오하여 부사의하며, 셋째 이 두 가지가 둘이 아니므로 부사의하고, 넷째 사와 사가 서로 교섭하여 중중무

---

13 『維摩詰所說經』卷中(T14, 546b24~26), "維摩詰言。唯。舍利弗。諸佛菩薩。有解脫名不可思議。若菩薩住是解脫者。以須彌之高廣內芥子中無所增減。"
14 어리석은 자는~기약이 없다 : 이 문구는 宗密,『華嚴經行願品疏鈔』卷3(X5, 261b16)에는 "어리석은 자는 신통을 구하고자 하지만, 어떻게 해야 마음에서 망념을 없앨 것인지에 대해서는 알지 못한다(愚者。欲求神通。不解於心除妄如何得也。)"라고 되어 있다. 종밀의 글과 본문의 글을 비교하면 글자의 출입이 있다.
15 "작용해탈"이란,『정명경』에서~것이다."라고 하였다 : 宗密,『華嚴經行願品疏鈔』卷3(X5, 261b7~17).

진중중무진重重無盡하므로 부사의하다.¹⁶

넷째, "어째서 부사의함을 쓰는가?" 아래는 부사의의 뜻을 설명하는 것이다. 반박의 뜻은 다음과 같다. '가명假名으로 중생을 인도하여도 오히려 들어가기 어려운데, 지금 여기서는 종적을 싹 쓸어 버리니, 중생에게 어떤 이익이 있길래 부사의를 설하는가?' 지금 다음과 같이 말한다. '법체法體는 실로 불가사의하니, 생각이나 논의에 머문다면 영원히 들어갈 수 없다. 여기서는 법체가 말을 여의고 생각을 벗어나 있다고 설하니, 중생이 말을 잊고 생각을 끊는다면 자연히 깨달아 들어가게 된다.' 육조六祖가 말하기를 "깨달아 들어가고자 하면, 일체의 선악善惡을 모두 생각하지 말라."¹⁷고 하였다.¹⁸

集曰。宗密鈔云。通釋得名者。¹⁾ 心言不及爲不思議。作用離障爲解脫。智造
分域爲境界。德周²⁾善順爲普賢。修證³⁾希⁴⁾求爲行願。摠⁵⁾此一類之義爲品。
釋所入中四。一顯不思議名。心言罔及者。罔無也。不也。法無名故言不及。
法無相故思不及。於所緣境。非定⁶⁾相故。故於心口不可思議。二何法下。指
不思議體。言作用解脫者。如淨名云。有解脫名不思議。菩薩住是解脫者。
能以須彌之高。納芥子中。言二智者。如理智如量智也。理⁷⁾二障者。理障事
障也。言由內等者。一切諸法本自融通。但由內心情執。累劫纏綿。如見外
境。似有阻導。如向平川空地。而睡夢見四邊山水擁塞。忽然睡覺。觸向無

---

16 "네 가지~중중무진重重無盡하므로 부사의하다 : 宗密, 『華嚴經行願品疏鈔』 卷3(X5, 261c5~8).

17 『六祖大師法寶壇經』(T48, 360a13~14), "汝若欲知心要。但一切善惡。都莫思量。自然得入淸淨心體." 본문과는 글자의 출입이 있다. 한편 종밀의 『華嚴經行願品疏鈔』 권3(X5, 261c13~14)에는 "故六祖七祖云。若欲入者。一切善惡。都莫思量等也."라고 되어 있다. 즉 종밀은 육조와 더불어 7조(荷澤神會)를 언급한 반면, 체원의 글에서는 7조가 생략되어 있다.

18 반박의 뜻은~말라."고 하였다 : 宗密, 『華嚴經行願品疏鈔』 卷3(X5, 261c10~14).

導。故知達悟。障盡智開。即萬境之中作用自在。故云外用無礙。愚者不解。欲求神通於心。除妄無有得期。淨名云。諸佛解脫。當於衆生心行中求。三何故下。釋不思議由。言四義者。一事多無盡[8]廣不思議。二理無相狀深不思議。三此二無[9]二故不思議。四事事相涉重重無盡故難思議。四何用下。辨不思[10]意。徵意云。假名引導。尙恐難入。今泯絶蹤[11]跡。於生何益。而說不思議耶。今云。法體實難[12]思議。[13] 若住[14]思議。永不能入。今說法體。離言超情。衆生若能亡言絶慮。自然證入也。六祖云。若欲入者。一切善惡。都不思議等。

---

1) ㉓ '者' 다음에 宗密鈔에는 '心智契合爲入'이 있다. 번역에 반영하였다. 2) ㉓ '周'는 宗密鈔에는 '用'으로 되어 있다. 3) ㉓ '修證'은 宗密鈔에는 '造修'로 되어 있다. 4) ㉓ '希'는 宗密鈔에는 '悕'로 되어 있다. 5) ㉓ '摠'은 宗密鈔에는 '是'로 되어 있다. 6) ㉓ '定' 다음에 宗密鈔에는 '名'이 있다. 번역에 반영하였다. 7) ㉓ '理'는 宗密鈔에는 없다. 없는 것이 적절하다. 8) ㉓ '盡'은 宗密鈔에는 '礙'로 되어 있다. 9) ㉓ '無'는 宗密鈔에는 '不'로 되어 있다. 10) ㉓ '思' 아래 宗密鈔에는 '議之'가 있다. 11) ㉓ '蹤'은 宗密鈔에는 '縱'으로 되어 있다. 12) ㉓ '難'은 宗密鈔에는 '離'로 되어 있다. 13) ㉓ '議' 아래 宗密鈔에는 '之境'이 있다. 14) ㉓ '住'는 宗密鈔에 '令'으로 되어 있다.

疏 두 번째, 들어가는 주체(能入)를 해석하겠다. 총괄하면 보현普賢의 행원行願이고, 간략히 하면 오직 (행行과 원願의) 두 가지이다. 행과 원은 새의 두 날개와 같고 수레의 두 바퀴와 같으니, 두 가지가 다 갖춰져야 비로소 허공을 날고 먼 곳에 이를 수 있다. 그런데 사람(人)과 법法 모두를 보현이라고 부르니, 사람에 의거하면 보현보살의 행원이기 때문이고, 법에 의거하면 보법普法이고, 현법賢法이기 때문이다. 현賢은 지순조선至順調善을 말하며, 또 현賢은 진실한 선善으로 이치에 잘 계합하는 것을 말한다. 법계의 선을 보현의 법으로 삼기 때문이다. 개별적으로 설하면 대략 열 가지 보普기 있으니, 자세한 것은 『대소大疏』 및 『행원품별행소行願品別行疏』와 같다.

第二釋能入者。摠則普賢行願也。略唯此二。行之與願。如鳥二翼。如車二輪。具足方能翔空致遠。然人與法。俱稱普賢。若約人者。普賢菩薩之行願故。若約法者。是普法故。是賢法故。[1] 賢謂至順調善故。又賢謂眞善善契理故。法界之善。爲普賢法故。若別說者。略有十普。具如大疏及行願別行疏。[2]

1) ㉑ '是賢法故'는 丙本에는 없다. 2) ㉑ '其如…行疏'의 10자는 丙本에는 '一所求普謂要求一切諸佛所證故'로 되어 있다.

집 종밀의 『초』에서 다음과 같이 말했다.

소疏의 문장에 세 가지가 있다. 첫째는 총괄해서 가리키는 것이다. 둘째 "행과 원은 새의 두 날개와 같고……" 아래는 행과 원을 비유하는 것이다. 셋째 "그런데 사람과 법 모두를……" 아래는 (인人·법法에 의거하여)[19] 보현을 해석하는 것이다.

바로 앞의 것(셋째)에 다시 두 가지가 있다. 먼저는 총괄해서 가리키는 것이다. 법法으로 보면, 체성體性이 두루한 것을 "보普"라고 하고 연緣에 따라 덕을 이루는 것을 "현賢"이라 하며,【체體】 하나가 일체에 즉하는 것을 "보"라고 하고 일체가 하나에 즉하는 것을 "현"이라 한다.【융섭融攝】 사람(人)으로 보면, 빠짐없이 구제하여 남김이 없는 것을 "보"라 하고 지극한 곳에 가까운 아성亞聖을 "현"이라 하며,【자량위資糧位와 가행위加行位의 두 지위이니, 위중 보현位中普賢이다.】 덕이 법계에 두루한 것을 "보"라 하고 지순조선至順調善을 "현"이라 하며,【십지十地와 등·묘의 이각二覺이 곧 당위 보현當位普賢이다.】 과果에 다하지 않음이 없는 것을 "보"라 하고 인문因門을 버리지 않는 것을 "현"이라 한다.【과를 얻고도 인문因門을 버리지 않는 것이니, 보현과 문수 같은 보살이 위후 보현位後普賢이다.】

---

19 宗密, 『華嚴經行願品疏鈔』卷3(X5, 261c20~21)에 의거하여 보충함.

(셋째의) 다음으로, "사람에 의거하면……" 아래는 해석이다. 여기에도 두 가지가 있다. 먼저는 사람에 의거하는 것이고, 다음은 법에 의거하는 것이다.

사람에 의거하는 것에도 두 가지가 있다. 먼저는 보현을 통틀어 해석하는 것이고, 둘째 "개별적으로 설하면……" 아래는 열 가지 보普를 개별적으로 설하는 것이다. 열 가지 보는 다음과 같다. 첫째 소구보所求普는 법문法門이 가없이 넓으니 배우기를 서원하는 것과 무상보리無上菩提를 성취하기를 서원하는 것이다. 둘째 소화보所化普는 가없이 많은 중생을 제도하고자 서원하는 것이다. 셋째 소단보所斷普는 가없이 많은 번뇌를 끊고자 서원하는 것이다.【첫째와 셋째는 지智이니 자리행自利行이다. 둘째는 비悲이니 이타행利他行이다.】 넷째 사행보事行普는 사문事門이니 상相을 따르는 행이다. 다섯째 이행보理行普는 이문理門이니 상을 여읜 행이다. 여섯째 무애행보無碍行普는 사事와 이理에 무애한 행이다. 일곱째 융통행보融通行普는 사事와 사事에 무애한 행이다. 여덟째 소기대용보所起大用普는 작용을 일으킴이 두루한 행이다. 아홉째 소행처보所行處普는 수행의 장소가 인드라망 국토(帝網刹)에 두루한 것이다. 열째 수행시보修行時普는 수행의 시간이 삼세의 경계가 다하도록 찰나찰나 원융圓融한 것이다.

集曰。宗密鈔云。疏文三。一摠指。二行之下喩行願。三然人下釋普賢。前中亦二。先摠指。法者。體性周遍曰普。隨緣成德曰賢。【體也】 一卽一切曰普。一切卽一曰賢【融攝】 人者。曲濟無遺曰普。隣極亞聖曰賢【資加二位。卽位中普賢也】。 德周法界曰普。至順調善曰賢【十地及等妙二覺。卽當位普賢】 果無不窮曰普。不捨因門曰賢【得果不捨因門。如普賢文殊卽位後普賢】 二若約人下解釋。於中亦二。一約人。一約法。前中亦二。先通釋普[1]賢。一若別下。別說十普。謂一所求普。卽法門無邊誓願學及無上菩提誓願成。二所化普。卽無邊衆生誓願度。三所斷普。無邊煩惱誓願斷。【一三智也。卽自利行。二是悲也。

即利他行.²⁾】四事行普. 即事門隨相行. 五理行普. 即理門離相行. 六無碍行普. 即事理無碍行. 七融通行普. 即事事無碍行. 八所起大用普. 即起用周遍行. 九所行處普. 即修行處遍帝網利. 十修行時普. 即□³⁾行□.⁴⁾ 窮三世際. 念念圓融也.

1) ㉑ '普' 아래 宗密鈔에는 '者'가 있다. 2) ㉑ '一…行'의 16자를 협주로 처리하였다. 3) ㉑ □는 '修'인 듯하다. 4) ㉑ □는 '時'인 듯하다.

소 세 번째, 들어감(入)을 해석하겠다. 주체와 대상이 계합하여 자취가 없어져 기댈 데가 없어야 비로소 참된 들어감이다.【품목品目의 뜻을 곧장 해석하였다.】 그런데 이 하나의 품品이 바로 한 부의 경經이니, 『능가경楞伽經』 「불어심품佛語心品」의 경우와 같다. 또 하나의 품 안에서 쪼개어 별행別行시킨 것이므로 차례의 다름이 없다.

第三釋入者. 能¹⁾所契合. 泯絶無寄. 方□²⁾眞入.³⁾【正□⁴⁾品目意】 然此一品. 即是一經. 亦猶楞伽佛語心品. 又於一品之內. 分之別行故. 無次第之異.

1) ㉑ '能' 위에 丙本에는 '即'이 있다. 2) ㉑ □는 丙本에는 '爲'로 되어 있다. 3) ㉑ '入' 아래 丙本에는 '廣如宗中'이 있다. 4) ㉑ □는 '釋'인 듯하다.

집 종밀의 『초』에서 다음과 같이 말했다.
"그런데 이 하나의 품이……" 아래는 둘째 품품이 경經을 원만히 포섭하고 있음을 밝히는 것이다. 여기에도 두 가지가 있다. 첫째는 실례를 들어서 품이 경을 완전히 이루는 것을 밝히는 것이다. 『능가경』 4권은 대부大部에 속하지만, 간략히 한 품만 추려 내서 이름한 것도 경經이라고 한다. 이 40권본 『화엄경』도 대부에 속하지만, 하나의 품을 별행시킨 것이 온전히 하나의 경이 된다.
"또 하나의 품 안에서……" 아래는 차례를 드러내지 않은 이유를 해석한 것이다. 책의 차례는 위의 15권을 대하므로 16이라고 하여 차례를 이루었다. 지금 이 별행본別行本은 대하는 것이 없어서 단지 '일권一卷'이라고만 하였으니, 차례가 없는 것이다.【제명題名을 모두 해석하였다.】

集曰。宗密鈔云。然此下。二明品攝圓經。¹⁾ 亦二。一引例²⁾備成一經。楞伽四卷屬大部。略出一品。得名爲經。此四十卷屬大部。別行一品。全是一經。又於下。二釋不題次第所以。秩³⁾中對上十五。故云十六成次第也。今此別行。不對二下故。⁴⁾ 無次第也。【釋題名□⁵⁾】

1) ㉘ '圓經'은 宗密鈔에는 '經圓'으로 되어 있다. 2) ㉙ '例' 다음에 宗密鈔에는 '明'이 있다. 3) ㉘ '秩'은 宗密鈔에는 '帙'로 되어 있다. 4) ㉙ '不對二下故'는 宗密鈔에는 '無對待。但云一卷。'으로 되어 있다. 번역에 반영하였다. 5) ㉘ □는 '意'인 듯하다.

제2장 경문을 곧장 해석함

소 경문經文을 곧장 해석하는 것이다.

正釋經文。

집 경문을 해석하는 데 두 회會가 있다. 먼저 비슬지라회毗瑟底羅會가 나오고, 그다음이 바로 관자재회觀自在會이다. 앞의 비슬지라회에는 여섯 단락의 경문이 있는데, 지금 여기서는 다만 뒤의 두 단락(다섯째, 여섯째 단락)만 있다. 지금은 비슬지라회의 기수순평등선근회향寄隨順平等善根廻向을 해석하겠다.

集曰。釋文有二會。先毗瑟底羅會。□¹⁾正是觀自在會。前中具六段經文。今此但存□□²⁾段也。今釋毗瑟底羅會寄隨順平等善根廻向。

1) ㉘ □는 '後'인 듯하다. 2) ㉘ □□는 '後二'인 듯하다.

1. 비슬지라회毗瑟底羅會를 해석함

1) 뒤에 오는 선우를 가리켜 보임

(1) 장행長行

① 선우의 의보依報와 정보正報를 들어 보임

소 경문에 두 단락이 있다. 먼저는 뒤에 오는 선우善友를 가리켜 보이는 것이고, 다음은 예를 올리고 사직하는 것이다. 앞에 두 가지가 있으니, 먼저는 장행長行이다. 여기에도 또한 두 가지가 있으니, 먼저는 선우의 의보依報와 정보正報를 들어 보이는 것이다.

文有二段。先指示後友。二禮辭。前中二。先長行。亦二。先擧友依正。

경 이때 비슬지라毗瑟底羅 거사가 선재에게 말하였다. "선남자야, 여기서 남쪽으로 보타락가補怛洛迦라는 이름의 산이 있다. 그곳에 관자재觀自在라는 명호의 보살이 계신다."【"이때" 아래의 12자는 의미상 덧붙여 경의 앞머리로 삼은 것이다. 이는 후인이 덧붙인 것이지 번역한 사람의 말이 아니다.[20]】

爾時。毗瑟底羅居士。告善財言。善男子。於此南方有山。名補怛洛迦。彼有菩薩名觀自在。【爾時下十二字。以義加之爲經首。是後人加。非譯家言也。】

---

[20] "爾時。毗瑟底羅居士。告善財言。"의 12자는 40권본『華嚴經』의 비슬지라회에는 없는 문구인데, 별행시키기 위해 편의상 덧붙였다는 말이다.

소 '비슬지라毗瑟底羅'는 옛적에는 '전리纏裏'라고 하였고, 신역에서는 '긴합緊合'이라고 했는데, 의미가 모두 '포섭包攝'에 해당한다. 즉 탑 속에서 일체의 부처님을 포섭하기 때문이고, 여러 선근을 포섭하여 평등한 이치에 들어가기 때문이다. 『진경晉經』(60권본『화엄경』)에서는 '수파파라首波婆羅'라고 하였으니, 여기 말로는 '묘선妙善'이다. 불탑에 공양하는 것이 선善 가운데 가장 묘妙하기 때문이고, 항상 불탑에 공양하는 것이 선근善根 가운데 최고이기 때문이다. 그런데 어째서 이 탑에만 공양하는지에 대해서는 상세하지 않다. 어떤 사람은 "탑 속 빈 곳에 전단좌栴檀座가 있으니, 수없이 많은 부처님을 두루 공양하고자 하기 때문이다."[21]라고 하였는데, 또한 일리가 있다. 그러나 상경上經에서 "내가 전단좌 여래栴檀座如來의 탑을 열었을 때"[22]라고 하였으므로, 이것이 부처님을 따라서 얻은 이름임을 알 수 있다.【어떤 사람의 말이란, 이통현李通玄 장자의『신화엄경론新華嚴經論』을 가리킨다.】

毗瑟底羅者。[1] 昔云纏裏。新云緊合。並義當包攝。謂塔中包攝一切佛故。攝諸善根入等理故。晉經云。[2] 首波婆[3]羅。此云妙善。供養佛塔善最妙故。[4] 常供養佛塔者。善根中最故。未詳何緣偏供此塔。人云。塔中空有栴檀之座。爲欲普供無盡佛故。亦有是理。然上[5]經云。我開栴檀座如來塔門[6]時。則知定是依佛得名。【人云者。指李長者論。】

1) ㉠ '者'는 乙本에는 없다. 2) ㉠ '云'은 乙本에는 '名'으로 되어 있다. 3) ㉠ '波婆'는 乙本에는 '婆波'로 되어 있다. 4) ㉠ '故' 아래 乙本에는 '城名淨達彼岸者無一善根不淨障尋到究竟故'가 있다. 5) ㉠ '上'은 乙本에는 '下'로 되어 있다. 6) ㉠ '門'은 乙本에는 없다.

---

21 이통현 장자의『新華嚴經論』에서 동일한 구절은 찾을 수 없고, 유사한 구절을 찾아보면 다음과 같다.『新華嚴經論』卷39(T36, 997c18~19), "亦有空中供養栴檀塔座佛爲說法者"

22 40권본『華嚴經』卷16(T10, 732b13~14), "善男子。我開彼栴檀座如來塔門時。得三昧名佛種無盡。"

집 "거사居士"에 대해 『법화소法花疏』에서는 "많은 재물로 생업에 종사하는 사람"이라고 하였고, 『능엄경환해楞嚴經環解』에서는 "은거隱居하면서 의義를 행하고 도道에 통달하려는 뜻을 구하는 사람을 거사라고 한다."[23]라고 했다.

"선재善財"에 대해 『소』에서 다음과 같이 말했다. "문 여래께서 자취를 드리우심에 숙세에 인연 있는 이들을 모두 만나셨다. 바다 같은 모임의 티끌 수같이 많은 사람 중에 큰 근기도 적지 않았는데, 유독 선재만을 들었으니, 그 이유는 무엇인가? (답) 해석에 여러 뜻이 있다. 첫째는 하나를 들어 나머지의 예로 삼아 아직 깨닫지 못한 이들을 일깨워 주려는 것이다. 부처님께서 동자童子 시절을 보내고 젊은 시절을 거쳐 늙어 간 것은 이로써 수행인을 힘쓰게 한 것이다. 수행인 스스로 머리 희어진 것을 부끄러워하며 '저분도 이미 그러한데 내가 어찌 스스로를 속이리오.'라고 생각할 것이다.[24]……해와 달이 빛을 발하면 반딧불과 촛불이 빛을 잃고, ……함께 오묘한 종지를 접하고도 홀로 여러 흐름 가운데서 빼어났다.[25] 그러므로 『경』에서 말하길 '나머지 여러 보살들이 무량겁 동안 수행한 것을 지금 이 동자는 한 생에 모두 성취하였다.'[26]고 했다. 교화는 많은 것에 달려 있지 않으니 하나만 있으면 끝까지 가게 되고, 수행은 오래 하는 데 있지 않으니 뜻을 얻으면 곧장 넘어서는 것이다. 하물며 오랫동안 청정한

---

23 戒環, 『楞嚴經要解』 卷11(X11, 832a10), "隱居求志行義達道名居士".
24 澄觀, 『華嚴經行願品疏』 卷4(X5, 92c13~14), "佛在童子. 少而老成. 勉乎行人. 白首自媿. 彼既能爾. 我安自欺." 징관의 『疏』에 의거하여 체원의 인용문에서 빠진 부분을 보충하여 번역하였다. 체원은 이 문장의 뒷부분을 단지 '白首自欺云云'으로 요약하였다.
25 함께 오묘한~가운데서 빼어났다 : 이 구절은 체원이 인용하고 있는 『華嚴經行願品疏』 卷4(X5, 92c11~21)의 해당 부분에는 보이지 않고, 『華嚴經行願品疏』 卷4(X5, 93c19)와 『華嚴經疏』 卷55(T35, 920c26~27)에 나오는 문장이다. 이는 선재의 뛰어난 재능을 찬탄하는 말이다.
26 80권본 『華嚴經』 卷78(T10, 429b8~15). 이는 미륵보살이 선재동자의 여러 공덕을 찬탄하는 대목인데, 인용문에서는 그 내용을 요약하여 소개하고 있다.

원인을 쌓았는데 어찌 속히 증득하지 못하겠는가. 범부와 성인을 막론하고 수행하는 데 뜻이 있는 것이다."[27]

또 태어날 때 재물(財)이 현현한 것이 그의 좋은(善) 모습이었으므로 "선재"라고 칭하였다고도 한다. 또 마음을 이해하여 이치에 따르는 것을 '선'이라 하고 덕을 쌓음에 다함이 없는 것을 '재'라 하기도 한다.

"남쪽(南方)"에 대해 『대소』에서 다음과 같이 말했다. "지전地前의 선지식은 남쪽에 많이 있고, 지상地上의 선지식은 정해진 장소가 없으며, 지후地後의 선지식은 두 가지를 겸한다. 그런데 '남쪽'이라 한 것에 예부터 다섯 가지 뜻이 있다. 첫째 하나를 들어 나머지의 예로 삼는 것이다. 한 곳의 선우가 이미 헤아릴 수 없이 많으니, 하물며 나머지 아홉 곳에 있어서랴. 둘째 밝다(明)는 뜻이니, 어둠을 버리고 지혜로 향함을 드러내는 것이다. 남방은 밝아서 만물이 서로를 본다. 성인聖人이 남면南面하는 것도 대개 여기서 뜻을 취하였다.[28] 셋째 중中의 뜻이니, 사벽邪僻한 것을 떠나 중도中道에 계합함을 드러내기 때문이다. 넷째 생生의 뜻이니, 선재가 수행을 증장시키는 것을 드러내기 때문이다. 다섯째 수순隨順의 뜻이니, 왼쪽을 등지고 오른쪽으로 향하는 것이 서역의 풍속에 수순하는 것이니, 선재가 교리敎理에 수순하는 것을 드러내기 때문이다."[29]

---

27 澄觀, 『華嚴經行願品疏』 卷4(X5, 92c11~21).
28 남방은 밝아서~뜻을 취하였다 : 이에 대한 징관의 설명은 다음과 같다. 澄觀, 『演義鈔』 卷85(T36, 664a26~29), "소疏의 '남방은 밝아서 만물이 서로 본다.'는 것은 『周易』 「說卦傳」에 나오는 내용이다. 『易』에서 말하기를 '이는 밝음이다. 만물이 모두 서로를 보는 것이니, 남방의 괘이다. 성인이 남면하여 천하의 일을 듣고 밝은 곳을 향하여 다스리는 것은 대개 여기서 뜻을 취한 것이다.(疏南方之明萬物相見者. 即周易說卦中義. 易曰. 離者明也. 萬物皆相見南方之卦也. 聖人南面而聽天下嚮明而治. 蓋取於此也.)" 남면南面이란 군주가 나라를 다스릴 때 남쪽을 향하여 신하와 대면하는 것을 가리키는 말로서, 군주의 자리에 오르거나 군주가 되어 나라를 다스리는 것을 뜻한다.
29 澄觀, 『華嚴經行願品疏』 卷4(X5, 92c23~93a8). 전체를 인용한 것이 아니고 부분적으로 요약하여 인용하였다.

集曰. 居士者. 法花䟽云. 多財居業者也. 楞嚴環解云. 隱居求志行義達道. 名居士也. 言善財者. 䟽問云. 如來垂跡. 遇盡宿緣. 海會塵沙. 大器非少. 善財偏擧. 其故何耶. 釋有多意. 一擧一例餘. 以警末悟. 佛在童子. 小而老成. 勉乎行人. 白首自欺云云. 日月發輝. 螢燭無彩. 同餐妙旨. 獨穎衆流. 故經云. 餘諸菩薩. 於無量劫修. 今此童子. 一生皆辨. 化不在多. 一便當路.[1] 行不在久. 得意便超. 況久積行因. 何不速證. 靡論凡聖. 意在傚修. 又云. 生而財現. 是其善相. 稱曰善財. 又解心順理曰善. 積德無盡曰財. 言南方者. 大䟽云. 地前多在南方. 地上無方. 地後兼二. 然云南者. 古有五義. 一擧一例餘. 一方善友已自無量. 況餘九方. 二明義. 表捨暗向智. 南方之明. 萬物相見. 聖人南面. 盖取於此. 三中義. 表離邪僻契中道故. 四生義. 表於善財增長行故. 五隨順義. 背左向右爲順西域. 彰於善財順敎理故.

1) ㉠ '路'는 『華嚴經行願品䟽』에는 '終'으로 되어 있다. 이를 따랐다.

② 가서 묻기를 권함

소 다음은 가서 묻기를 권하는 것이다.

後勸往敎問.

경 그대는 그분께 가서 다음과 같이 물어보라. "보살이 어떻게 보살의 행을 배우며, 보살의 도를 닦습니까?"

汝詣彼問. 菩薩云何學菩薩行. 修菩薩道.

(2) 게송偈頌

소 두 번째는 게송偈頌이다.

二偈頌。

경 이때 거사는 이렇게 가리켜 보이고는 곧장 게송을 설하여 말하였다.

爾時。居士。因此指示。即說偈言。

바다에 여러 보배로 이뤄진 산이 있으니	海上有山衆寶成
현인과 성인이 사는 곳이라 지극히 청정하네	賢聖所居極淸淨
샘물이 휘감아 돌아 그곳을 장엄하고	泉流縈帶爲嚴飾
꽃나무 숲과 과일나무가 그 속에 가득하네	花¹⁾林果樹滿其中
가장 뛰어난 용맹으로 중생을 이롭게 하는	最勝勇猛利衆生
관자재보살께서 여기에 머무시니	觀自在尊於此住
그대는 가서 부처님의 공덕을 물어보라	汝應往問佛功德
그분께서 그대 위해 자세히 설해 줄 것이네	彼當爲汝廣宣說

1) ㉯ '花'는 甲本에는 '華'로 되어 있다.

소 대비大悲가 높고 중하므로 이렇게 찬미하는 것이다. "바다에 산이 있다."는 것은 남인도南印度의 남쪽이니, 대비大悲에 수순隨順하여 중생衆生의 바다에 들어가 열반涅槃의 산에 머무는 것을 드러내는 것이다. 이는 또한 대비의 바다에 있으면서 애견愛見에 빠지지 않음을 드러내는 것이다.

大悲尊重。故加$^{1)}$讚美。海上有山者。即南印度之南。表大悲隨順。入衆生$^{2)}$海。住涅槃山。亦處大悲海。不爲愛見之所溺故。

1) ㉘ '加' 아래 乙本에는 '此'가 있다.　2) ㉘ '衆生'은 乙本에는 '生死'로 되어 있다.

집 게송에 두 가지가 있다. 먼저 있는 한 게송 반은 보살의 의보와 정보를 찬탄하는 것이고, 뒤에 있는 한 게송은 가서 묻기를 권하는 것이다.

『소』에서 "대비에 수순하여 중생의 바다에 들어간다."는 것을 빠짐없이 말하면 '대비大悲와 대지大智에 수순하여'라고 해야 할 것이다. 즉 "대비에 수순하여 중생의 바다에 들어간다."는 것은 아래로 중생을 교화하는 것이고, "대지에 수순하여 열반의 산에 머문다."는 것은 위로 모든 부처님을 따르는 것이다. 그런데 비悲와 지智는 서로 인도해 주는 것이므로 영략影略해서 뜻을 드러낸 것이다. 그러므로 『하경下經』에서 "항상 일체 여래 계신 곳에 있으면서 일체 모든 중생들 앞에 두루 몸을 드러낸다."[30]라고 하였다.

『소』에서 "또한 대비의 바다에 있으면서 애견愛見에……"라고 한 것도 영략影略한 것이다. "대비의 바다에 있으면서 애견에 빠지지 않는다."는 것은 생사에 집착하지 않는 것이고, "열반의 산에 머물면서 상견에 빠지지 않는다."는 것은 열반에 집착하지 않는 것이다. 그러므로 『소』에서 "열반에 머물지 않는 것이 생사문生死門이고, 생사에 머물지 않는 것이 열반문涅槃門이다. 두 가지에 모두 머물지 않아야 비로소 두 가지에 다 머물 수 있다."[31]라고 했으니, 이것이 무주無住의 중도中道이다.

---

30 40권본 『華嚴經』 卷16(T10, 733b17~18). 이는 관자재보살이 선재에게 설하는 내용 중에 나오는 말이다.
31 澄觀, 『華嚴經行願品疏』 卷4(X5, 97c14~16), "舊經云。求生死涅槃門。謂不住涅槃即生死門。不住生死即涅槃門。二俱不住。即是出義。由俱不住方能俱住。即是入義." 위에서는 이 문장의 일부를 생략하고 인용하였다.

集曰。偈中二。先有一偈半。讚依正。後有半偈。勸往敎問。疏大悲隨順入
衆生海者。若具應云。大悲大智隨順也。謂大悲隨順入衆生海者。下化群生
也。大智隨順住涅槃山者。上順諸佛也。然悲智相導。影略意存。故下經云。
常在一切諸如來所。普現一切諸衆生前。疏亦處大悲海等者。亦影略也。處
大悲海不爲愛見溺者。不著生死也。住涅槃山不爲常見滯者。不著涅槃也。
故疏云。不住涅槃者。即生死門。不住生死。即涅槃門。二俱不住。方能俱
住。此是無住中道也。

2) 예를 올리고 사직함

소 두 번째, 예를 올리고 사직하는 것이다.

二禮辭。

경 이때 선재동자는 거사의 발에 예를 올리고 주위를 무수히 돌고서 간절히 우러러본 뒤 사직하고 떠났다.

時善財童子。禮居士足。繞無數匝。殷勤[1]瞻仰。辭退而行。[2]

1) ㉑ '殷勤'은 甲本에는 '慇懃'으로 되어 있다.　2) ㉑ '行'은 甲本에는 '去'로 되어 있다.

집 "발에 예를 올린다."는 것은 발에 머리를 대고 절하는 것이니 지극히 존경하는 것이다. "주위를 돈다."는 것은 마음으로는 생각하고 몸으로는 주위를 도는 것이니 지극히 공경하는 것이다. "간절히……"는 자비로운 자태를 연모戀慕하며 덕음德音을 사직하는 것을 슬퍼하는 것이다.

여러 선우가 나오는 경문에는 여섯 단락이 있으니, 첫째는 가르침에 따라 찾아가는 것이고, 둘째는 뵙고서 공경히 묻는 것이며, 셋째는 칭찬하며 법을 전수하는 것이고, 넷째는 스스로를 낮추고 수승한 이를 추천하는 것이며, 다섯째는 뒤에 오는 선우를 가리켜 보이는 것이고, 여섯째는 덕을 사모하며 예를 올리고 사직하는 것이다.

지금 이 경에서 뒤에 나오는 두 단락을 처음으로 삼은 것은 이 두 단락이 의미상 뒤의 회會에 속하는 것이기 때문이다. 그러므로 옛적의 여러 해석에서는 이 두 단락을 첫 번째 단락에 배속시켰다. 그러므로 『대소』에서 옛적의 해석을 인용하여 다음과 같이 판정하였다. "변공辯公은 셋으로 분류하였다. 첫째는 이름을 듣고 찾기를 구하는 것이니, 가행위加行位이다. 둘째는 선지식이 설하는 내용을 받드는 것이니, 정증위正證位이다. 셋째는 우러러 수승한 이를 추천하여 나가게 하는 것이니, 후득위後得位이다. 어떤 사람은 다섯으로 분류하였다. 첫째는 법을 들어서 닦기를 권하는 것이고, 둘째는 가르침에 따라 향해 들어가는 것이며, 셋째는 뵙고 나서 공경히 청하는 것이고, 넷째는 법계를 곧장 보여 주는 것이며, 다섯째는 우러러 수승한 이를 추천하여 나가게 하는 것이다. 그런데 이상의 두 가지 내용은 모두 지위(位)에 의거하여 설한 것으로, 뜻은 매우 좋지만 경문에 있어서는 불편하다. 왜냐하면 뒤에 오는 선우의 이름은 의미상 비록 뒤의 회에 속하지만 앞의 회에서 설하기 때문이다."[32]

지금 이 경은 변공 등의 주장에 따라 (뒤의 두 단락을) 경의 앞머리에 둔 것 같지만 오히려 그렇지 않다. 다시 말해 소주가 이미 '의미상 비록 뒤의 회에 속하지만 앞의 회에서 설하기 때문이다.'라고 말했으므로, 이 두 단락은 변공 등의 과문科文에 의거한 것이 아니라 후인이 대성이 거처하시는 곳을 가리켜 보여 명칭과 의미가 분명히 드러나게 하기 위해 간략히 이 아래에 취하여 한 권의 경으로 만들었을 따름이다. 그렇지 않다면 어째서 맨 끝에 다시 '뒤에 오는 선우를 가리켜 보임' 등의 두 단락의 경문이 있겠

---

32 澄觀, 『華嚴經行願品疏』 卷4(X5, 97a12~16).

는가. 지금 경의 『소』 역시 『대소』에서 베껴 써서 별행別行시킨 것이다.

集曰. 禮足者. 以頂禮足. 尊之至也. 繞匝者. 念思身繞. 敬之至也. 殷勤等者. 戀慕慈容. 悵辭德音也. 諸善友文. 各有六段. 一依敎推求. 二見敬諮問. 三稱讚授法. 四謙已推勝. 五指示後友. 六戀德禮辭. 今此經中. 以後二段爲始者. 以此二段. 義屬後會. 故昔諸釋. 以此二段. 屬第一段. 故大䟽引古辨定云. 辯公分三. 一聞名求覓. 是加行位. 二受其所說. 是正證位. 三仰推勝進. 是後得位. 有開五分. 一擧法勸修. 二依敎趣入. 三見已請敬. 四正示法界. 五仰推勝進. 然上二位. 並約位說. 於義甚善. 在文不便. 以後友名. 義雖屬後. 前會說故. 今經如依辯公等義. 以存經首. 然猶未也. 謂旣䟽主云. 義雖屬後. 前會說故. 故此二段. 非依辯公等科. 乃是後人爲其指示大聖居處名義顯著故. 略取此下爲一卷經耳. 不尒. 何故末後復有指示後友等二段文哉. 今經䟽亦錄出大䟽爲別行也.

2. 관자재회觀自在會

집 둘째는 관자재회觀自在會이다.

二觀自在會.

소 이는 대비大悲 관자재보살觀自在菩薩의 기등수순일체중생회향寄等隨順一切衆生廻向이니, 선근의 평등한 마음으로 여러 중생을 따라 이익되게 하기 때문이다. "관자재"라는 것은 (중생이) 삼업으로 귀의하면 (보살이) 열 가지 신통으로 따라 응하여, 빠짐없이 비추고 두루 이익 되게 하는 것이다. 이를 통해 평등한 마음으로 중생에게 수순할 수 있다.

"보타락가산補怛落迦山에 계시다."라는 것은, 여기 말로는 '소백화수小白

花樹'이니, 산에 이 나무가 많아서 향기를 멀리서도 맡을 수 있고 향기를 맡으면 반드시 기뻐하니, 이것이 수순의 뜻이다. 그런데 "관자재"는, 범어로는 '파로지저婆盧枳底'라고 하고, 여기 말로는 '관세觀世'라고 한다. 호공護公은 '비로毗盧'라고 잘못 알아, '광光'으로 번역하였다. '습벌라濕伐羅'는 여기 말로 '자재自在'이고, '섭벌다攝伐多'는 여기 말로 '음音'이다. 범본에 두 가지가 있어서 번역자들로 하여금 두 가지 서로 다른 이름으로 번역하게 만든 것이다. 그런데『법화경』「관세음보살보문품」에서 "그 음성을 관하여 모두 해탈을 얻게 한다."[33]라고 했으니, 곧 관세음觀世音에 해당한다. 그런데『법화경』에서 첫째 어업語業으로 보살의 명호를 부르면 일곱 재난을 소멸시키고, 둘째 신업身業으로 예배하면 두 가지 원願을 만족시키며, 셋째 의업意業으로 생각을 집중하면 삼독三毒을 청정히 없앤다고 했으니, 이것이 바로 자재自在의 뜻이다. 그런데 지금 '관세음觀世音'을 많이 부르는 것은 어업을 많이 쓸수록 감응感應이 쉽게 성취되기 때문이다. 그러나 여기서는 뜻의 원만함을 취하여 '관자재'라고 부르겠다.

그런데 '관觀'은 능관能觀(관하는 주체)으로, 일체의 관에 통한다. 그러므로 "진관眞觀, 청정관淸淨觀, 광대지혜관廣大智慧觀, 비관悲觀, 그리고 자관慈觀으로 항상 발원하고 항상 우러러 본다."[34]고 하였다. '세世'는 소관所觀(관의 대상)으로, 일체의 세世에 통하는 것이다. 즉 산이든 바다든 부처님이든 중생이든 관하지 않음이 없기 때문이다. '음音'이라고 할 경우 역시 소관所觀이니 구제해야 할 일체 중생이다. '자재自在'라고만 하면 교화하는 주체의 작용에만 속하게 되므로, 제대로 말하자면 '관세자재觀世自在'라고 해야 주체(能)와 대상(所)에 통하게 된다. 그러나 주체에는 반드시 대상이

---

33 『妙法蓮華經』卷7(T9, 56c5~8), "善男子。若有無量百千萬億衆生受諸苦惱。聞是觀世音菩薩。一心稱名。觀世音菩薩卽時。觀其音聲。皆得解脫。"
34 『妙法蓮華經』卷7(T9, 58a18~19), "眞觀淸淨觀。廣大智慧觀。悲觀及慈觀。常願常瞻仰。"

있으므로 ('世'를) 생략한 것이다. 주체와 대상이 모두 없어지고 관찰에 걸림이 없어져 서로 녹아 거두어들이는 것이 참된 자재이다.[35]

大悲觀自在菩薩. 寄等隨順一切衆生廻向. 謂以善根等心. 順益諸衆生故. 言觀自在者. 三業歸依. 十隨應鑒無不[1]照. 益無不周. 由此故能等心隨順. 在補怛落迦山者. 此云小白花[2]樹. 山多此樹. 香氣遠聞. 聞見必欣. 是隨順義. 然觀自在.[3] 梵云婆盧枳底. 此云觀世. 護公悞作毗盧. 譯爲光也. 濕代[4]羅. 此云自在. 若[5]攝代*多. 此云音也. 梵本有二. 故令譯者二名不同. 而法花*觀音品云. 觀其音聲. 皆得解脫. 即觀世音也. 然彼經中. 一[6]語業. 稱名滅除七災. 二身業. 禮拜能滿二願. 三意業. 存念淨除三毒. 即自在義. 而今多念觀世音者. 語業用多感易成故. 今取義圓. 云觀自在. 然觀即能觀. 通一切觀. 故云. 眞觀淸淨觀. 廣大智慧觀. 悲觀及慈觀. 常願常瞻仰. 世是所觀. 通一切世. 謂若山若海. 若佛若生. 無不觀故. 若云音[7] 亦是所觀. 即是所救一切機也. 若但云自在. 乃屬能化之用. 具足應云觀世自在. 通能所也. 能必有所. 故略無之. 能所兩亡. 不尋觀察. 互相融攝. 爲眞自在.

1) ㉮ '不'은 乙本에는 '遺'로 되어 있다. 2) ㉮ '花'는 乙本에는 '華'로 되어 있다. 다음도 같다. 3) ㉮ '在' 아래 乙本에는 '或云觀世音'이 있다. 4) ㉮ '代'는 乙本에는 '伐'로 되어 있다. 다음도 같다. 5) ㉮ '若' 아래 乙本에는 '云'이 있다. 6) ㉮ '一'은 乙本에는 '初'로 되어 있다. 7) ㉮ '音' 아래 乙本에는 '者'가 있다.

집 『연의초』에 따르면 『소』의 문장에 네 가지가 있다.

첫 번째, 지위의 명칭을 간략히 해석하는 것이다. "선근의 평등한……"에 대해 「회향품」의 소에서 다음과 같이 말했다. "等은 평등이니, 주체와 대상에 통하는 것이다. 수순의 대상인 중생은 상相이 없다는 점에서 평등하고, 수순의 주체인 마음은 지혜로 비춘다는 점에서 평등하다. 이는

---

35 澄觀, 『華嚴經行願品疏』 卷7(X5, 136a6~23).

회향을 따라서 명칭을 얻은 것이다. '등等'은 수순隨順이다.……곧 무탐無貪 등의 선근善根을 그것의 자성으로 삼는다."³⁶

두 번째, "관자재라는 것은……"이란, 선우의 명칭을 간략히 해석하는 것이다. "삼업으로 귀의한다."라는 것은 아래서 따로 설명하는 것과 같다. "열 가지 신통으로 응한다."에 대해 『대소』에서 다음과 같이 말했다. "여섯 가지 신통으로 인연 있는 자에 나아가니, 천안통天眼通으로 먼 곳을 보고, 천이통天耳通으로 먼 곳의 소리를 듣고, 타심통他心通으로 먼 곳을 알고, 신족통神足通으로 빨리 내닫고, 숙명통宿命通으로 그들이 교화될 수 있는지를 알고, 누진통漏盡通으로 그들을 해탈시키는 것이다."³⁷

지금 여기서 '열 가지 신통'이라고 하는 것은 다음과 같다. 첫째 타심통他心通, 둘째 천안통天眼通, 셋째 과거겁의 전생의 일을 아는 신통(三知過去劫宿住), 넷째 미래겁의 일을 아는 신통, 다섯째 걸림 없이 청정한 천이통天耳通, 여섯째 체성無體이나 동작動作 없이 일체 불국토에 가는 신통, 일곱째 일체의 언사言詞를 잘 분별하는 신통, 여덟째 무수한 색신色身을 나타내는 신통, 아홉째 일체법에 대한 지혜의 신통, 열째 일체법이 소멸된 삼매에 들어가는 신통이다. 이 열 가지를 모두 지통智通이라고 하는 것은 이들 모두 대지大智를 체성體性으로 삼기 때문이다. 상相을 따라 설하면, 앞의 여덟 가지는 여량지如量智이고, 뒤의 두 가지는 여리지如理智이지만, 실제로는 오직 하나의 장애 없는 대지大智일 뿐이다.

이 열 가지는 또한 저 여섯 가지 신통을 분류한 것이니, 천안통·천이통·신족통·누진통을 각각 둘로 나눈 것이기 때문이다. 천안통은 현재와 미래를 보는 것에 의거하여 둘째와 넷째가 되고, 천이통은 음성音聲과 언사言詞에 의거하여 다섯째와 일곱째가 되는데, 또한 성교聖敎 및 여러 종

---

36 澄觀, 『華嚴經疏』卷29(T35, 720b18~27).
37 이 문장은 『大疏』가 아니라 『大疏鈔』, 곧 『華嚴經隨疏演義鈔』에 나온다. 澄觀, 『華嚴經隨疏演義鈔』卷87(T36, 680a4~6).

류의 언사言詞를 듣는 것에 의거하기도 한다. 신족통은 업용業用과 색신色
身에 의거하여 여섯째와 여덟째로 나뉘고, 누진통은 정定과 혜慧에 의거
하여 아홉째와 열째가 된다. 첫째와 셋째는 나뉘지 않는다. 그러므로 여
섯 가지 신통이 열 가지 신통이 되는 것이다.

集曰。依演義疏文有四。一略釋位名。謂以善根等者。廻向品疏云。等即平
等。通於能所。所順衆生。無相平等。能隨順心。智照平等。此從廻向受名。
等即隨順云云。即以無貪等善根而爲其性。二觀自在者。略釋友名。三業
敀依者。如下別中。十通應者。大疏云。六通赴緣者。謂天眼遙見。天耳遙
聞。他心遙知。神足速赴。宿命知其可化。漏盡令其解脫。今云。十通者。一
他心。二天眼。三知過去劫宿住。四盡未來劫。五無尋淸淨天耳。六無體性
無動作往一切佛刹。七善分別一切言詞。八無數色身。九一切法智。十入
一切法滅盡三昧。此十皆言智通者。皆以大智爲體性故。若隨相說。前八
量智。後二理智。據實唯一無导大智。此十亦是開彼六通。天眼天耳神足漏
盡。各分二故。天眼約見現未成二四。天耳約音聲言詞分出五七六。亦是約
聞聖敎及諸類言詞故。神足約業用及色身分成六八。漏盡約定慧分成九十。
一三不分。故六爲十。

세 번째, "보타락가산에 계시다." 아래는 장소의 명칭을 간략히 해석하
는 것이다.
네 번째, "그런데 관자재는 범어로는……" 아래는 선우의 이름을 자세
히 해석하는 것이다. 여기에 세 가지가 있다. 첫째는 두 가지 이름을 함께
드러내는 것이다. 둘째 "범어로는……" 아래는 두 가지 이름을 함께 해석
하는 것이다. 셋째는 글자를 따라가면서 별도로 해석하는 것이다.
둘째 가운데 다섯 가지가 있다.
첫째 범어梵語의 경중輕重에 따라 나뉘어 두 가지 이름이 되는 것이다.

둘째 "그런데 『법화경』……" 아래는 관음觀音의 뜻을 성립시키는 것이다. 즉 저 『법화경』에서 부처님께서 가장 먼저 무진의無盡意 보살에게 답하기를 "헤아릴 수 없이 많은 백천만억의 중생이 있어 여러 고뇌苦惱를 받다가 이 관세음보살이 계심을 듣고 일심으로 그 명호를 부르면 관세음보살께서 즉시 그 음성을 관하여 모두 해탈을 얻게 하신다."[38]라고 했다.

셋째 "만약 삼업三業을 갖춘다면……"[39] 아래는 자재自在의 뜻을 성립시키는 것이니, 또한 저 경에서 먼저 드러내었기 때문이다. "저 『법화경』에서……" 아래는 삼업의 상相을 드러내 보이는 것이다. "첫째 어업으로 보살의 명호를 부르면 일곱 재난을 소멸시킨다."는 것에 대해 『법화경』에서 다음과 같이 말했다. "관세음보살의 명호를 지송하는 자가 있으면 설령 큰 불에 들어가더라도 불이 태우지 못하니, 이 보살의 위신력 때문이다.【첫째】 큰물에 표류하더라도 보살의 명호를 부르면 곧장 얕은 곳에 이른다.【둘째】 백천만억의 중생이 있어 금金·은銀·유리瑠璃·차거車璩·마노馬瑙·산호珊瑚·호박琥珀·진주眞珠[40] 등을 구하기 위해 큰 바다에 들어갔다가, 가령 흑풍黑風이 불어서 그들의 배가 표류하다 나찰귀羅刹鬼의 국토에 떨어지더라도 그중 한 사람이라도 관세음보살을 부르는 자가 있으면 이 모든 사람들이 다 나찰의 난에서 풀려날 것이다. 이런 인연으로 인해 관세음보살을 부르는 것이다.【셋째】 다시 어떤 사람이 피해를 당하려고 할 때 관세음보살의 명호를 부르면 피해 입히려는 자들이 지니고 있던 칼과 몽둥이가 곧장 조각조각 부서질 것이다.【넷째】 삼천대천국토에 가득 찬

---

38 『法華經』 卷7(T9, 56c5~8), "佛告無盡意菩薩。善男子。若有無量百千萬億衆生。受諸苦惱。聞是觀世音菩薩。一心稱名。觀世音菩薩。即時觀其音聲。皆得解脫."
39 이 부분 즉 "三若具三業下。成自在義."는 징관의 『華嚴經行願品疏』에는 나오지 않고, 『華嚴經疏』에 나오는 구절이다. 체원이 집해集解에서 징관의 『華嚴經隨疏演義鈔』를 인용하였기 때문에, 『華嚴經行願品疏』에 나오지 않는 구절까지도 해석하게 되었다. 『演義鈔』의 대상이 되는 것은 『華嚴經疏』이다.
40 『法華經』에 의거하여 '마노馬瑙'를 첨가하였다. 『法華經』 권7(T9, 56c11~12), "若有百千萬億衆生。爲求金銀琉璃車璩馬瑙珊瑚虎珀眞珠等寶。入於大海."

야차夜叉와 나찰羅刹이 와서 사람을 괴롭히고자 할 때 보살의 명호 부르는 것을 들으면 악한 눈으로 쳐다보지도 못하게 된다.【다섯째】 죄가 있건 죄가 없건 쇠고랑과 쇠사슬로 그 몸이 묶인 자가 보살의 명호를 부르면 그것이 다 끊어진다.【여섯째】 어떤 상주商主가 여러 상인과 함께 귀중한 보물을 운반할 때, 그중 한사람이라도 '여러 선남자여, 두려워하지 말고 관세음보살의 명호를 불러야 할 것이오. 그러면 보살께서 여러분들의 두려움을 없애 줄 것이오.'라고 말한 뒤, 여러 상인들이 듣고서 모두 소리 내어 '나무 관세음보살'을 부른다면, 보살의 명호를 부르기 때문에 해탈을 얻을 수 있다.【일곱째]"[41]

"둘째 신업으로 예배하면 두 가지 원을 만족시킨다."라는 것은, 사내아이 낳기를 구하면 곧장 복덕과 지혜를 갖춘 사내아이를 낳을 것이고, 여자아이 낳기를 구하면 곧장 단정하고 예쁜 여자아이를 낳을 것이라는 말이다. "셋째 의업으로 생각을 집중하면 삼독을 청정히 없앤다."라는 것은, 음욕婬欲이 많은 중생이 항상 관세음보살을 염하면서 공경하면 곧장 음욕에서 벗어나게 된다는 말이다. 성냄(瞋)이 많거나 어리석음(癡)이 많은 중생도 위의 탐욕의 경우에 준하면 된다. 이것이 삼업三業으로 귀향歸向함이다. 저 『법화경』에서는 예를 간략히 들었지만, 『하경』과 그 게송에 따르면, 재앙이 가장 많을 때 그 상황에 응하여 구제하는 것이 '자재'의 뜻이다.

넷째 "그런데 지금……" 이하는 '관음'에 대해 매듭짓는 것이다.

다섯째 "여기서는 뜻의 원만함을……" 이하는 '자재'에 대해 매듭짓는 것이다. 이상은 통상적인 해석이다.

『소』의 "그런데 관은 능관으로……" 아래는 (네 번째 중의) 셋째 글자

---

[41] 『法華經』 권7 「觀世音菩薩普門品」(T9, 56c8~29). 『法華經』을 그대로 인용하지 않고 요약해서 인용하고 있다.

를 따라가면서 별도로 해석하는 것이다. "관은 능관이다."라는 것은 보살에게 속함을 드러낸 것이다. "일체의 관에 통한다."라는 것은 지자智者의 뜻이다. 그런데 그 문장이 번다하여 여기서는 의미만 취하여 해석하겠다. (중생이) 삼업으로 귀의하면 관觀이 심안心眼에 통하여 여러 상을 분명히 보되 집착하지 않으며, 체성體性을 철저히 보아 공空과 유有에 걸림이 없으며, 일체종지一切種智로 단박에 원만히 관찰한다. 그러므로 『경』에서 "진관, 청정관,……재앙과 바람과 불을 조복시키고 세간을 널리 밝게 비춘다."라고 했으니, 이것이 모두 (관觀의 뜻이다. "세는 소관이니, 일체의 세에 통한다."라는 것은, 세世에는 대략 세 가지가 있으니, 삼세간三世間을 말한다. 산이든 물이든)⁴² 낭떠러지나 깊은 계곡과 같이 험난한 곳이 기세간器世間이다. 헤아릴 수 없이 많은 중생이 중생세간衆生世間이다. 또한 불회佛會에 있는 모든 중생이 항상 일체 모든 여래께서 계신 곳에 있음을 관하는 것이 바로 관찰지정각세간觀察智正覺世間이다.

"자재라고만 하면……" 아래의 (뜻은 다음과 같다.) 문장에 따라 의미를 드러내면 자재의 뜻이 넓지만, 단지 명언名言에만 의거하면 자재의 뜻이 국한되니 관觀의 대상이 없기 때문이다. 그런데 관하는 주체가 있으면 반드시 관할 대상이 있다. 그렇지 않다면 무엇에 대해 자재함을 얻을 것인가. 주체와 대상이 둘이 아니지만 주체와 대상을 무너뜨리지도 않으며, 하나의 관이 일체의 관이어서 관하는 것도 없고 관하지 않는 것도 없는 것이 참된 관(眞觀)이다.⁴³

三在補怛下。略釋處名。四然觀自在下。廣釋友名。於中三。先雙標二名。二梵云下。雙釋二名。三隨字別釋。二中有五。一以梵語輕重分成二名。二而

---

42 이는 징관의 『演義鈔』卷87(T36, 80b15~16)에 의거하여 첨가한 것이다.
43 이상에 나온 집해集解의 내용은 澄觀, 『演義鈔』卷87(T36, 679c29~680b22)에 의거한 것이다.

法花下。成觀音義。即彼經最先答無盡意云。若有無量百千萬億衆生。受諸苦惱。聞是觀世音菩薩。一心稱名。觀世音菩薩。即時觀其音聲。皆得解脫。三若具三業下。成自在義。亦彼經先標故。彼經云[1]出三業相。一言語業。稱名除七灾者。經云。若有持是觀世音菩薩名者。設入大火。火不能燒。由是菩薩威神力故。【其一】若爲大水所漂。稱其名號。即得淺處。【其二】若有百千衆生。爲求金銀瑠璃珤璖珊瑚琥珀眞珠等寶。入於大海。假使黑風。吹其舩舫。飄墮羅利鬼國。其中若有乃至一人。稱觀世音者。是諸人等。皆得解脫羅利之難。以是因緣名觀世音。【其三】若復有人。當[2]被害。稱觀世音菩薩名者。彼所執刀杖。尋段段壞。【其四】若三千大千國土滿中夜叉羅利。欲來惱人。聞其稱名。尙不能以惡眼視之。【其五】若有罪無罪。杻械枷鎖。檢繫其身。稱其名者。皆悉斷壞。【其六】有一商主。將諸商人。賫持重寶。其中一人。作是唱言。諸善男子。勿得恐怖。應當稱觀世音名號。能以無畏。施於衆生。衆商人聞。俱發聲言。南無觀世音菩薩。稱其名故。即得解脫。【其七】二身業禮拜滿二願者。謂設欲求男。便生福德智慧之男。設欲求女。便生端正有相之女。三意業存念淨三毒者。若有衆生。多於婬欲。常念恭敬觀世音菩薩。便得離欲。多瞋多癡。准例上貪。斯則三業歸向也。彼經略擧。若准下經及彼偈文。危厄最多。應時擢救。斯爲自在。四而今下。結成觀音。五今取下。結成自在。上通相釋。疏然觀即下。第三隨字別釋。言觀則能觀者。顯屬菩薩。通一切觀者。即智者意。然彼文繁。今取意釋。謂三業歸依。觀通心眼了見諸相。而無所著。徹見體性空有無导。一切種智。圓頓觀察。故經云。眞觀淸淨觀等。乃至能伏灾風火。普明照世閒。皆是[3]懸崖邃谷險難之處。器世閒也。無量衆生。即衆生世閒。亦觀佛會所有衆生。常在一切諸如來所。即是觀察智正覺世閒。從若云自在下。案文就義。自在即寬。直就名言。自在即局。闕所觀故。然有能觀 必有所觀。不爾。於何而得自在。能所無二。不壞能所。一觀一切觀。無觀無不觀。爲眞觀矣。

---

1) ㉓ '云'은 『疏』에는 '下'로 되어 있다.   2) ㉘ '當' 앞에 『法華經』에는 '臨'이 있다.   3) ㉘

㉣ '是' 다음에 『演義鈔』에는 '觀義。言世是所觀。通一切世者。世略有三。謂三世間。若山若水。'가 있다. 이를 번역에 반영하였다.

1) 가르침에 따라 찾아감

(1) 앞의 선우를 생각함

소 첫 번째 가르침에 따라 찾아가는 것이다. 여기에 두 가지가 있으니, 먼저는 앞의 (선우를) 생각함이다.

第一依教推¹⁾求²⁾二。念³⁾前。
1) ㉮ '推'는 乙本에는 '趣'로 되어 있다. 2) ㉮ '求' 아래 乙本에는 '中'이 있다. 3) ㉮ '念' 위에 乙本에는 '先'이 있다.

경 이때 선재동자는 거사의 가르침을 입고 그에 따라 사유하고 일심으로 바르게 생각하여, 저 보살의 심신해장深信解藏에 들어가, 저 보살의 능수념력能隨念力을 얻고, 저 제불이 출현하는 차제次第를 떠올리고, 저 제불이 등정각等正覺을 이루는 것을 보고, 저 제불이 가진 모든 명호名號를 지니고, 저 제불이 증득한 법문法門을 관하고, 저 제불이 갖춘 장엄莊嚴을 알고, 저 제불이 굴리신 법륜法輪을 믿고, 저 제불이 지혜의 빛으로 비추는 것을 생각하고, 저 제불의 평등한 삼매를 염하고, 저 제불의 자성청정自性淸淨을 이해하고, 저 제불의 무분별법無分別法을 닦고, 저 제불의 깊고 깊은 법인法印에 계합하여, 저 제불의 불가사의한 업을 지었다.

爾時。善財童子。蒙居士教。隨順思惟。一心正念。入彼菩薩深信解藏。得彼菩薩能隨念力。憶彼諸佛出現次第。見彼諸佛成等正覺。持彼諸佛所有名號。觀彼諸佛所證法門。知彼諸佛具足莊嚴。信彼諸佛所轉法輪。思彼諸佛智光照耀.¹⁾ 念彼諸佛平等三昧。解彼諸佛自性清淨。修彼諸佛無分別法。
契彼諸佛甚深法印。作彼諸佛不思議業。

1) ㉮ '耀'는 甲本에는 '曜'로 되어 있다. 甲本의 註에서 "曜는 明本에는 耀로 되어 있다."라고 했다.

소 15구가 있다.⁴⁴ 처음은 총괄적으로 사유하여 닦는 것이고, 뒤의 "저 보살의 심신해장에 들어가" 아래는 닦은 내용을 별도로 밝힌 것이다. 첫째 심신해장深信解藏이란 저 비슬지라 거사의 삼매이니, "마음을 일으켜 '이와 같이 여래께서는 이미 반열반에 드셨고,……'라고 말하지 않는다."는 것을 말한다. 장藏은 포섭包攝의 뜻이다. 나머지는 모두 알 수 있을 것이다.⁴⁵

有十¹⁾句。先²⁾惣思修。後入彼菩薩下。別明所修。一深信解藏。即彼三昧。謂不生心言。如是如來已般涅槃等。藏即包攝。餘並可知。

1) ㉮ '十' 아래 乙本에는 '五'가 있다. ㉯ 이를 번역에 반영하였다. 2) ㉮ '先'은 乙本에는 '初'로 되어 있다.

집 "심신해장深信解藏이란 저 비슬지라 거사의 삼매이다."라는 것은, 『경』의 윗부분에서 거사가 말하길, "선남자여, 나는 보살의 해탈을 얻었으니, 그 이름이 불반열반제不般涅槃際이다. 나는 마음을 일으켜 '이와 같이 여래께서는 이미 반열반에 드셨고, 현재 반열반에 드시며, 앞으로 반열반에 드실 것이다.'라고 말하지 않는다. 나는 시방의 일체제불께서 끝내 반열반에 들지 않음을 알고 있으니, 오직 중생을 조복調伏하기 위해 반

---

44 15구가 있다 : 징관에 따르면, '이때 선재동자는~바르게 생각하여'가 1구로서 내용을 총괄하는 것이고, '저 보살의 심신해장深信解藏에 들어가' 이후에 나오는 14구는 선재가 닦은 내용을 별도로 기술하는 것이다.
45 澄觀, 『華嚴經行願品疏』 卷7(X5, 136a24~b2).

열반을 시현示現하는 경우는 제외할 따름이다. 내가 전단탑梅檀塔을 열었을 때 삼매를 얻었으니, 그 이름이 불종무진佛種無盡이다."⁴⁶라고 했다. 이에 대해 『소』에서 다음과 같이 해석했다. "반般은 입入이다. 여래께서 열반의 실제實際에 들어가지 않음을 궁구하기 때문이다."⁴⁷

'장藏은 포섭包攝의 뜻이다'라는 것은 앞의 『소』에서 해석한 것과 같다.

集曰。深信解藏。即彼三昧者。上經。居士言。善男子。我得菩薩解脫名不般涅槃際。我不生心言。如是如來已般涅槃。現般涅槃。當般涅槃。我知十方一切諸佛畢竟無有般涅槃者。唯除爲欲調伏衆生而示現耳。我開梅檀塔時。得三昧名佛種無盡。疏釋云。般者入也。窮諸如來不入涅槃之實際故。藏即包攝者。如前疏釋。

(2) 다음으로 나아감

소 둘째는 다음으로 나아감이다.

二趣後。

경 점차 앞으로 나아가 저 산에 이르러 곳곳에서 이 대보살을 찾았다.

漸次前行。至於彼山。處處求覓此大菩薩。

---

46 40권본 『華嚴經』 卷16(T10, 732b8~14). 이는 비슬지라 거사가 선재에게 자신이 증득한 해탈의 이름을 설명하는 대목이다.
47 澄觀, 『華嚴經行願品疏』 卷6(X5, 135b7~8), "今初不般涅槃際者。般者入也。窮諸如來不入涅槃之實際故。"

집 『대소』에 따르면 '점차 남쪽으로 나아가(漸次南行)'⁴⁸라는 것은 가행加行을 총체적으로 드러내는 것이다. 마음을 보고 지위에 오르는 것을 "저 산에 이르러"라고 하고, 뜻을 얻으려는 마음을 품는 것을 "찾았다."라고 한다.⁴⁹

集曰。准大疏。漸次南行者。摠顯加行。見心陟位曰。至□¹⁾彼山。情懷得旨。名爲求覓。

1) ㉠ □는 '於'인 듯하다.

2) 보고서 공경히 물음

(1) 봄

① 수승한 의보와 정보를 봄

소 두 번째는 보고서 공경히 묻는 것이다. 여기에 두 가지가 있다. 첫째는 보는 것이다. 여기에 세 가지가 있으니, 먼저는 수승한 의보와 정보를 보는 것이다.

第二見敬諮問¹⁾二。先視見。於中有三。先²⁾見勝依正。

1) ㉠ '問' 아래 乙本에는 '於中'이 있다. 2) ㉠ '先'은 乙本에는 '初'로 되어 있다.

---

48 점차 남쪽으로 나아가(漸次南行) : 이는 『華嚴經』 경문인데, 징관의 『大疏』에는 경문의 '前'을 '南'으로 보고 주석하였다. 다만 위의 경문과 일치시키려면 '점차 앞으로 나아가(漸次前行)'라고 해야 한다.

49 澄觀, 『華嚴經行願品疏』 卷4(X5, 97b2~3), "皆言漸次南行者。總顯加行。見心陟位故曰登山。智鑒位行爲遍觀察。情懷得旨名爲尋求." 이는 길상운吉祥雲 비구比丘가 등장하는 대목에 대한 징관의 주석인데, '漸次南行', '登山', '尋求' 등에 대한 주석이 현재의 내용과 겹치므로, 체원이 이를 인용한 것으로 보인다.

경 서쪽을 바라보니 바위 계곡 가운데 샘물이 빛을 내며 흐르고 나무숲이 울창하며 향기 나는 풀은 유연하게 오른쪽으로 돌아 땅에 깔려 있으며, 갖가지 이름난 꽃이 두루 가득 장엄하고 있었다. 관자재보살께서는 청정한 금강보엽석金剛寶葉石 위에 결가부좌하고 계시었고, 헤아릴 수 없이 많은 보살들이 모두 보배로 된 돌에 앉아서 공경히 에워싸고 있었다. 보살께서 그들을 위해 지혜광명智慧光明의 대자비법大慈悲法을 설하시어 그들이 일체중생을 섭수攝受하도록 하셨다.

見其西面巖谷之中。泉流縈映。樹林蓊鬱。香草柔軟。右旋布地。種種名花。周遍嚴飾。觀自在菩薩。於淸淨金剛寶葉石上。結跏趺坐。無量菩薩。皆坐寶石。恭敬圍繞。[1] 而爲宣說。智慧光明。大慈悲法。令其攝受一切衆生。

1) ㉑ '繞'는 乙本에는 '遶'로 되어 있다.

소 "서쪽을 바라보니"란, 본래 섬기던 부처님께 중생들이 귀의하게끔 하기 위해서이고, 지혜의 해가 장차 지려 하는 것을 관찰하기 위해서이고, 생사의 밤에 들어가 대비大悲로 고통받는 이들을 구제하기 위해서이다. 나머지 문장은 알 수 있을 것이다.[50]

見其[1]西面者。本所事佛令物歸故。智日將沒令觀察故。入生死夜悲救苦故。餘文可知。

1) ㉑ '其'는 乙本에는 '在'로 되어 있다.

집 『연의』에서 다음과 같이 말했다. "'본래 섬기던 부처님께 중생들이 귀의하게끔 하기 위해서이다.'라는 것에서 '본래 섬기던 부처님'은 아미타

---

50 澄觀, 『華嚴經行願品疏』 권7(X5, 136b6~7).

부처님이다. 염송念誦하는 이들에게 먼저 본사本師의 이름을 부르게 하니, 정수리 위의 화불化佛이 바로 아미타불이기 때문이다."[51]

"지혜의 해가 장차 지려……"라는 것은 『관무량수경觀無量壽經』에서 다음과 같이 말했다. "부처님께서 위제희韋提希에게 말씀하셨다. 그대와 중생들은 마땅히 마음을 전일하게 하여 생각을 한곳에 매어 두고 서방西方을 생각해야 할 것이다.……눈이 있는 무리들은 모두 해가 지는 것을 볼 수 있으니, 마땅히 상념想念을 일으켜서 서쪽으로 정좌正坐하여 해가 지려 하는 곳을 자세히 관하되 마음을 견고히 머무르고 상념을 전일하게 하여 움직이지 않아야 한다. 해가 지려 하는 모습이 마치 매달린 북과 같다고 보고, 해를 보고 나서는 눈을 감든 눈을 뜨든 그 상이 명료해야 할 것이다."[52]

이에 대해 사효思孝[53] 스님은 다음과 같이 해석했다. "이는 불일佛日이 지혜의 광명을 발하는 것을 드러낸 것이다. 그러므로 『화엄경』에서 '햇빛이 비춤으로 인해 다시 해를 보듯, 나는 부처님의 지혜 광명으로 부처님 도道에 통달한다.'[54]라고 하였다."

---

51 澄觀, 『演義鈔』 卷87(T36, 680b23~25), "疏又令歸向本所事者. 本事即阿彌陀故. 念誦者令先稱本師之名. 頂上化佛即是彌陀故." 이 부분은 『華嚴經行願品疏』에 나온 '本所事佛令物歸故'를 설명하기 위해, 이와 유사한 『華嚴經疏』의 '又令歸向本所事'에 대한 『演義鈔』의 주석을 인용하고 있다.

52 『觀無量壽經』 卷1(T12, 341c27~342a4), "云何當見阿彌陀佛極樂世界. 佛告韋提希. 汝及衆生. 應當專心. 繫念一處. 想於西方. 云何作想. 凡作想者. 一切衆生自非生盲. 有目之徒. 皆見日沒. 當起想念. 正坐西向. 諦觀於日. 令心堅住. 專想不移. 見日欲沒. 狀如懸鼓. 既見日已. 閉目開目. 皆令明了. 是爲日想. 名曰初觀." 본문에서는 이를 부분적으로 인용하고 있다.

53 사효思孝 : 고려 의천의 『新編諸宗教藏總錄』 卷1(T55, 1171c16)에 다음의 기록이 보인다. "(觀無量壽經)直釋一卷. 思孝述." 이를 통해 사효에게 『觀無量壽經直釋』 1권이 있었음을 알 수 있지만, 현존하지는 않는 것으로 보인다.

54 『華嚴經』 卷11(T10, 56a5~6), "如因日光照. 還見於日輪. 我以佛智光. 見佛所行道." 『華嚴經』의 마지막 구절인 '見佛所行道'와 본문의 마지막 구절인 '通達於佛道'가 일치하지 않는다.

"생사의 밤에 들어가……"라는 것은 『경』의 아래 부분에서 묘월妙月 장자가 다음과 같이 말한 것이다. "'모래사막(沙磧)'은 생사를 말하고, '서쪽에서 온 사람(西來人)'은 여러 중생을 말하며, '동쪽에서 온 도를 아는 대장부'는 불보살이다."[55]

『소』에서 이에 대해 "일체중생은 미혹에서부터 깨달음에 이르니 이는 서쪽에서 동쪽으로 향하는 것과 같고, 제불보살은 지혜에 의지하여 응應해 주시니 이는 동쪽에서 서쪽으로 향하는 것과 같다."[56]고 해석했으니, 또한 위의 경문 중 '바다 위에 산이 있다'는 대목에 대한 해석과 같다.[57]

이통현 장자의 『논』에서는 이에 대해 다음과 같이 말한다. "서쪽은 비悲이고 동쪽은 지智이다.……그러나 실제로 불국토는 한 방위에 시방十方이 가득 차 있고 하나의 티끌이 법계를 머금고 있으니, 어찌 자自와 타他가 떨어져 있는 부처님을 두는 곳이 있으리오.……『법화경』 회삼귀일문會三歸一門 중에 이 세 가지 법을 갖춘 문수보살과 보현보살과 관세음보살이 있으니, 법신의 무상혜無相慧와 근본지根本智를 드러내는 것은 문수의 행

---

[55] 40권본 『華嚴經』 卷32(T10, 806c14~16), "善男子。言沙磧者。即謂生死。西來人者。謂諸衆生。熱謂衆惑。渴即貪愛。東來知道大丈夫者。即佛菩薩。" 이 대목의 앞에서 묘월 장자는 선재를 위해 비유를 들어 법을 설하는데, 그 내용은 단지 문혜聞慧와 사혜思慧만 가지고는 증오證悟에 이르지 못한다는 것이다. 이를 위해 장자는 다음의 비유를 들었다. 즉 우물이 없는 모래사막을 서쪽에서부터 걸어오던 사람(衆生)이 동쪽에서부터 오던 대장부(佛菩薩)를 만나 물과 그늘이 있는 곳을 묻자, 동쪽에서 오던 대장부가 물과 그늘의 위치를 가르쳐 주었다. 그런데, 물과 그늘의 위치를 듣고(聞) 생각한다고(思) 해서 갈증이 해소되는 것이 아니라, 실제로 그곳에 가서 물을 마셔야(修) 갈증이 해소될 수 있는 것처럼, 증오證悟 역시 단지 문혜와 사혜가 있다고 해서 성취되는 것은 아니라는 말이다.
[56] 澄觀, 『華嚴經行願品疏』 卷9(X5, 169b23~c1). 여기서 부분부분 인용하고 있다.
[57] 澄觀, 『華嚴經行願品疏』 卷6(X5, 135c14~16), "'바다 위에 산이 있다'는 것은 남인도의 남쪽이다. 이는 대비에 수순하여 생사의 바다에 들어가 열반의 산에 머문다는 것을 드러내는 것이다. 또한 대비의 바다에 있으면서 애견에 빠지지 않는 것을 드러내는 것이다.(海上有山者。即南印度之南。表大悲隨順。入生死海。住涅槃山。亦處大悲海。不爲愛見之所溺故。)" 이 구절은 앞부분에 이미 나온 내용으로, 바다와 산을 통해 생사와 열반을 비유한 점에서 여기서 보여 준 비유와 맥락이 같다고 본 것이다.

行으로 주관하고, 근본지根本智로부터 차별행差別行을 일으키는 것을 드러내는 것은 보현으로 주관하며, 대자비심大慈悲心으로 항상 고통의 흐름에 처하여 벗어나기를 구하지 않는 것을 드러내는 것은 관세음으로 주관한다. 이 세 가지 법을 한 사람에 속하게 하여 행하는 바를 모두 갖추어 일체 중생세계에 두루하여 중생을 교화해서 남김이 없는 것을 비로자나불이라고 한다. 이는 곧 일체처가 문수이고, 일체처가 보현이며, 일체처가 관세음이며, 일체처가 비로자나불이어서, 내지 작은 티끌 중에서도 거듭거듭 두루 가득 차 있음을 밝히는 것이다. 이는 우선 간략히 밝힌 것이다. ……장소로 '바위 계곡'을 드러낸 것은 험한 길의 갈래를 밝힌 것이다. '샘물이 빛을 내며 흐른다'는 것은 자비慈悲가 밝게 사무침을 드러내는 것이고, '나무숲이 울창하다'는 것은 자심慈心이 빽빽하여 그늘을 드리움을 드러내는 것이다. '향기 나는 풀이 유연하다'는 것은 온화한 말과 향긋한 가르침으로 사람의 마음을 거듭 기쁘게 함을 드러내는 것이다. '오른쪽으로 돌아 땅에 깔려 있다'는 것은 중생이 교화를 따르므로 자비의 땅을 깔아 귀의할 곳이 있게 만드는 것이다. '관세음보살께서 금강보석金剛寶石에 앉아 계신다'는 것은 금강지金剛智의 작용이 비행悲行을 따라 견실堅實하고 깊고 무거워 기울여 움직일 수 없는 것이다. '결가부좌'는 지智와 비悲가 서로 사무치는 것이다. '헤아릴 수 없이 많은 보살들이 모두 보배로 된 돌에 앉아 있다'는 것은 비행悲行이 건고히고 두터운 것이다"[58]

集曰。演義云。本所事佛令物歸故者。本事即彌陁故。念誦者。令先稱本師之名。頂上化佛。即是彌陁故。言智日將沒等者。觀無量壽經。佛告韋提。汝及衆生。應當專心繫念一處。想於西方。乃至有目之徒。皆見日沒。當起想念。正坐西向。諦觀於日欲沒之處。令心堅住。專想不移。見日欲沒。狀如

---

[58] 李通玄, 『新華嚴經論』 卷37(T36, 981c3~982a13). 내용을 부분부분 인용하고 있다.

懸皷。旣見日已。閉目開目。皆令明了。思孝師釋曰。表佛日發智光明。故
花嚴云。如因日光照。還見於日輪。我以佛智光。通達於佛道。言入生死夜
等者。下經。妙月長者云。言沙磧者。卽謂生死。西來人者。謂諸衆生。東來
知道大丈夫者。卽佛菩薩。䟽釋云。一切衆生。從迷將悟。如西向東。諸佛
菩薩。依智起應。如從東來。亦同上文海上有山之釋。長者論云。西面是悲。
東方是智。而實佛國。一方滿十方。一塵含法界。何有方所而存自他隔別佛
也。【云云】於法華會三歸一門中。具此三法文殊普賢觀世音菩薩。表法身無
相慧及根本智。卽文殊之行主之。表從根本智起差別行。以普賢主之。表大
慈悲心。恒處苦流。不求出離。以觀世音主之。以三法屬於一人所。行令具
足。遍周一切衆生界。敎化衆生。令無有餘。名毗盧遮那佛。卽明一切處文
殊。一切處普賢。一切處觀世音。一切處毗盧遮那。乃至微塵中。重重充遍。
且約略明也。【云云】處表巖谷。明險道趣。流泉縈映者。明慈悲瑩徹。樹林翁
鬱者。表慈心蔭密。香草柔輭者。表和言芳敎。重悅人心。右旋布地者。表衆
生順化。布慈悲地。令有所歸。觀世音菩薩坐金剛石者。表以金剛智用隨悲
行。堅實深重。無所傾動也。結加趺坐者。悲智交徹也。無量菩薩皆坐寶石
者。悲行堅厚也。

② 보는 것의 이익을 드러냄

소 둘째는 보는 것의 이익을 드러내는 것이다.

二將[1]見之益。

1) ㉑ '將'은 乙本에는 '彰'으로 되어 있다.

경 선재가 보살을 보고서는 뛸 듯이 기뻐하며 선지식을 아끼고 좋아하고
존중하는 마음으로 합장 공경하고 눈을 잠시도 깜빡이지 않고 바라보면서

다음과 같이 생각했다. "선지식은 바로 여래이며, 선지식은 일체의 법운法雲이며, 선지식은 모든 공덕의 창고며, 선지식은 만나기 어려운 분이며, 선지식은 십력十力의 보인寶印이며, 선지식은 꺼지지 않는 지혜의 횃불이며, 선지식은 복덕의 뿌리와 싹이며, 선지식은 일체 지혜의 문이며, 선지식은 지혜바다의 길잡이며, 선지식은 일체의 지혜를 모아 도를 돕는 도구이다." 이렇게 생각하고 나서 곧장 대보살이 계신 곳으로 나아갔다.

> 善財見已。歡喜踊躍。於善知識。愛樂尊重。合掌恭敬。目視不瞬。作如是念。善知識者。即是如來。[1] 善知識者。一切法雲。善知識者。諸功德藏。善知識者。難可值遇。善知識者。十力寶因。善知識者。無盡智炬。善知識者。福德根芽。[2] 善知識者。一切知[3]門。善知識者。智海導師。善知識者。集一切智助道之具。作是念已。即便往詣大菩薩所。
>
> 1) ㉠ 甲本의 註에서 "來 아래 和本에는 善知來가 있다."고 했다. 2) ㉠ 甲本의 註에서 "芽는 和本에는 牙로 되어 있다."고 했다. 3) ㉠ '知'는 甲本에는 '智'로 되어 있다.

소 대비大悲를 벗삼아 몸과 마음을 훈습하여 닦았기 때문에 그 몸을 보자마자 수승한 생각을 낼 수 있었다. "선지식은 바로 여래이며"라는 것은 대략 네 가지 뜻이 있다. 첫째, 중생을 이끌어 구경究竟에 이르게 하는 것이 부처님과 같기 때문이다. 둘째, 바탕 그대로 오되 온다는 상相이 없기 때문이다. 셋째 이분은 등각等覺이니, 곧 부처님이기 때문이다. 넷째, 구원겁久遠劫 이래로 정각正覺을 이루었기 때문이다.[59]

> 以友大悲熏修身心。故令[1]見身。便得勝念。善知識者即是如來者。略有四意。一引至究竟同於佛故。二體如而來無來相故。三此是等覺即是佛故。四

---

[59] 澄觀,『華嚴經行願品疏』卷7(X5, 136b8~11).

從久遠來成正覺故.

1) ㉮ '슝'은 乙本에는 '슈'으로 되어 있다.

집 '선지식'에 대해 『대소』에서 다음과 같이 말했다.

"아직 알지 못한 선법善法을 다른 사람이 알도록(知) 하고, 아직 알지 못한 악법惡法을 다른 사람들이 알도록(識) 하며, 혹 두 가지 경우에 다 통하기도 한다. 식識은 분명히 이해한다(明解)는 점에서 쓴 말이고, 지知는 명료하게 안다(決了)는 점에서 쓴 말이다. 또 여러 선지식을 총괄하면 다섯 종류가 있다. 첫째, 세간의 선악善惡 인과因果를 알아서 수행으로 끊게 하는 것이다. 둘째, 세간의 즐거움을 싫어하고 열반을 구하는 것이다. 셋째, 비심悲心이 있지만 상相 있는 마음으로 수행하고 제도하는 것이다. 넷째, 상相 없는 지혜로 중생들로 하여금 수행하게 하는 것이다. 다섯째, 장애 없는 수행으로 보현의 행을 만족시키는 것이다. 이 다섯 가지는 앞의 것을 뒤의 것에 대망하면 다 진실이 아니다. 진실은 오직 다섯째일 뿐이다. 사람이 이를 행할 수 있으면, 이는 사람 가운데 선우(人善友)이지만, 궁극의 선우는 오직 여래일 뿐이다."⁶⁰

석 지금 여기서 말하는 선지식은 다섯째에 해당한다. "(선지식은) 바로 여래라는 것에 대략 네 가지 뜻이 있다."는 것은 다섯의 보현으로 배대할

---

60 澄觀, 『華嚴經行願品疏』 卷4(X5, 96b10~18), "言善知識者. 未知善法能令人知. 未識惡法能令人識. 或二並通. 識約明解. 知約決了. 瑜伽四十四. 成就八支爲善友相. 一戒. 二聞. 三證. 四悲愍. 五無畏. 六堪忍. 七無倦. 八善語具. 今云眞者爲揀似故. 具上八義. 可得名眞. 又諸知識. 總有五種. 一知識世間善惡因果而令修斷. 二厭世樂而求涅槃. 三有悲心而相心修度. 四以無相慧令物修行. 五無障导修滿普賢行. 此五前前望於後後. 皆非是眞. 眞唯第五. 人能行此. 是人善友. 究竟善友. 唯是如來." '사람 가운데 선우(人善友)'라는 말은 이 인용문 다음에 이어지는 『華嚴經行願品疏』의 "다섯 가지 법에 의거하면 법선우法善友라 이름하고, 통틀어 두루 거두어들이면 교리행과敎理行果가 모두 선우이다.(直就五法. 名法善友. 統而遍收. 敎理行果. 皆善友也.)"라는 대목에 의거하였다.

수 있다. 첫째는 위전位前 보현이다. 둘째는 자체自體이니, 또한 융섭融攝이다. 이는 곧 법보현法普賢이며 또한 법지식法知識이다. 셋째는 당위當位 보현이다. 넷째는 위후位後 보현이다. 이것과 앞의 당위 보현 및 위전 보현의 세 가지는 인보현人普賢이고, 인지식人知識이다.

問 (『소』의 셋째에서) "이분은 등각等覺이다."라고 하였다. 이 보살은 제7회향위廻向位에 해당하는데, 어째서 "이분은 등각이다."라고 하는가?

答 동교同教에 지위를 의탁하면 회향위에 해당하지만, 지금은 자체自體의 별교別教에 의거하므로 그렇게 말한 것이다.

"구원겁久遠劫 이래로 정각을 이루었다."는 것은 아래의 '용用에 대한 부분'[61]의 설명과 같다.

集曰。善知識者。大疏云。未知善法。能令人知。未識惡法。能令人識。或二並通。識約明解。知約決了。又諸善知識。惣有五種。一知識世間善惡因果而令修斷。二猒世樂而求涅槃。三有悲心而相心修度。四以無相慧令物修行。五無障碍修滿普賢行。此五前前望於後後。皆非是眞。眞唯第五。人能行此。是人善友。究竟善友。唯是如來。釋曰。今此知識。當於第五。言即是如來 略有四意者。可以五普賢配之。一是位前。二是自體。亦是融攝。即爲法普賢。亦爲法知識。三是當位。四是位後。與前位前三爲人普賢。亦爲人知識。問。此是等覺者。此菩薩旣當於第七廻向。何故云此是等覺耶。答。若約寄位同教。當於廻向。今約自體別教。故云尒也。言久成正覺者。如下用中辯也。

③ 선우가 칭찬하며 거두어들임

---

61 용用에 대한 부분 : 이는 澄觀, 『華嚴經行願品疏』 卷7(X5, 136c2 이하)의 '업용을 자세히 드러냄(廣顯業用)'을 가리킨다. 여기서 징관은 『千眼經』을 인용하여 관자재보살이 구원겁 이전에 정각을 이루고 호를 정법명여래正法明如來라고 했다는 내용이 나온다.

소 셋째는 선우가 칭찬하며 거두어들이는 것이다.

三友垂讚攝。

경 이때 관자재보살은 멀리서 선재를 보고는 다음과 같이 말했다. "훌륭하도다. 잘 왔도다. 동자여! 그대는 대승의 마음을 발하여 널리 중생을 섭수하며, 정직한 마음을 일으켜 오로지 불법만을 구하며, 대비심이 깊고 중하여 일체중생을 구호하며, 불가사의한 최승의 행에 머물러 널리 생사에서 윤회하는 중생을 건져 올리니, 세간을 뛰어넘어 비견할 이가 없구나. 보현의 묘행이 상속해서 현전하며, 대원大願의 깊은 마음이 원만하고 청정하며, 간절히 불법을 구하여 모두 다 받아들일 수 있으며, 선근을 쌓는 데 항상 물려서 만족함이 없으며, 선지식을 따라서 그 가르침을 어기지 않으며, 문수사리보살의 공덕지혜의 큰 바다에서 났으며, 그 마음이 성숙하여 부처님의 위신력을 얻었으며, 이미 광대한 삼매의 광명을 얻었으며, 마음을 전일하게 하여 깊고 깊은 묘법을 바라여 구하며, 항상 제불을 보고 큰 환희심을 일으키며, 지혜는 청정하여 허공과 같으며, 이미 스스로 명료해지고 다시 남을 위해 설해 주며, 여래의 지혜광명에 안주하여 일체의 불법을 수지하여 수행하며, 복과 지혜의 보배창고가 저절로 이르며, 일체의 지혜와 같이 속히 현전하며, 널리 중생을 관하여 마음에 게으름이 없으며, 대비심이 견고하여 마치 금강과 같구나."

尒時。觀自在菩薩。遙見善財告言。善哉善來。童子。汝發大乘意。普攝衆生。起正直[1]心。專求佛法。大悲深重。救護一切。住不思議最勝之行。普能拯拔生死輪廻。超過世間無有等比。普賢妙行。相續現前。大願深心。圓滿淸淨。勤求佛法。悉能領受。積集善根。恒無猒足。順善知識。不違其教。從文殊師利功德智慧大海所生。其心成就[2]得佛威力。已獲廣大三昧光明。專意希求甚深妙法。常見諸佛。生大歡喜。智慧淸淨。猶如虛空。旣自明了。復

爲他說。安住如來智慧光明。受持修行一切佛法。福智寶藏自然而至。一切
智道速得現前。普觀衆生。心無懈倦。大悲堅固。猶若金剛。

1) ㉑ '直'은 甲本의 註에서 "明本에는 直이 眞으로 되어 있다."고 했다.　2) ㉑ '就'는 甲本에는 '熟'으로 되어 있다.

소 대비가 깊고 두터워 수순하여 거두기 때문이다.

大悲深厚隨順攝故。

(2) 공경히 물음

소 둘째는 공경히 묻는 것이다.

二敬問。[1]

1) ㉑ '問'이 甲本에는 '門'으로 되어 있다. 또한 甲本의 冠註에서 "門은 乙本에 따르면 問인 듯하다."라고 했다.

경 이때 선재동자는 보살이 계신 곳에 이르러 보살의 발에 예를 올리고 주변을 무수히 돈 뒤 합장하고 서서 성자에게 아뢰었다. "저는 이미 먼저 아뇩다라삼먁삼보리심을 발하였지만, 보살이 어떻게 보살의 행을 배우고, 보살의 도를 닦는지를 아직 알지 못합니다. 저는 성자께서는 잘 가르쳐 주신다고 들었습니다. 원컨대 저를 위해 설해 주십시오."

尒時。善財童子。詣菩薩所。禮菩薩足。繞無數匝。合掌而住。白言聖者。我
已先發阿耨多羅三䫉三菩提心。而未知菩薩云何學菩薩行。修[1]菩薩道。我
聞聖者。善能教誨。願爲我說。

1) ㉑ '修' 위에 甲本에는 '云何'가 있다.

집 『대소』에서 다음과 같이 말했다.

"보살이 계신 곳에 이르러" 아래는 공경한 의례를 베풀었음을 밝힌 것이니, 사람과 법을 중히 여기기 때문이다. "성자에게 아뢰었다." 아래는 법요法要를 질문한 것이니, 이것이 본의本意이기 때문이다. 여기에 세 가지가 있다. 첫째는 스스로 발심했음을 진술하여 법기法器가 있음을 밝힌 것이다. "아직 알지 못합니다." 아래는 묻고자 하는 바를 곧장 진술하는 것이니, 법을 위해 왔음을 드러내는 것이다. 질문 가운데 생략된 것이 있는 것은 번역상 생략한 것일 뿐이다.【문수회文殊會에서는 선재의 질문에 10구가 있었는데, 덕운德雲 비구 아래부터는 질문을 생략하였기 때문이다.[62]】 "저는 성자께서 ……들었습니다." 부분은 보살의 덕을 찬탄하며 설해 주기를 청하는 것이니, 가르침을 드리워 구제해 주기를 바라는 것이다. 즉 지혜가 있어 능력이 훌륭하고 자비가 있어 인색함이 없으므로 자신을 위해 법을 설해 달라는 것이다. 유誘는 인도하여 깨우쳐 준다(誘諭)는 뜻이니, 가르침을 전수하여 앞의 이해(解)를 완성하는 것이고, 회誨는 가르쳐 보인다(誨示)는 뜻이니, 가르치고 훈계하여 앞의 행行을 완성한다는 것이다.[63]

---

[62] 80권본 『華嚴經』 卷62(T10, 333c3~8)에서 선재는 문수보살에게 열한 가지의 질문을 하는데, 그것은 다음과 같다. "善財白言. 唯願聖者廣爲我說. ① 菩薩應云何學菩薩行. ② 應云何修菩薩行. ③ 應云何趣菩薩行. ④ 應云何行菩薩行. ⑤ 應云何淨菩薩行. ⑥ 應云何入菩薩行. ⑦ 應云何成就菩薩行. ⑧ 應云何隨順菩薩行. ⑨ 應云何憶念菩薩行. ⑩ 應云何增廣菩薩行. ⑪ 應云何令普賢行速得圓滿." 여기서 체원이 '선재의 질문에 10구가 있다'고 한 것은 경에 보이는 질문의 수와는 일치하지 않는다. 선재는 문수보살 다음으로 덕운 비구를 만나는데, 덕운 비구에게도 이상의 질문을 모두 하였지만, 번역상 중복되므로 경에서는 일부를 생략한 채 몇 가지만 질문하고 있다.

[63] 澄觀, 『華嚴經行願品疏』 권4(X5, 97b16~22), "二卽前往詣下. 明設敬儀. 重人法故. 三白言聖者下. 諮問法要. 是本意故. 於中三. 初自陳發心. 明有法器. 次而未知下. 正陳所問. 顯爲法來. 問中略者. 翻譯略耳. 若善財略. 友云何知. 下友不應遍牒前問. 後我聞聖者下. 歎德請說. 希垂拔濟. 謂有智善能有慈無悋. 故應爲說. 誘謂誘喩. 卽是敎授. 以成前解. 誨謂誨示. 卽是敎誡. 以成前行." 이 부분은 길상운吉祥雲 비구가 나오는 대목에 대한 징관의 주석인데, 설명하는 내용이 거의 일치하므로 관자재보살이 등장하는 부분에서 인용한 것으로 보인다. 그러나 경의 구절이 조금씩 다르므로 길상

集曰。大䟽云。詣菩薩下。明設敬儀。重人法故。白言聖者下。諮問法要。是本意故。於中三。一自陳發心明有法器。而未知下。正陳所問。顯爲法來。問中略者。翻譯略耳。【文殊會善財。問有十句。德雲下。問略故】我聞聖者下。歎德請說。希垂拔濟。謂有智善能。有慈無悋。故應爲說。誘謂誘諭。卽是敎授。以成前解。誨謂誨示。卽是敎誡。以成前行。

3) 칭찬하며 법을 전수함

(1) 장행長行

① 찬미함

소 세 번째는 칭찬하며 법을 전수하는 것이다. 여기에 두 가지가 있다. 첫째는 장행이다. 여기에도 또한 두 가지가 있다. 먼저는 찬미함이다.

第三稱讚授法二。一[1])長行。於中亦二。先讚美。[2])

1) ㉯ '一'은 乙本에는 '先'으로 되어 있다. 2) ㉯ '美'는 乙本에는 없다.

경 이때 관자재보살이 염부단금閻浮檀金의 묘색광명妙色光明을 내어 무량색보염망운無量色寶焰網雲과 용자재묘장엄운龍自在妙莊嚴雲을 일으켜 선재를 비추고는 곧장 오른손을 내밀어 선재의 정수리를 어루만지며 선재에게 말하였다. "훌륭하고 훌륭하다. 선남자여! 그대는 이미 아뇩다라삼먁삼보리심을 발했구나."

운 비구의 경문에 나오는 '卽前往詣'와 관자재보살의 경문에 나오는 '詣菩薩' 등의 구절이 조금씩 차이가 난다.

尒時。觀自在菩薩摩訶薩。放閻浮檀金妙色光明。起無量色寶熖網雲。及龍自在妙莊嚴雲。以照善財。卽舒右手。摩善財頂。告善財言。善哉善哉。善男子。汝已能發阿耨多羅三藐三菩提心。

소 먼저 정수리를 어루만지며 섭수하는 것은 높은 지위가 현저하기 때문이다. 섭수하는 모습이 이전과 다른데다 『경』에서도 빛이 나는 곳을 설하지 않았다. 범본의 뜻에 따르면 금색金色과 보염寶熖 등은 모두 손에서 나는 광명이니, 초회初會 중에서 시방의 제불이 보현의 정수리를 어루만진 것과 같다.[64]

先摩頂攝受。尊位顯著故。攝相異前經。又不說放光之處。准梵本意。金色寶熖等。皆手之光。同初會中十方諸佛摩普賢頂。

집 먼저 정수리를 어루만진 후 선재에게 말하는 부분 이후는 선재의 발심을 찬미하는 것이다. 앞에서 '구름(雲)'이라고 한 것은, 『대소』에서 다음과 같이 말했다. "구름에는 네 가지 뜻이 있다. 첫째는 두루함(普遍)의 뜻이고, 둘째는 윤택潤澤의 뜻이며, 셋째는 덮어 줌(蔭覆)의 뜻이고, 넷째는 때맞춰 비를 내림(霔雨)의 뜻이다. 이는 순서대로 네 가지 덕을 말하니, 정定·복福·비悲·지智이다. 이 네 가지 뜻을 갖추므로 '구름'이라 칭하였다."[65]
"오른손"이란, 「문수장文殊章」의 『소』에서 "수순隨順의 행이 성취되므로

---

[64] 澄觀, 『華嚴經行願品疏』 卷7(X5, 136b16~18).
[65] 체원은 이 부분이 『大疏』에서 인용되었다고 했지만, 실제로는 『華嚴經行願品疏』 卷4(X5, 96c6~8)의 다음 문장과 일치한다. "友名吉祥雲。雲有四義。一普遍義。二潤澤義。三蔭覆義。四霔雨義。故次四德。謂定福悲智。具此四義。稱曰吉祥." 이는 길상운吉祥雲 비구의 이름에 나오는 '운雲'에 대한 징관의 주석이다. 체원이 이 부분을 인용하여 관자재보살이 일으킨 무량색보염망운無量色寶熖網雲과 용자재묘장엄운龍自在妙莊嚴雲의 '운雲'을 설명하고 있다.

오른손이라고 하였다.……정수리를 만지는 것은 섭수를 드러내는 것이니, 또한 보법普法을 심정心頂에 두기 때문이다."[66]라고 했다. 『소』에서 "섭수하는 모습이 이전과 다르다."고 한 것은 비목선인毗目仙人이 선재의 손을 잡은 것[67] 등과 같다. 선재를 찬미한 이유는 자신의 보배를 견고히 하여 수승한 법 듣는 것을 기뻐하기 때문이다.[68] "초회"라고 한 것은 제7권의 경문을 가리킨다.[69]

集曰。先已摩頂後告善財下。讚美發心。前中言雲等者。大疏云。雲有四義。一普遍義。二潤澤義。三蔭覆義。四霔雨義。如次四德。謂定福悲智。具此四義。故稱爲雲。言右手者。文殊章疏云。隨順行成。故曰右手。按頂表於攝受。亦以普法置心頂故。疏攝相異前者。如毗目執手等也。所以讚美者。令自寶固。欣聞勝法故。言初會者。即第七卷文也。

② 자신의 법계를 전수함

가. 법계의 이름과 모습을 제시함

---

66 澄觀, 『華嚴經疏』 卷60(T35, 960a26~29), "隨順行成。故曰右手。然過城約超封域。由旬明超數量。又前越諸位斷德。後越諸位智地。按頂表於攝受。亦以普法置心頂故。" 이 부분은 문수사리보살이 멀리서 선재의 정수리를 어루만지며 칭찬하는 대목에 대한 주석이다. "隨順行成。故曰右手。"는 『華嚴經行願品疏』 卷10(X5, 185a17)에도 나온다.
67 80권본 『華嚴經』 卷676(T10, 345c20~21), "그때 비목선인은 오른손을 뻗어 선재의 정수리를 어루만지고 선재의 손을 잡았다.(時毘目仙人。即申右手。摩善財頂。執善財手。)"
68 澄觀, 『華嚴經疏』 卷4(X5, 97c2~3), "今初。所以讚者。令自寶固。欣聞勝法。" 이 구절은 길상운 비구가 선재를 찬탄하는 대목에 대한 주석이다.
69 80권본 『華嚴經』 卷7(T10, 33b9~11), "이때 시방 세불이 각기 오른손을 뻗어 보현보살의 정수리를 어루만졌는데, 그 손은 모두 상호로 장엄되어 있었으며 묘한 그물이 빛을 내뿜고 향기가 흐르고 빛을 발하였다.(是時。十方諸佛。各舒右手。摩普賢菩薩頂。其手皆以相好莊嚴。妙網光舒。香流焰發。)"

가) 이름을 드러냄

소 두 번째는 자신의 법계法界를 전수하는 것이다. 여기에 두 가지가 있으니, 먼저는 그것의 이름과 모습을 제시하는 것이다. 여기에도 두 가지가 있으니, 먼저는 그 이름을 드러내는 것이다.

二授己法界二。先¹⁾擧名相。於中亦二。先標其名。

1) ㉮ '先'은 乙本에는 '一'로 되어 있다.

경 선남자여, 나는 이미 보살의 대비속질행해탈문大悲速疾行解脫門을 성취하였다.

善男子。我已成就菩薩大悲速疾行解脫門。

소 비悲는 애愛나 견見이 아니다. 여래의 비悲와 같으므로 '대大'라고 하였다. 일념에 두루 응하므로 '속질速疾'이라고 하였으니, 비悲로 응應하는 것을 수행문으로 삼은 것이다.

悲非愛見。同如來悲。故稱爲大。一念徧¹⁾應。稱爲速疾。卽以悲應而爲行門。

1) ㉮ '徧'은 乙本에는 '遍'으로 되어 있다.

집 "비悲는 애愛나 견見이 아니다."라는 것은, 범부凡夫가 나의 것으로 여기는 어리석은 애착(愛) 및 이승인二乘人이 두려워하는 큰 미혹의 견해(見)와도 같지 않고, 시교始敎에서 말하는 7지의 유혹留惑 및 저 종교終敎에서 말하는 지전地前의 윤생潤生과도 같지 않다는 말이다. 그러므로 비悲는 애愛나 견見이 아니다. 비의 체는 걸림이 없어서 널리 먼 곳에까지 두루 미치니, 허공계는 끝이 있어도 비원悲願은 다함이 없으므로 '대비'라고 하였다. 이는 곧 끝없는 대비로 중생을 제도하여 해탈케 하는 것이다.

問 이 교敎에는 미혹을 남겨(留惑) 중생을 제도함이 없는가?

答 상相 자체가 그러하니, 미혹을 끊고 종자에 머물러야 하는 것이 아니다. 『소전장所詮章』에서는 "과환過患을 통틀어 하나의 경계로 삼는다. 십신 만위(信滿)에 이르면 단박에 저 경계를 뒤집는다."[70]라고 하였다. 그런데 문초文超[71]는 다음과 같이 말했다. "원교圓教의 유혹留惑은 십지十地에서 불지佛地에 이르니, 늘 새롭게 미혹을 단절하여 무학無學에도 머무르지 않는다. 성불에 이르러서도 또한 미혹을 남김이 있으니, 일체중생의 미혹이 아직 다하지 않았기 때문이다. 어째서인가? 중생의 미혹이 다하지 않으면 부처님께서 미혹을 단절하는 일도 또한 다하지 않기 때문이다."

問 위에서 설한 것과 같다면 '십신 만위에서 등각에 이른다.'고 할 수 있는데, 어째서 '여래의 비悲와 같다.'고 말하는가?

答 실로 그러하다. 그런데 『경』의 게송에서 이미 "제불諸佛의 대비운大悲雲이라 이름한다."[72]고 했으므로, 수승한 지위를 따라 설한 것이다. 또 이 교敎에 있는 모든 지위의 모습은 다 불지佛智이니, 큰 허공을 나누는 것과 같아 인과因果에 다름이 없어서 다른 종宗과 매우 다르다. 하물며 우리 대성大聖께서 이미 정법명왕여래正法明王如來가 되셨기 때문에 그렇게 말함에 있어서랴.

---

70 法藏, 『華嚴一乘教義分齊章』卷3(T45, 492b8~10), "但以此教不分生死麁細之相。總就過患以爲一際。至信滿後頓翻彼際。故不說也。" 이는 원교圓教에서 왜 변역신變易身을 설하지 않는가에 대한 질문의 대답 가운데 나오는 말이다.
71 문초文超 : 중국 화엄종 3조 법장法藏의 제자. 생졸연대와 일생에 대해서 모두 상세하지 않다. 그의 저작 중에는 단지 『隨聞要科自防遺忘集』(『華嚴經義鈔』라고도 칭함)·『華嚴關鍵』의 일부분만 남아 있을 뿐이다. 이는 비록 단간斷簡에 불과하지만 십관十觀에 대한 그의 독창적인 조직을 엿볼 수 있다.
72 40권본 『華嚴經』卷16(T10, 733c25~26), "佛子。應知我所得一相一味解脫門。名爲諸佛大悲雲。祕密智慧莊嚴藏。"

集曰。悲非愛見等者。非如凡夫我所癡愛。及二乘人怖大惑見。又非始敎七地留惑。及彼終敎地前潤生。故非愛見。悲體無碍。廣及周遍。空界有窮。悲願無盡。故云大悲。卽是無極大悲度脫。問。此敎無留惑攝生耶。答。當相卽是。不須斷惑留種。所詮章云。摠取過患以爲一際。至於信滿。頓翻彼際。然文超云。圓敎留惑者。從十住至佛地。以新新斷惑。不住無學。乃至成佛。亦留惑也。以一切衆生惑未盡故。何者。以衆生惑未盡。佛斷惑亦未盡也。問。若如上說。可云。信滿乃至等覺。何云同如來悲。答。實尒。然旣經偈云。名爲諸佛大悲雲。故從勝位而說。又此敎中。所有位相。皆是佛智。大虛所分。因果無二。夐異餘宗。況我大聖已成正法明王如來。故云尒也。

나) 체상體相을 간략히 드러냄

소 둘째는 체상體相을 간략히 드러내는 것이다.

二略顯體相。

경 선남자여, 나는 이 보살의 대비행문大悲行門으로 평등하게 일체중생을 교화하니, 섭수攝受하고 조복調伏함이 이어져 끊이지 않는다.

善男子。我以此菩薩大悲行門。平等敎化一切衆生。攝受調伏。相續不斷。

소 또한 이름을 해석하는 것이다. "평등하게 (일체중생을) 교화하니"에서, 대비大悲의 마음으로 조건 없이 한 몸으로 여기므로 '평등'이라고 하였다. 섭수攝受와 조복調伏은 수행문(行門)이고, '이어져 끊이지 않음(相續不斷)'은 '속질速疾'의 뜻이다. 빠르므로(速) 단박에 응하고, 이어지므로(續) 항상 그러하다. 또 문門은 보문普門이니, 보문을 시현하기 때문이다. 빠짐없

이 구제하여 남김이 없는 것을 '보'라고 하고 깨달음을 따라 신묘함에 통하는 것을 '문'이라 한다.[73]

> 亦是釋名。平等敎化。即是大悲。同體無緣。故云平等。攝受調伏。即是行門。相續不斷。是速疾義。疾則頓應。續則常然。又門即普門。普門示現故。曲濟無遺。稱之曰普。從悟通神。謂之門矣。

집 "대비의 마음으로 한 몸으로 여긴다."라는 것은, 부처님은 중생과 더불어 동일同一하게 연기緣起하므로 '동체同體'라고 하였으니, 아래의 게송에서 "일체 중생에 대해 평등한 대비大悲가 한 맛으로 같다.……"[74]라고 한 것과 같은 뜻이다.

"단박에 응하고,……"란, 비유하면 하나의 달이 온갖 물에 두루 나타나므로 "단박에 응한다."라고 했고, 온갖 곳에서 같이 쳐다보지만 달에는 왕래가 없으므로 "항상 그러하다."라고 했다.

"문門은 보문普門이니,……"에 대해 『연의초』에서 다음과 같이 설명했다. "'(소疏의) 문은 보문을 시현하는 것이니, 빠짐없이 구제하여 남김이 없다.'는 것은, 보문普門이라는 글자로 경의 수행문을 해석하는 것이다. 보문의 명칭은 『법화경法華經』「관음품觀音品」의 제목(目)에 나오는 것이고,[75] '빠짐없이 구제하여 남김이 없다.'는 것은 도생 공道生公의 해석이다. 이를 모두 말하면 '빠짐없이 구제하여 남김이 없는 것을 보普라 하고, 깨

---

73 澄觀, 『華嚴經行願品疏』 卷7(X5, 136b22~c2). 체원은 징관 『疏』의 "後善男子我以此下. 略顯體相. 亦是釋名."이라는 문구 중 '略顯體相'을 경문 앞에 배치하고, '亦是釋名'을 경문 뒤에 배치하였다.
74 40권본 『華嚴經』 卷16(T10, 734c19~20), "能於一切衆生中. 平等大悲同一味. 一智同緣普救護. 種種苦難皆銷滅." 이는 선재동자가 관자재보살의 대비청정게大悲淸淨偈를 듣고 다시 게송으로 보살을 찬탄하는 대목에서 나오는 내용이다.
75 이는 '보문普門'이라는 용어가 『法華經』의 여러 품 가운데 「觀世音菩薩普門品」의 제목에 나온다는 말이다.

달음을 따라 신묘함에 통하는 것을 문門이라 한다.'⁷⁶는 것이다. 천태 지자天台智者의 교설에 열 가지 보普가 있으니, 첫째 자비보慈悲普, 둘째 홍서보弘誓普, 셋째 수행보修行普, 넷째 이혹보離惑普, 다섯째 입법문보入法門普, 여섯째 신통보神通普, 일곱째 방편보方便普, 여덟째 설법보說法普, 아홉째 성취중생보成就衆生普, 열째 공양제불보供養諸佛普이다. 이 열 가지는 하나하나가 모두 진실에 칭합하여 두루하는 것이다. 이『경』의 아래 문장의 업용業用 중에서 간략히 11문을 나열했으니, 곧 열한 가지 보普이다."⁷⁷

"깨달음을 따라 신묘함에 통한다."는 것은 자신의 깨달음을 따라 신묘한 작용에 통하는 것이니, 체體에 의거하여 작용(用)을 일으키는 것이다.

集曰。大悲同體者。佛與衆生。同一緣起。故云同體。如下偈云。能於一切衆生中等義也。言頓應等者。比如一月普現衆氷。¹⁾ 故云頓應。萬方共瞻而無來往。故云常然。門即普門等者。演義云。門即普門示現。曲濟無遺故者。以普門字釋經行門。普門之名。即法花經觀音品目。曲濟無遺是生公釋。具云。曲濟無遺謂之普。從悟通神謂之門。天台智者。說有十普。一慈悲普。二弘誓普。三修行普。四離惑普。五入法門普。六神通普。七方便普。八說法普。九成就衆生普。十供養諸佛普。此十一一稱實普周。今經下文。業用之中。略列十一門。即十一普也。言從悟通神者。從自證悟。通於神妙之用。即依體起用也。

1) ㉑ '氷'은 '水'인 듯하다.

나. 업용業用을 자세히 밝힘

---

76 道生法師 撰,『妙法蓮華經疏』卷下(X27, 16c20~21), "曲濟無遺謂之普。從悟通神謂之門。"
77 澄觀,『演義鈔』卷87(T36, 680b25~c4).

가) 보문에 의거하여 밝힘

(가) 간략히 밝힘

소 둘째는 업용業用을 자세히 밝히는 것이다. 먼저는 보문普門에 의거하는 것이다. 이 중에도 또한 두 가지가 있으니, 첫째는 간략히 밝히는 것이다.[78]

二廣顯業用二。先約普門。[1] 於中亦二。先略顯。[2]

1) ㉯ '門' 아래 乙本에는 '以顯業用'이 있다. 2) ㉯ '顯'은 乙本에는 없다.

경 선남자여, 나는 항상 이 대비행문大悲行門에 머무르며, 늘 일체 모든 여래가 계신 곳에 있으면서, 일체 모든 중생 앞에 몸을 두루 나타내어 중생 따라 교화하여 그들을 이익 되게 한다.

善男子。我恒住此大悲行門。常在一切諸如來所。普現一切諸衆生前。隨所應化而爲利益。

소 위로는 여래의 묘각진심妙覺眞心과 같기 때문에 항상 일체 모든 여래가 계신 곳에 있고, 아래로는 중생과 더불어 대비大悲의 체體가 같기 때문에 일체 중생 앞에 두루 몸을 나타내는 것이니, 이는 곧 보문普門을 나타내 보이는 것이다. 『천안경千眼經』에 따르면, '대비大悲 보살은 구원겁 전에 정각正覺을 이루어 호號를 정법명여래正法明如來라고 했다.'[79]고 했으니,

---

[78] 이는 澄觀, 『華嚴經行願品疏』 卷7(X5, 136c2~4), "二善男子我恒住此下。廣顯業用。於中二。先約普門以顯業用。後約大悲以顯業用。前中亦二。先略。後廣。今初。"의 내용에 의거한 것이다. 다만 문장에 출입이 있다.

나타내 보인 것은 보살이지만 이치로 말하면 부처와 동등하다. 그런데 비문悲門은 광대한 것을 포섭하고 이 국토는 인연이 깊으므로, 마음을 기울이고도 자비로운 구제를 입지 못하는 경우는 없었다. 원컨대 항상 그 명호를 부르고 염념念하여 그 법문法門을 생각하길 바란다.[80]

> 以上同如來妙覺眞心故。常在一切諸如來所。下與衆生同大悲體故。普現一切衆生之前。即[1]是普門示現。准千眼經。大悲菩薩。久成正覺。號正法明如來。示爲菩薩。義言等佛。然悲門攝廣。此土緣深。未有傾心不蒙慈濟。願常稱念。思其法門。
> 1) ㉿ '即' 위에 乙本에는 '普現'이 있다.

집 "위로는 여래의 묘각진심妙覺眞心과 같기 때문에……"는 것은 보살마하살菩薩摩訶薩의 뜻을 해석한 것이다. "위로는 여래의 묘각진심과 같다."는 것은 보리菩提의 지혜(智)로 구하는 것이고, "아래로 중생과 더불어……"는 살타薩埵의 비悲로 제도하는 것이다. 이는 또한 비悲와 지智가 서로 인도하고, 인因과 과果가 서로 사무쳐서 걸림 없는 행行이다. 그러므로 『묘리원성관妙理圓成觀』[81]에서 이 뜻을 해석하여 다음과 같이 말하였다. "비悲가 지智를 지니고 있으므로 항상 부처님 앞에 있게 되고, 지智가 항

---

79 『千眼經』(T20, 110a10~14), "선남자여, 이 관세음보살은 불가사의한 위신력으로 과거 무량겁 중에 이미 부처가 되어 호를 '정법명여래'라고 하였다. 대비의 원력으로 일체의 보살을 발분시키고 여러 중생을 안락하게 하고 성숙시키기 위해 보살의 몸을 드러내 보인 것이다.(善男子。此觀世音菩薩。不可思議威神之力。已於過去無量劫中。已作佛竟。號正明如來。大悲願力。爲欲發起一切菩薩。安樂成熟諸衆生故。現作菩薩。)" 『千眼經』의 원제목은 『千手千眼觀世音菩薩廣大圓滿無礙大悲心陀羅尼經』이다.
80 澄觀, 『華嚴經行願品疏』 卷7(X5, 136c4~8).
81 『묘리원성관妙理圓成觀』: 의천의 『新編諸宗敎藏總錄』 卷1(T55, 1166c20)에 "妙理圓成觀三卷 神秀述"이라는 대목이 있다. 이는 『華嚴經』에 대한 주석서 목록에 포함되어 있다. 또 이 책은 『法界圖記叢髓錄』 卷1에 한 차례 인용되고 있다.

상 비悲를 지니고 있으므로 다시 일체 중생 앞에 있게 되는 것이니, 이는 무주無住의 도道를 드러내는 것이다." 또『능엄경楞嚴經』에서는 "홀연히 세간과 출세간을 초월하여 시방이 원명圓明해져 두 가지의 수승함을 얻는다. 첫째 위로는 시방 제불의 본각묘심本覺妙心에 합하여 부처님 여래와 자력慈力이 같아지는 것이고, 둘째 아래로는 시방 일체의 육도중생六道衆生과 합하여 여러 중생과 더불어 비앙悲仰이 같아지는 것이다."[82]라고 하였으니, 문세文勢가 이와 같다.

문 이『화엄경』에서 설한 것과 저『능엄경』에서 설한 뜻이 어떻게 다른가?

답 모두 관세음보살이 설하였지만 의미는 다르다. 즉 저『능엄경』은 중생과 부처의 묘원각성妙圓覺性이 하나의 체體여서 다름이 없다는 점에 의거하였고, 이『화엄경』은 중생과 부처가 동일하게 연기하므로 걸림이 없다는 뜻에 의거하였다. 그러므로『화엄경』에서 "마음이 그러한 것처럼 부처 역시 그러하고, 부처가 그러한 것처럼 중생 역시 그러하니, 중생과 마음과 부처의 세 가지는 차별이 없도다."[83]라고 하였다.

『소』에서 "『천안경』에 따르면……"이라고 한 것에 대해『연의초』에서 "이는 곧『천수천안다라니경千手千眼陀羅尼經』이다.『무량수경無量壽經』에 따르면, (관세음보살은) 무량수불無量壽佛을 이어 다음으로 미래에 부처가 되어 호號를 보광공덕신왕불寶光功德山王佛이라 한다고 했으니, 또한 적문迹門일 따름이다."[84]라고 했다.

集曰。上同如來等者。卽釋菩薩摩訶薩義。謂上同如來等者。菩提智所求

---

82 『首楞嚴經』卷6(T19, 128b21~25). 이는 관세음보살이 과거 무수겁 이전에 '관세음'이라는 명호의 부처님께 받은 가르침의 내용을 설하는 대목이다.
83 60권본『華嚴經』卷10(T9, 465c28~29), "如心佛亦爾。如佛衆生然。心佛及衆生。是三無差別。"
84 澄觀,『演義鈔』卷87(T36, 680c5~6).

也。下與衆生等。薩埵悲所度也。亦卽悲智相導因果交徹無碍行也。故妙理
圓成觀。釋此義云。悲帶智故。常在佛前。智恒帶悲。復在一切衆生之前。顯
無住道也。又楞嚴經云。忽然超越世出世間十方圓明。獲二殊勝。一者上合
十方諸佛本覺妙心與佛如來同一慈力。二者下合十方一切六道衆生與諸
衆生同一悲仰。文勢同此。問。此經所說。與彼楞嚴。義何別耶。答。同是觀
音所說。然義乃別也。謂彼約生佛妙圓覺性一體無二之義。此約生佛同一
緣起無碍義也。故經云。如心佛亦爾。如佛衆生然。衆生與心佛。是三無差
別。疏准千眼等者。演義云。卽千手千眼陁羅尼經。依無量壽經。繼無量壽
次當作佛。號寶光功德山王。亦迹門耳。

(나) 자세히 밝힘

소 둘째는 자세히 밝힘이다.

二廣[1]明。

1) ㉑ '廣'은 乙本에는 '別'로 되어 있다.

경 혹은 보시布施로 중생을 거두어들이기도 하고, 혹은 애어愛語로 중생을
거두어들이기도 하며, 혹은 이행利行으로 중생을 거두어들이기도 하고, 혹은
동사同事로 중생을 거두어들이기도 하며, 혹은 갖가지 미묘微妙한 색신色身을
시현하여 중생을 거두어들이기도 하고, 혹은 갖가지 불가사의한 색의 청정한
광명 그물(淨光明網)로 중생을 거두어들이기도 한다. 혹은 음성音聲의 선교善
巧 언사言詞나, 위의威儀의 수승하고 묘한 방편으로, 중생을 위해 법을 설하
거나, 통변화를 시현하여 중생을 개오開悟시켜 성숙成熟시키기도 한다. 혹은
갖가지 색상色相과 갖가지 족성族姓과 갖가지 생처生處와 동류同類의 형태를
변화로 나타내어 중생과 함께 살면서 그들을 성숙시킨다.

或以布施攝取衆生。或以愛語攝取衆生。或以利行攝取衆生。或以同事攝取衆生。或現種種微妙色身攝取衆生。或現種種不思議色淨光明網攝取衆生。或以音聲善巧言詞。[1] 或以威儀勝妙方便。或爲說法。或現神變。令其開悟而得成熟。或爲化現種種色相種種族姓。種種生處。同類之形。與其共居。而成熟之。

1) ㉮ '詞'는 甲本에는 '辭'로 되어 있다.

소 이는 몸을 두루 시현한다는 뜻이니, 11구가 있다. 처음의 4구는 사섭법四攝法으로 거두어들이는 것이고, 다음의 6구는 삼업三業으로 거두어들이는 것이고, 마지막 1구는 온갖 종류로 거두어들이는 것이다. 그런데 이 열한 가지를 『법화경』의 35응應과 견주어 볼 경우, 언뜻 보면 수가 적은 듯하지만, 내용으로 취하면 더 많다. 즉 35응은 이 중의 '혹은 색신을 나타내어 법을 설하는 것'일 따름이다. 또 35응은 큰 강령(大綱)만 간략히 든 것이니, 온갖 종류의 다른 형태를 어찌 국한시켜 정할 수 있으리오.[85]

即普現之義。有十一句。初四句[1]即四攝攝。次六即三業攝。後一即萬類攝。然此十一。方法花[2]經三十五應。乍觀似少。義取乃多。謂三十五應。乃是此中。或現色身及說法耳。又三十五者。略擧大網。萬類殊形。豈當局定。

1) ㉮ '句'는 乙本에는 없다. 2) ㉮ '花'는 乙本에는 '華'로 되어 있다.

집 '『법화경』의 35응應과 견주어 볼 경우,……'란, 『연의초』에서 『법화경』「관세음보살보문품」을 인용하여 다음과 같이 말했다. "관세음보살은 이 사바세계에서 어떻게 노니시며, 중생을 위해 어떻게 법을 설하시며, 방편력方便力의 구체적인 일은 어떠합니까?" 부처님께서 무진의無盡意 보

---

85 澄觀, 『華嚴經行願品疏』 卷7(X5, 136c9~13).

살에게 말씀하시기를 "어떤 국토의 중생 가운데 불신佛身으로 제도해야 할 이가 있으면, 곧장 (첫 번째) 불신을 나타내어 법을 설하고,……"라고 하셨다.

(35응의) 두 번째는 벽지불辟支佛이고, 세 번째는 성문聲聞의 몸이고, 네 번째는 범왕梵王이고, 다섯 번째는 제석帝釋이고, 여섯 번째는 자재천왕自在天王이고, 일곱 번째는 대자재천왕大自在天王이고, 여덟 번째는 천대장군天大將軍이고, 아홉 번째는 비사문毗沙門이고, 열 번째는 소왕小王이고, 열한 번째는 장자長者이고, 열두 번째는 거사居士이고, 열세 번째는 재관宰官이고, 열네 번째는 바라문婆羅門이고, 열다섯 번째는 비구比丘이고, 열여섯 번째는 비구니比丘尼이고, 열일곱 번째는 우바새優婆塞이고, 열여덟 번째는 우바이優婆夷이고, 열아홉 번째는 장자長者의 부녀婦女이고, 스무 번째는 거사居士의 부녀婦女이고, 스물한 번째는 재관宰官의 부녀婦女이고, 스물두 번째는 바라문婆羅門의 부녀婦女이고, 스물세 번째는 동남童男이고, 스물네 번째는 동녀童女이고, 스물다섯 번째는 천天이고, 스물여섯 번째는 용龍이고, 스물일곱 번째는 야차夜叉이고, 스물여덟 번째는 건달바乾闥婆이고, 스물아홉 번째는 아수라阿修羅이고, 서른 번째는 가루라迦樓羅이고, 서른한 번째는 긴나라緊那羅이고, 서른두 번째는 마후라가摩睺羅伽이고, 서른세 번째는 인人이고, 서른네 번째는 비인非人이고, 서른다섯 번째는 집금강신執金剛神이니, 모두 초구初句에 따라 차례대로 내용을 더하면 된다.

장자長者·거사居士·재관宰官·바라문婆羅門은 한 가지가 같으니, 바로 그들의 부녀婦女의 몸을 나타내어 법을 설한다는 점이다. 그러므로 어떤 사람들은 이를 '32응'이라고도 말하지만, 이치상 실제로는 네 종류가 각기 다르다. 「묘음보살품妙音菩薩品」에서 "혹은 장자·거사의 부녀 몸을 나타내기도 하고, 혹은 재관의 부녀 몸을 나타내기도 하며, 혹은 바라문의 부녀 몸을 나타내기도 한다."[86]고 했으므로, 네 종류에 각기 네 종류의 부녀의 몸이 있음을 분명히 알 수 있다. 하물며 「묘음보살품」에 전륜왕轉輪王과 보살菩薩의 몸이 있음에랴.[87] 또 지옥地獄·아귀餓鬼·축생畜生 및 여러 어려운 곳을 더해도 모두 구제할 수 있는데, 어찌 그에 해당하는 몸이 없겠는가. 그렇다면 35가지 역시 가짓수를 다한 것이 아니다. 네 부녀婦女를 분류하면 각기 두 사람씩 되니, 부인과 딸이 다르기 때문이다. 그렇다면 여기에도 이미 39가지가 있게 된다. 관세음과 같은 여러 대보살들은 각기 온갖 종류로 변화할 수 있으니, (35응 등은 그 수를) 모두 간략히 제시한 것임을 분명히 알 수 있다.[88]

集曰. 方法花等者. 演義引普門云. 觀世音菩薩. 云何遊此娑婆世界. 云何而爲衆生說法. 方便之力. 其事云何. 佛告無盡意. 若有國土衆生. 應以佛身得度者. 卽現佛身而爲說法. 二辟支佛. 三聲聞身. 四梵王. 五帝釋. 六自在天王. 七大自在天王. 八天大將軍. 九毗沙門. 十小王. 十一長者. 十二居士. 十三宰官. 十四婆羅門. 十五比丘. 十六比丘尼. 十七優婆塞. 十八優婆夷. 十九長者婦女. 二十居士婦女. 二十一宰官婦女. 二十二婆羅門婦女. 二十三童男. 二十四童女. 二十五天. 二十六龍. 二十七夜叉. 二十八乾闥婆. 二十九阿修羅. 三十迦樓羅. 三十一緊那羅. 三十二摩睺羅伽. 三十三人. 三十四非人. 三十五執金剛神. 皆如初句次第義加. 以長者居士宰官婆羅門共一. 卽現婦女身而爲說法. 故人謂之三十二應. 理實四類. 各各不同. 妙音中云. 或現長者居士婦女身. 或現宰官婦女身. 或現婆羅門婦女身. 明知四類有四婦女. 況妙音中. 有轉輪王及菩薩身. 又加地獄餓鬼畜生及諸難處. 皆能救濟. 豈無彼身. 則三十五. 亦未爲盡. 若開四女婦. 各成

---

[86] 『法華經』卷7「妙音菩薩品」(T9, 56a21~22), "或現長者居士婦女身. 或現宰官婦女身. 或現婆羅門婦女身."
[87] 『法華經』卷7「妙音菩薩品」(T9, 56a18), "或現轉輪聖王身."; 같은 책(56b5~6), "應以菩薩形得度者. 現菩薩形而爲說法."
[88] 澄觀, 『演義鈔』卷87(T36, 680c8~681a1).

二人。以妻女別故。則此已有三十九矣。明知。觀音諸大菩薩。各能萬類之化。皆略擧耳。

나) 대비행大悲行에 의거하여 업용業用을 드러냄

(가) 두려움을 여의게 함

소 두 번째는 대비행大悲行에 의거하여 업용業用을 드러낸 것이니, 여러 두려움을 구제하기 때문이다. 그런데 보문普門과 대비大悲의 두 가지는 뜻이 서로 통하므로, 많은 쪽을 따라 드러냈을 따름이다. 여기에 세 가지가 있으니, 첫째는 두려움을 여의게 하는 것이다.[89]

第二約大悲行以顯業用。救諸怖畏故。然普門大悲。二義互通。從多顯耳。於中三。一令離怖。

경 선남자여, 나는 이 대비행문大悲行門을 닦아 항상 일체중생을 구제하여 여러 두려움을 여의게 하겠다고 발원하였으니, 이른바 일체 중생이 험도險道의 두려움을 여의고, 열뇌熱惱의 두려움을 여의며, 미혹迷惑의 두려움을 여의고, 계박繫縛의 두려움을 여의며, 살해殺害의 두려움을 여의고, 왕과 관리의 두려움을 여의며, 빈궁貧窮의 두려움을 여의고, 불활不活의 두려움을 여의며, 악명惡名의 두려움을 여의고, 죽음의 두려움을 여의며, 여러 병의 두려움을 여의고, 해태懈怠의 두려움을 여의며, 흑암黑闇의 두려움을 여의고, 천이遷移의 두려움을 여의며, 좋아해도 헤어지는(愛別離) 두려움을 여의고, 원수져

---

[89] 이는 『華嚴經行願品疏』 卷7(X5, 136c13~15), "二善男子我修習下。約大悲行以顯業用。救諸怖畏故。然普門大悲二義互通。從多顯耳。於中三。初令離怖。"에 의거한 것이다.

도 만나는(怨曾會) 두려움을 여의며, 몸을 핍박하는 두려움을 여의고, 마음을 핍박하는 두려움을 여의며, 근심(憂)·슬픔(悲)·시름(愁)·탄식(歎)의 두려움을 여의고, 구해도 얻지 못하는(求不得) 두려움을 여의며, 대중위덕大衆威德의 두려움을 여의고, 악취惡趣에 윤회하는 두려움을 여읠 것을 발원하는 것이다.

善男子。我修習此大悲行門。願常救護一切衆生令離諸怖。所謂願一切衆生離險道怖。離熱惱怖。離迷惑¹⁾怖。離繫縛怖。離殺害怖。離王官怖。離貧窮怖。離不活怖。離惡名怖。離於死怖。離諸病怖。離懈怠怖。離黑闇²⁾怖。離遷移怖。離愛別怖。離怨會怖。離逼迫身怖。離逼迫心怖。離憂悲愁歎怖。離所求不得怖。離大衆威德怖。離流轉惡趣怖。

1) ㉤ '迷惑'은 甲本의 註에서 "迷惑은 明本에는 猛獸로 되어 있다."고 하였다.   2) ㉤ '闇'은 乙本에는 '暗'으로 되어 있다.

소 여기에는 다섯 가지의 두려움이 갖춰져 있다. 옛 『경』(60권본 『화엄경』)은 18가지였는데,[90] 지금은 22가지이니, 왕과 관리(王官)·병병·해태懈怠·구해도 얻지 못함(求不得)의 넷을 더했기 때문이다. 옛 『경』의 범본에는 불활不活 등의 다섯 가지가 연이어 한곳에 있었는데, 지금 여기서는 대중위덕大衆威德과 악취惡趣의 두 가지 두려움이 가장 끝에 있다. 『십지경』과 『십지경론』에 따르면, 다만 다섯 종류의 두려움이 있으니, 나머지 때리거나 묶는 등의 두려움은 모두 다섯 종류에 속하기 때문이다.[91]

---

90 60권본 『華嚴經』 卷51(T9, 718b16~23), "善男子。我行大悲法門光明行時。發弘誓願。名曰。攝取一切衆生。欲令一切。① 離險道恐怖。② 熱惱恐怖。③ 愚癡恐怖。④ 繫縛恐怖。⑤ 殺害恐怖。⑥ 貧窮恐怖。⑦ 不活恐怖。⑧ 諍訟恐怖。⑨ 大衆恐怖。⑩ 死恐怖。⑪ 惡道恐怖。⑫ 諸趣恐怖。⑬ 不同意恐怖。⑭ 愛不愛恐怖。⑮ 一切惡恐怖。⑯ 逼迫身恐怖。⑰ 逼迫心恐怖。⑱ 愁憂恐怖。"

91 『十地經論』 卷2(T26, 137a6), "어째서 다섯 가지 두려움만 설하는가? 때리거나 묶는 등의 여러 두려움은 모두 이 다섯 가지에 속하기 때문이다.(何故但說五怖畏。打縛等諸畏皆五所攝故。)"

'다섯 가지의 두려움'[92]이란 첫째는 불활외不活畏이고, 둘째는 악명외惡名畏이고, 셋째는 사외死畏이고, 넷째는 악도외惡道畏이고, 다섯째는 대중위덕외大衆威德畏이다.

이 다섯 가지의 상相은 다음과 같다. 재물이 없어 하루도 살지 못할 것을 두려워하는 것을 불활외不活畏라고 한다. 악명惡名을 얻으면 공경할 사람이 없는 것을 (악명외惡名畏라고 한다.) 이상의 두 가지는 삼업三業에 통하는 것이다. 사외死畏는 생生의 인因이 다하여 그 과보를 곧장 버려야 할 때이니, 극한의 공포로서 죽음을 넘어서는 것이 없기 때문이다. 악도외惡道畏는 악도를 싫어하여 그곳에 태어나는 것을 두려워하기 때문이다. 그러므로 사외는 현재의 이 몸을 잃는 것을 두려워하는 것이고, 악도외는 저 악도의 몸을 얻을 것을 두려워하는 것이다. 두 가지는 모두 신업에 해당한다. 대중위덕외大衆威德畏는 또한 삼업에 통한다.

다섯 가지 두려움은 모두 두 가지 법을 원인으로 삼는다. 첫째는 삿된 지혜로 망령되이 상견想見을 취하여 애착愛著하는 것이니, 앞의 세 가지의 원인이다. 둘째는 선근善根이 미약한 것이니, 뒤의 두 가지의 원인이다. 삿된 지혜란 신견身見을 분별하는 것이니, 이로 말미암아 망령되이 아

---

92 다섯 가지의 두려움(五怖畏) : 이는 견도見道 이전의 사람에게 일어나는 다섯 종류의 두려움으로, 오공포五恐怖·오포五怖·오외五畏라고도 한다. 첫째 불활외不活畏는 불활공포不活恐怖라고도 한다. 초학자初學者는 비록 보시布施를 행하더라도 자기가 살아가지 못할까 염려하여 항상 재물을 쌓으므로 가진 것을 다 보시하지 못하는 것이다. 둘째 악명외惡名畏는 악명공포惡名恐怖라고도 한다. 초학자가 중생을 제도하기 위하여 그들과 함께 술집 등의 장소에 들어가기도 하는데, 그 속에서 편안히 있지 못하고 오히려 다른 사람이 비방할까 두려워하는 것이다. 셋째 사외死畏는 사공포死恐怖·명종외命終畏라고도 한다. 비록 광대한 마음을 일으켜 재물 등을 보시하더라도 죽음을 두려워하기 때문에 몸을 버리지는 못하는 것이다. 넷째 악도외惡道畏는 악취공포惡趣恐怖·악취외惡趣畏라고도 한다. 불선업不善業을 지어 악도惡道에 떨어질 것을 두려워하는 것이다. 그러므로 항상 두려움 속에 있게 된다. 다섯째 대중위덕외大衆威德畏는 중중공포衆中恐怖·대중외大衆畏라고도 한다. 법의法義를 잘 이해하는 대중 앞에서 자기의 언행에 과실이 있을까 두려워하여 그들 앞에서 사자후獅子吼를 하지 못하는 것이다. 이 다섯 가지의 두려움은 초지初地에 들어가면 곧장 멀리 여의게 된다.

我와 아소我所를 취하기 때문이다. 아我에 애착하므로 사외死畏가 있게 되니, 내 몸이 있다고 보고서 목숨 버리는 것을 두려워하기 때문이다. 아소我所에 애착하는 것에는 첫째와 둘째 두려움이 있다. 다만 재물의 이익만 애착하면 불활외가 있고, 이익과 명예를 함께 집착하면 악명외까지 있게 된다. 뒤의 두 가지의 원인은 공덕이 미약하므로 악도에 떨어질 것을 두려워하고, 지혜가 미약하므로 대중을 두려워하는 것이다.

(問) 어떻게 해야 이를 여읠 수 있는가?

(答) 아我와 아소我所를 여의면 앞의 세 가지를 여의게 되고, 복과 지혜를 증장시키면 뒤의 두 가지가 없어진다. 그러므로 『하경』에서 "정념正念이 현전한다."[93]고 하였다.

(問) 어떤 것이 이 다섯 가지가 나머지 두려움을 포섭하는 것인가?

(答) 다섯 가지 두려움은 결과에 의거하여 설하는 경우가 많은데, 지금 여기서 20가지는 인과 과에 통하는 것이다. 험도險道는 두 가지가 있으니, 세간의 험난함은 불활외와 사외에 속하고, 악도惡道의 원인이면 사지邪智에 속한다. 열뇌熱惱는 세 가지가 있으니, 재물을 잃은 열뇌는 불활외에 속하고, 대중에 처한 열뇌는 악명외에 속하며, 삼독의 열뇌는 두려움의 원인이다. 미혹은 두 가지가 있으니, 장소 등에 미혹한 것은 불활외에 속하고, 마음이 미혹한 것은 대중위덕외의 원인이다. 계박 또한 불활외에 속한다. 실해는 사외에 속한다.

흑암黑暗[94]과 천이遷移[95]에는 두 가지 뜻이 있다. 현암천이現闇遷移는 또

93　40권본『華嚴經』卷16(T10, 733c7). 이는 위에 나온 경문 바로 다음에 나오는 관자재보살의 말씀이다.

94　흑암黑暗 : 澄觀,『華嚴經行願品疏』卷7(X5, 137b18), "흑암의 두려움을 여의는 것은, 깊은 숲과 계곡이 햇볕을 가리기 때문이다.(離黑闇怖。謂深林邃谷蔽陽曜故。)"

95　천이遷移 : 澄觀,『華嚴經行願品疏』卷7(X5, 137c2~3), "천이의 두려움을 여의는 것은 타향으로 귀양 가는 것이 액난이 되므로 항상 밤낮으로 옮겨 살지 않기를 생각하는 것이다. 정토에 태어나면 어찌 옮겨 다님이 있겠는가.(離遷移怖。貶謫異鄉斯爲危厄。故常

한 불활외에 속하고, 악취흑암惡趣黑闇과 삼도에 윤회하는 것(三途遷流)은 모두 악도외에 속한다.

[문] 해태懈怠(게으름)를 어째서 두려워하는가?

[답] 해태를 두려워하면 지혜로운 사람이기 때문이다. 범본과 옛 『경』에는 모두 이 두려움이 없다.

애별리愛別離의 두려움은 오직 사외에 속하지만 불활외를 겸한다. 원증회怨憎會의 두려움은 오직 악도외에 속하지만 불활외를 겸한다. 몸을 핍박하는 두려움은 사외와 불활외에 속하고, 마음을 핍박하는 두려움은 대중위덕외와 악명외에 속한다. 근심(憂)·슬픔(悲)·시름(愁)·탄식(歎)의 두려움은 사외와 불활외의 두 가지 두려움의 양상이니, 또한 나머지 세 가지에도 통한다. 구부득求不得의 두려움 또한 불활외에 속한다. 나머지 자세한 사항은 이에 따라 생각해서 준하면 된다.[96]

具五怖畏。舊經十八。今二十二。加於王官及病懈怠求不得故。舊經梵本。不活等五。連在一處。今大衆惡趣[1]二怖居末。准地經及論。但唯五怖。餘打縛[2]等。皆五攝故。言五怖畏者。一不治[3]畏。二惡名畏。三[4]死畏。四惡道畏。五大衆威德畏。此五相者。懼無資財。不存朝夕。名不活畏。若得惡名。無人恭敬。[5]上二通三業。死懼因盡。正捨報時。大怖之極。無過死故。惡道畏者。憎於惡道。懼生彼故。是故死畏。畏失此身。惡道畏者。懼得彼身故。二皆身業。大衆威德。亦通三業。五怖摠以二法爲因。一邪智妄取想見愛著故。即前三因。二者善根微少故。即後二因。邪智即是分別身見。由此妄取我我所故。愛著於我。[6]故有死畏。見有我身懼捨命故。愛著我所。有初二畏。但著財利。有不活畏。著利兼名。有惡名畏。後二因者。功德微少。畏墮惡道。智

晝夜思無徙居。令淨土生。豈有遷改。)" 『소』의 교감주에서 '令'을 '今'으로 보았다.
96 澄觀, 『華嚴經行願品疏』 卷7(X5, 136c15~137a19).

惠[7]微少。畏於大衆。云何能離。離我我所。即[8]離前三。增長福德。[9] 即無後二。故下經云。正念現前。云何此五攝餘三[10]耶。然五怖畏。多約果說。今此二十。有通因果。險道有二。若世險阻。即不活畏及死畏攝。若惡道因。即是邪智。熱惱有三。失財熱惱。不活畏攝。處衆熱惱。即是惡名。三毒熱惱。即是畏因。迷惑有二。迷惑方隅等。即不活攝。若心迷惑。大衆畏因。繫縛亦是不活畏攝。殺[11]害死攝。[12] 黑闇遷移。乃有二意。現闇遷移。亦不活攝。惡趣黑闇。三塗遷流。皆[13]惡道攝。懈怠何畏。若畏懈怠。乃是智人故。梵本舊經。皆無此怖。愛別離怖。正唯死畏。兼於不活。怨憎會怖。正唯惡道。亦兼不活。逼迫身怖。死及不活。逼迫心怖。即衆威德及惡名攝。憂悲愁歎。即死不活二怖之相。亦通餘三。求不得怖。亦不活攝。餘之委細。類可思准。

1) 원 '趣'는 乙本에는 '道'로 되어 있다. 2) 원 '縛'은 乙本에는 '縛'으로 되어 있다. 3) 원 '治'는 乙本에는 '活'로 되어 있다. 4) 원 '三' 아래 乙本에는 '者'가 있다. 5) 원 '恭敬'은 乙本에는 '敬養'으로 되어 있다. 6) 원 '我'가 乙本에는 '故'로 되어 있다. 또한 冠註에서 "故는 我인 듯하다."고 했다. 7) 원 '惠'는 乙本에는 '慧'로 되어 있다. 8) 원 '即'은 乙本에는 '則'으로 되어 있다. 9) 원 '德'은 乙本에는 '智'로 되어 있다. 10) 원 '三'은 乙本에는 '畏'로 되어 있다. 11) 원 '殺'은 乙本에는 '煞'로 되어 있다. 12) 원 '攝' 아래 乙本에는 '王宦貧病皆不活攝'이 있다. 13) 원 '皆'는 乙本에는 '皆'로 되어 있다.

집 『소』의 "삿된 지혜(邪智)로 망령되이 상견想見을 취하여 애착愛著한다."에 대해 『대소』에서 다음과 같이 설명한다. "아我를 취하여 이치에 어긋나는 것을 삿됨(邪)이라 하고, 삿된 마음으로 결단하는 것을 지혜(智)라고 한다. 이런 지혜가 있음으로 인해 망령되이 아와 아소에 대한 상想을 취하여 집착된 견해를 이루어 애착을 일으키기 때문이다. 아견我見을 주로 삼아 아소我所가 따라 생겨난다."[97]

"애별리의 두려움은 오직 사외에 속한다."는 것에 대해 『대소』에서 "사외는 선도善道를 좋아하고 몸을 버리는 것을 두려워하기 때문이다."[98]라

---

97 澄觀, 『華嚴經疏』 卷33(T35, 760a5~8).

고 하였다. 다음의 "원증회의 두려움은 오직 악도외에 속한다."라는 것은 앞의 논의에 준해 보면 된다.

> 集曰。疏邪智妄取想見愛著者。大疏云。取我乖理爲邪。邪心決斷爲智。由有此智。妄取於我及我所想。以成執見而起愛著故。我見爲主。我所隨生。言愛別怖正唯死畏者。大疏云。死約愛於善道懼捨身故。次怨會怖正唯惡道。前可准之。

(나) 두려움을 여의는 원인을 드러냄

소 둘째는 두려움을 여의는 원인을 드러내는 것이다.

二顯離[1]因。

1) ㉘ '離' 아래 乙本에는 '之'가 있다.

경 다시 이와 같이 발원하니, 모든 중생이 내 이름을 염하거나 내 이름을 부르거나 내 몸을 본다면 모두 일체의 공포를 여의고 장애가 소멸하여 정념이 현전할 것을 발원하는 것이다.

> 復作是願。願諸眾生。若念於我。若稱我名。若見我身。皆得免離一切恐怖滅除障難。正念現前。

소 두려움을 여의는 원인이 삼업으로 귀의하는 것임을 밝히는 것이다. 나의 삼업을 해탈케 하여 정념에 머물게 할 수 있으면, 아我와 아소我

---

98 澄觀,『華嚴經疏』卷33(T35, 759c27).

所 그리고 삿된 지혜가 없어질 것이다.⁹⁹

能¹⁾離之因。三業攸依也。²⁾ 我之三業能令解脫。令住³⁾正念。即無我我所及
邪智也。

1) ㉯ '能'은 乙本에는 '顯'으로 되어 있다. 2) ㉯ '也'는 乙本에는 없다. 3) ㉯ '住'는
乙本에는 '任'으로 되어 있다. 또 冠註에서 "任은 住인 듯하다."라고 했다.

(다) 두려움을 궁극적으로 여의게 함

소 셋째는 두려움을 궁극적으로 여의게 하는 것이다.

三令離¹⁾究竟。

1) ㉯ '離'는 乙本에는 '其'로 되어 있다.

경 선남자여, 나는 이와 같은 갖가지 방편으로 여러 중생이 모든 두려움을
여의고 정념에 머물도록 하며, 다시 아뇩다라삼먁삼보리심을 발하여 불퇴전
不退轉에 이르도록 한다.

善男子。我以如是種種方便。令諸衆生。離諸怖畏。住於正念。復敎令發阿
耨多羅三藐三菩提心。至不退轉。

소 큰 마음을 발하여 불퇴전을 증득하면 모든 두려움이 영원히 없어
진다.¹⁰⁰

---

99 澄觀, 『華嚴經行願品疏』 卷7(X5, 137a19~21).
100 澄觀, 『華嚴經行願品疏』 卷7(X5, 137a22).

若發大心。得證不退。諸怖永除。

집 "나는 이와 같은 갖가지" 아래는 앞의 내용을 통해 뒤의 내용을 일으키는 부분이다. 『능엄경』「관음장」에서도 또한 "나는 부처님 마음을 얻어 구경의 경지를 증득하였으니, 널리 법계의 일체 중생들이 처妻를 구하면 처를 얻게 하고, 자식을 구하면 자식을 얻게 하며, 삼매를 구하면 삼매를 얻게 하고, 장수長壽를 구하면 장수를 얻게 하며, 이와 같이 대열반大涅槃을 구하면 대열반을 얻게 한다."[101]라고 했으니, 뜻이 이와 같다.

集曰。我以如是種種下。躡前起後也。楞嚴經觀音章亦云。我得佛心證於究竟。普令法界一切衆生。求妻得妻。求子得子。求三昧得三昧。求長壽得長壽。如是乃至求大涅槃得大涅槃。義與此同也。

화엄경관자재보살소설법문별행소 상권
華嚴經觀自在菩薩所說法門別行疏 卷上

---

[101] 『楞嚴經』卷6(T19, 129c20~24). 이는 관세음보살이 세존께 자신이 얻은 네 가지 부사의무작묘덕不思議無作妙德을 설명하는 대목으로, 이는 그 가운데 네 번째에 해당한다.

화엄경관자재보살소설법문별행소 하권
華嚴經觀自在菩薩所說法門別行疏 卷下

해동사문 체원體元이 소疏를 채록採錄하여 경經을 주석하고 아울러 간략한 풀이를 모음

海東沙門。體元。錄疏注經。幷集略解。

경 계빈국 삼장 반야가 칙명을 받들어 경을 번역함

罽賓國三藏。般若。奉詔譯經。

소 태원부 숭복사 사문 징관이 칙명을 받들어 소를 기술함

大原府崇福寺沙門。澄觀。奉詔述疏。

(2) 게송

① 설하는 의도

소 두 번째는 게송이다. 이 게송 및 아래에서 선재가 이해하고 난 뒤 설한 게송은 이전의 경(舊經)에는 모두 없다. 이 경문은 두 가지로 나뉜다. 먼저는 설하는 의도이다.

第二偈頌。此偈及下善財領解說偈。舊經皆無。此文分二。先說意。

경 이때 관자재보살마하살께서 이 해탈문의 뜻을 거듭 밝히고자 선재를 위해 게송을 설하셨다.

爾時。觀自在菩薩摩訶薩。欲重明此解脫門義。爲善財童子而說偈言。

② 게송의 글

소 둘째는 게송의 글이다. 이는 비록 기야祇夜이지만 가타伽他 역시 있

다. 39게송 반이 있는데, 경문이 다섯 부분으로 나뉜다.

二偈詞。雖是祇夜。亦有伽他。三十九偈半。文分爲五。

집 "기야祇夜 등"을 설명해 보자. 십이부경十二部經이라는 명칭은 부질部秩과 혼동될 우려가 있으므로 '분교分敎'로 이름을 고쳤다. 십이분교는 다음과 같다.

첫째는 수다라修多羅이다. 여기 말로는 계경契經이라고 하니, 이치에 맞고 근기에 부합하는 경이라는 말이다.

둘째는 기야祇夜이다. 여기 말로는 응송應頌이라고 하니, 장행長行과 상응하는 게송을 말한다. 장행에서 설하는 것이 미진하기 때문이다.

셋째는 화가라나和伽羅那이다. 여기 말로는 수기授記라고 하고, 또한 기별記莂이라고도 하니, 기記는 기록(錄)의 뜻이고 별別은 분별分別의 뜻이다.[1] 여러 보살들이 미래에 성불할 일에 대해 기별해 주는 것이다.

넷째는 가타伽陀이다. 여기 말로는 풍송諷頌이니, 고기게孤起偈를 말한다. 쉽게 송지하기 위한 것이다.

다섯째는 니다나尼他那이다. 여기 말로는 인연因緣이라고 하니, 청함(請)과 일(事)로 인해 비로소 법을 설하기 때문이다.

여섯째는 우다나優他那이다. 여기 말로는 자설自說이라고 하니, 교화할 중생들을 존중하기 때문이다.

일곱째는 이제목다가伊帝目多伽(Ⓢ itivṛttaka)이다. 여기 말로는 본사本事라고 하니, 부처님의 지난 일을 설하거나 선우의 인연법을 설하기 때문이다.

여덟째는 사다가闍多伽(Ⓢ jātaka)이다. 여기 말로는 본생本生이라고 하니,

---

1 기記는 기록의~분별分別의 뜻이다 : 이는 澄觀, 『華嚴經疏』卷24(T35, 682a13~14), "三授記者。梵云和伽羅那。亦云記別。記者錄也。別謂分別。一記弟子生死因果。其文非一。二記菩薩當成佛事。"에 의거하여 본문을 보완해서 번역하였다.

전생에 받은 몸에 대해 설하기 때문이다.

아홉째는 비불략毗佛略(S vaipulya)이다. 여기 말로는 방광方廣이라고 하니, 이익을 광대하게 주기 때문이며 법을 자세히 진술하기 때문이다.

열째는 아부달마阿浮達磨(S adbhuta-dharma)이다. 여기 말로는 미증유未曾有라 하고 희법希法이라 하기도 한다. 불보살의 불공不共의 공덕을 설하기 때문이다.

열한째는 아파타나阿波陀那(S avadāna)이다. 여기 말로는 비유譬喩라고 하니, 유사한 법을 설하여 참된 것을 이해하게 만들기 때문이다.

열두째는 우바제사優婆提舍(S upadeśa)이다. 여기 말로는 논의論議라고 하니, 의리義理가 매우 깊으므로 이를 반복해서 연구하여 분명히 밝히기 때문이다.²

集曰。祇夜等者。十二部經。恐濫部秩。改名分敎。十二分敎者。一修多羅。此云契經。契理合機之經也。二祇夜。此云應頌。與長行相應之頌。由於長行說未盡故。三和伽羅那。此云授記。亦記莂也。記錄。別分別。記諸菩薩。當成佛事。四伽陁。此云諷頌。卽孤起偈。爲其易誦持故。五尼陁那。此云因緣。因請因事方說法故。六優陁那。此云自說。爲令所化生殺¹⁾重故。七伊帝目多伽。此云本事。說佛往事及說善友因緣法故。八闍多伽。此云本生。說昔受身故。九毗佛略。此云方廣。廣大利益廣陳法故。十阿浮達磨。此云未曾有。亦云希法。說佛菩薩不共功德故。十一阿波陀那。此云譬喩。說相似法令解眞故。十二優婆提舍。此云論議。義理甚深。循環研覈。令明了故。

1) ㉔ '殺'은 『한국불교전서』의 오기이다. 저본(목판본)에는 '毆'으로 되어 있다. 또한 징관의 『華嚴經疏』(T35, 682a24)에도 '毆'으로 되어 있다.

---

2 이상은 澄觀, 『華嚴經疏』 卷24(T35, 682a 이하) 참조.

가. 선재를 찬탄하며 스스로 술회함

소 첫 번째는 선재를 찬탄하며 스스로 술회하는 것이다.[3]

第一讚彼自述。

경

잘 왔도다. 몸과 마음을 조복받은 이여	善來調伏身心者
머리 숙여 절하고 나를 찬탄하며 오른쪽으로 도는구나	稽首讚我而右旋
나는 항상 이 보배산 가운데 있으면서	我常居此寶山中
대자비에 머물며 항상 자재하다네	住大慈悲恒自在
내가 머무는 이 금강굴은	我此所住金剛窟
오묘한 색의 여러 마니구슬로 장엄되어 있으니	莊[1]嚴妙色衆摩尼
항상 용맹하고 자재한 마음으로	常以勇猛自在心
보배돌로 된 이 연화좌에 앉아 있네	坐此寶石蓮花[2]座
천룡과 아수라의 무리들과	天龍及以修羅衆
긴나라왕과 나찰 등의	緊那羅王羅刹等
이와 같은 권속들이 항상 둘러싸고 있으니	如是眷屬恒圍遶
내가 그들을 위해 대비의 문을 설하네	我爲演說大悲門

1) ㉠ '莊'은 甲本에는 '壯'으로 되어 있다. 2) ㉠ '花'는 甲本에는 '華'로 되어 있다.

소 게송 이전의 경문에서 선우의 의보依報와 정보正報를 드러내 보인 것이 바로 결집結集인 듯하다. 이 경의 의도를 취하여 경문을 연결시켰다.[4]

---

3 澄觀, 『華嚴經行願品疏』 卷7(X5, 137b1).
4 澄觀, 『華嚴經行願品疏』 卷7(X5, 137b3~4).

似頌前文見友依正。乃是結集。取此經意。連綴經文。

나. 선재를 찬탄하며 정중히 물음

소 두 번째는 선재를 찬탄하며 정중히 묻는 것이다.[5]

第二讚其敬問。

경

그대가 비할 데 없는 마음을 일으켜	汝能發起無等心
나를 보기 위해 여기에 왔구나	爲見我故而來此
공덕 바다를 사랑하여 지극히 구하고	愛樂至求功德海
나의 공덕신의 두 발에 예를 올리니	禮我雙足功德身
나의 법을 배우고 수행하여	欲於我法學修行
보현의 참되고 묘한 행을 얻고자 하는구나	願得普賢眞妙行

소 이 또한 가타伽陀이니, 보살이 선재의 말을 게송으로 노래했다고 볼 수는 없다. 그런데 게송으로 칭찬한 것이 이전의 내용과 영략影略의 관계에 있다면 기야祇夜라고 여길 수도 있다.[6]

亦是伽陁。不應菩薩頌善財語。若頌稱讚。與前影略。可爲祇夜。

집 "이 또한 가타伽陀이니"란, 위에서 이미 "이는 비록 기야지만 가타

---

5 澄觀,『華嚴經行願品疏』卷7(X5, 137b2).
6 澄觀,『華嚴經行願品疏』卷7(X5, 137b5~6).

역시 있다."고 했으므로, "이 또한"이라고 하였다.

"보살이 선재의 말을……기야라고 여길 수도 있다."라고 한 것은 여탈與奪이다. 즉 어떤 이는 다음과 같이 의심한다. "앞의 과목에서 '아마도 게송 이전의 경문에서 선우의 의보와 정보를 드러내 보인 듯하다'고 했으니, 지금 응송應頌(곧 기야)의 다음에 법요를 정중히 묻는 것이 어찌 가타가 되겠는가. 그렇지 않다면 선우가 찬탄하며 거두어들인 것을 합송合頌한 것도 '기야'라고 부를 수 있을 것이다."

그러므로 여기서 앞의 내용을 부정(奪)하면서 "보살이 선재의 말을……볼 수는 없다."라고 하였고, 뒤의 내용을 긍정(與)하면서 "게송으로 칭찬한 것이……"라고 한 것이다.

'영략'이라고 한 것을 설명해 보자. 앞의 장행 가운데서 찬탄을 자세히 밝힌 것에 24구가 있는데, 지금 이 간략한 게송에 나오는 공덕功德과 행원行願은 앞의 경우와 비교하면 생략된 것을 드러내었기 때문이다.

集曰。亦是伽陀者。上旣云。雖是祇夜等。故云亦是。言不應等者。與奪也。謂有疑云。前科云 似頌見友依正。則今次應頌敬問法要。豈爲伽陀。若不然則合頌友垂讚攝。可云祇夜。故今奪前義云。不應等。與後義云。若頌等也。言影略者。前長行中。廣明稱讚。有二十四句。今此略頌。功德行願。與前存略故。

다. 게송으로 칭찬하며 법을 전수함

가) 결집結集

소 세 번째 게송으로 칭찬하며 법을 전수함이다. 여기에 두 가지가 있다. 먼저는 결집結集이니, 앞의 내용을 기술한 것이다.[7]

第三頌稱讚授法二。先結集述前。[1)]

1) ㉮ '述前'은 乙本에는 없다.

경

나는 용맹한 관자재보살이니	我是勇猛觀自在
마음에서 청정한 대자비를 일으키고	起心淸淨大慈悲
구름 그물에서 묘한 광명을 두루 놓으니	普放雲網妙光明
넓기가 허공 같아 지극히 청정하네	廣博[1)]如空極淸淨
내가 드리우는 허물없고 원만한 팔은	我垂無垢腨圓臂
온갖 복과 묘한 모습으로 장엄되었으니	百福妙相具莊[2)]嚴
깊은 믿음 있는 그대 선재의 정수리를 어루만져	摩汝深信善財頂
그대 위해 보리의 법 설한다네	爲[3)]汝演說菩提法

1) ㉮ '博'은 甲本에는 '博'으로 되어 있다. 2) ㉮ '莊'은 乙本에는 '莊'으로 되어 있다.
3) ㉮ '爲'는 甲本에는 '無'로 되어 있다.

소 이는 결집이니, 앞에서 (선재의) 정수리를 어루만지며 섭수한 것을 기술하기 때문이다. 범본에는 "청정한 보리살타께서 대자비로써 선재동자의 정수리를 어루만지셨다."고 했으니, 『법화경』에서 "미묘한 상을 갖추신 세존께서 게송으로 무진의無盡意보살에게 답하셨다."고 한 것과 같다. 아래에서 자씨慈氏보살이 선재를 찬탄한 곳에도 결집結集이 있으므로 게송의 글을 이어놓았다.【이는 제35권에 해당한다. 범본에 준하면 알 수 있겠지만, 『소』에서 정확히 가리키지 않았으므로 억측해서 말하기 어렵다.[8)]】

---

7 澄觀, 『華嚴經行願品疏』 卷7(X5, 137b6~8).
8 미륵보살은 40권본 『華嚴經』 권35에 등장한다. 징관에 따르면, 관자재보살이 설하는 "善來調伏身心者" 이하의 게송은 60권본과 80권본에는 없는 내용으로, 경문의 전후 맥락을 살펴서 결집結集에 해당하는 경문 다음에 게송을 연결시킨 것이다. 그런데 이와 유사한 구조가 미륵보살이 등장하는 권35에도 나타나지만, 징관이 이 부분을 정확히 지

"나는……(我是)"을 "이때(是時)"로 고치는 것이 이치상 더 맞다.[9]

結集. 述前摩頂攝受故. 梵本云. 淸淨薩埵大慈悲. 捫摩善財童子頂. 亦猶法花.[1] 具足妙相尊. 偈答無盡意. 下慈氏[2] 讚善財處. 亦有結集. 連爲偈詞.【即第三十五卷. 准梵本可知. 疏無的指難以臆說.[3]】若改我是爲是時字. 理則眞矣.

1) ㉠ '花'는 乙本에는 '華'로 되어 있다. 2) ㉠ '氏' 아래 乙本에는 'ㅂ'이 있다. 3) ㉠ '即第…臆說'의 19자는 乙本에는 없다.

[집] "결집"에서, 결집한 이는 문수文殊와 아난해阿難海이다.[10] "『법화경』에서……것과 같다."라는 것은, 『법화경』「관세음보살보문품」에서 "이때 무진의無盡意보살이 게송으로 물었다. '미묘한 상 갖추신 세존이시여, 제가 지금 거듭 저 보살에 대해 묻습니다. 불자는 무슨 인연으로 관세음이라 이름합니까?' 미묘한 상을 갖추신 세존께서 게송으로 무진의 보살에게 답하셨다. '그대는 들어라. 관음의 행은 여러 곳에 잘 응하고……'"[11]라고 한 것과 같다.

集曰. 言結集者. 結集家即文殊及阿難海也. 言亦猶法花等者. 彼普門品云. 爾時. 無盡意菩薩. 以偈問曰. 世尊妙相具. 我今重問彼. 佛子何因緣.

적지 않았기 때문에 이에 대해 체원이 자신의 견해를 피력하기가 어렵다고 말하는 것이다.

9 澄觀, 『華嚴經行願品疏』 卷7(X5, 137b7~11).
10 아난해阿難海 : 원측 등의 견해에 따르면 세 명의 아난阿難이 있다. 첫째 아난타阿難陀는 성문의 법을 들은 사람이고, 둘째 아난현阿難賢은 연각의 법을 들은 사람이고, 셋째 아난해阿難海는 대승의 법을 들은 사람이다. 圓測, 『仁王經疏』(T33, 363b22~25), "問曰. 阿難既是聲聞. 如何能持大乘經典. 答阿難有二. 一者阿難陀. 持聲聞法. 二者阿難賢. 持緣覺法. 三者阿難海. 持摩訶衍. 第三阿難持大乘經. 故不相違." 이는 『金剛仙論』 등에 근거한 내용이다.
11 『法華經』 卷7 「觀世音菩薩普門品」(T9, 57c7~12).

名爲觀世音。具足妙相尊。偈答無盡意。汝聽觀音行。善應多方所等。

나) 앞에서 자신의 법계를 전수한 것을 곧장 노래함

(가) 자신의 이름과 모습을 게송으로 드러냄

소 둘째는 앞의 경문에서 자신의 법계를 전수한 것을 곧장 노래함이다. 여기에 두 가지가 있다. 먼저는 (자신의) 이름과 모습을 게송으로 드러내는 것이다.[12]

二正頌前文授已法界二。先頌標擧名相。

경

불자야 내가 알고 있는 것을 알아야 하니	佛子應知我所知[1]
일상一相 일미一味의 해탈문을	一相一味解脫門
모든 부처님의 대비 구름,	名爲諸佛大悲雲
비밀스런 지혜로 장엄된 창고라고 이름한다네	秘密智惠莊[2]嚴藏
나는 항상 부지런히 중생을 구호하니	我爲精勤常救護
여러 큰 서원을 일으켜 중생을 제도하네	起諸弘誓攝衆生
일체를 내 몸처럼 가엾이 여겨	憐愍一切如[3]己身
항상 보문普門으로 중생 따라 움직이네	常以普門隨順轉

1) ㉠ '知'는 甲本에는 '得'으로 되어 있다. 2) ㉠ '惠莊'은 甲本에는 '慧莊'으로 되어 있다. 3) ㉠ '如'는 甲本에는 '知'로 되어 있다.

---

12 澄觀, 『華嚴經行願品疏』 卷7(X5, 137b11~12).

(나) 업용業用을 자세히 설명함

㉮ 총체적으로 밝힘

소 둘째는 업용業用을 자세히 설명하는 것이다. 이전에 나온 보문普門과 대비大悲를 합하여 노래하였으니, 보문으로 중생의 부류 따라 고통을 뽑아내기 때문이다. 경문에 세 가지가 있다. 첫째는 총체적으로 밝히는 것이다.[13]

二廣辯業用。合頌前來普門大悲。以普[1]門隨類爲拔苦故。文中三。一摠明。

1) ㉮ '普'는 乙本에는 없다.

경
나는 헤아릴 수 없이 많은 고액으로부터　　　　我於無數衆苦厄
항상 여러 중생들을 구호하니　　　　　　　　常能救護諸群生
마음으로 생각하고 예경하고 명호를 부른다면　心念禮敬若稱名
일체가 그때에 모두 해탈하리라　　　　　　　一切應時皆解脫

소 지금 이곳의 '총체적으로 밝힘摠明'과 뒤의 '이익을 매듭지음結益'은 모두 '벗어나는 원인離因'을 노래한 것이다.[14] 즉 세 가지 업으로 귀향歸向하는 것이 바로 두려움을 벗어나는 원인이고, 해탈을 얻는 것이 바로 두려움을 벗어난 결과이다.

---

13 澄觀, 『華嚴經行願品疏』 卷7(X5, 13/b12~13).
14 澄觀, 『華嚴經行願品疏』 卷7(X5, 137b14~15). 징관은 아래의 28게송 중 처음의 한 게송을 총명總明으로 보고, 다음의 24게송을 별현別顯으로 보고, 마지막 3게송을 결익結益으로 보는데, 처음과 마지막 부분이 모두 '벗어나는 원인'을 노래한 것이라는 말이다.

今此摠明及後結益。皆頌離因。謂三業歸向即離怖因。而得解脫即離怖果。

집 "세 가지 업으로 귀향하는 것이 바로 두려움을 벗어나는 원인이다."라는 것은, 위의 경문에서 "나를 염하면……정념이 현전할 것이다."[15]라고 한 것을 말한다. 대비大悲와 대원大願의 수승한 인연의 힘을 통해 (중생들을) 정념에 머물게 하니, 삿된 지혜를 벗어나 복과 지혜를 증장시키게 되는 것이다.

集曰。言三業歸向即離怖因者。上云。若念於我。乃至正念現前故。以大悲大願勝緣力故。令住正念。即離邪智。增於福智矣。

㋣ 별도로 드러냄

a. 계박의 두려움에서 벗어남을 노래함

소 둘째는 별도로 드러내는 것이다. 20가지 두려움을 노래하였지만, 순서대로 한 것은 아니다. 첫째는 계박의 두려움에서 벗어남을 노래하는 것이다.[16]

二別顯。頌二十怖。但不次耳。一頌離繫縛怖。

경
혹 감옥에 갇혀　　　　　　　　　　　或遭牢獄所禁繫

---

15 이는 앞서 나온 경문을 가리킨다. 40권본 『華嚴經』 卷16(T10, 733c5~7), "若念於我。若稱我名。若見我身。皆得免離一切恐怖。滅除障難。正念現前。"
16 澄觀, 『華嚴經行願品疏』 卷7(X5, 137b15~17).

쇠고랑에 묶여 원수 만날 때 　　　　　　　枷械囚執遇怨[1]家
지극한 마음으로 내 명호를 부르면 　　　　若能至心稱我名
일체 모든 고통 다 소멸되리라 　　　　　　一切諸苦皆消[2]滅

1) ㉲ '怨'은 '寃'으로 된 곳도 있다.　2) ㉴ '消'는 甲本에는 '銷'로 되어 있다.

집 (問) 천태 지자의 『법화문구』를 통해 살펴보면, 칠난七難과 삼독三毒을 각각 관심觀心의 방법으로 해석하고 있다.[17] 그런데 지금 이 『소』에서는 어째서 관심의 방법으로 해석하여 곧장 경문을 풀이하지 않는가?

(答) 여기에는 이유가 있다. 즉 상하의 경문이 모두 법과 비유(法況)를 드러내는 것에 의거하고 있는데, 앞의 여러 선우가 있는 곳에서는 사事에 의거해서 설한 곳도 있고 이理에 의거하여 설한 곳도 있다. 저것(여러 선우에 대한 해석)으로서 이것(현재의 해석)의 예를 삼기 때문에 관심의 방법으로 해석하지 않은 것이다. 또 화엄에서 상相을 설할 때는 사事와 사事가 모두 법이다. 그러므로 이 법에 의탁하여 따로 드러낼 바를 두지 않으므로 (관심의 방법으로) 거듭 해석하지 않은 것이다. 그러므로 『본소本疏』(『화엄경행원품소』)에서 다음과 같이 말했다.

---

[17] 천태의 『法華文句』는 『法華經』의 경문을 네 가지 해석 방법, 곧 인연석因緣釋, 약교석約敎釋, 본적석本迹釋, 관심석觀心釋으로 각각 해석하고 있다. 이 중 인연석은 감응석感應釋이라고도 하는데, 교를 설하는 부처님과 그것을 듣는 중생의 감응의 도가 교차하는 데 기초를 두고 경을 해석하는 방법으로, 사실단四悉檀에 입각하여 경문을 해석하는 것이 특징이다. 약교석은 천태의 교판 가운데 장통별원藏通別圓의 화법사교化法四敎에 기반하여 경문을 해석하는 방법이다. 본적석은 『法華經』의 교설이 오래전에 이미 성불한 부처님의 교설(本門)과 보리수 아래서 처음 성불한 부처님의 교설(迹化)로 나뉘어 있는 차이점을 해석하기 위한 방법이다. 이는 경의 내용이 본적本迹으로 나뉘어 있지 않은 『維摩經』 등에는 적용되지 않는다. 마지막으로 관심석은 경의 교의를 자기 마음을 관하는 수행을 통해 체현하는 방법이다. 천태는 특히 이 네 번째 관심식이 밤낮 남의 보배를 세는 수고로움을 면하고 실질적으로 자신의 이익을 얻는 방법이라고 강조하였다. 이 네 가지 해석 방법에 대해 아래의 본문에서도 징관의 글을 인용하여 설명하고 있다.

"선덕이 경을 해석하는 데 통틀어 네 가지 예가 있다. 첫째는 상相을 따라 경문을 해석하는 것이고, 둘째는 교敎로써 간별揀別하는 것이고, 셋째는 본적本迹을 융회融會하는 것이고, 넷째는 관심觀心으로 허구虛求하는 것이니,[18] 하나의 경문이나 하나의 의미마다 모두 그렇게 하지 않음이 없다. 지금 여기서는 그것을 통틀어 사용하지만, 편의에 따라 취하거나 버리기도 하니, 관문寬文에는 첫째 방법을 사용하고, 의함義含에는 둘째 방법을 사용하고, 의람意濫에는 셋째 방법을 사용하고, 본의本意에는 넷째 방법을 사용한다.[19] 넷째 방법은 스승의 마음을 뛰어넘는 방법인 듯하다(似濫師心).[20] 이 한 문을 터득하면 남의 보배를 세지 않게 된다. 사事에 의탁하여 법을 드러낸다면 경문이 매우 많으니, 이 한 문門을 경시하면 해탈은 더욱 멀어질 것이다. 그러므로 아래서 선우의 의보와 정보 등의 법을 해석할 때 이 문을 많이 사용하였다. 사상事相에 의거하면 그 모습을 대부분 쉽게 알 수 있다."[21]

그러므로 그렇다는 것을 알아야 한다.

---

[18] 여기서 나오는 선덕은 천태 지자를 가리키고, 제시된 네 가지 해석 방법은 각각 인연석, 약교석, 본적석, 관심석에 해당하는 것으로 보인다.

[19] 이 구절의 의미를 좀 더 부연 설명해 보자. 우선 관문寬文의 관寬에 대해 대만의 정공법사淨空法師는 '문자를 해석한다'는 뜻으로 파악하였다. 이 견해에 따르면 이는 일반적인 경전해석 방식인 수문해석隨文解釋과 같은 것이다. 다음으로 의함義含이란 '함축된 의미'를 가리키는 것으로 보인다. 즉 같은 경문이라도 장통별원藏通別圓 중 어떤 교의 관점에서 바라보는가에 따라 의미가 달라지게 된다. 그러므로 경문에 함축된 다층적인 의미를 파악하기 위해서 약교석約敎釋의 방법을 사용한다는 것이다. 다음으로 의람意濫은 '본적本迹을 융회融會하는 방법'으로 제시되는데, 이는 『法華經』과 같이 본문本門과 적화迹化가 나뉜 경을 종합적으로 해석하기 위해 고안된 방법이다. 마지막으로 본의本意를 파악하는 데는 관심석觀心釋을 사용한다고 말하는데, 관심석 자체가 경문이 드러내고자 하는 '본래 뜻'을 밝히려는 방법이므로, 이렇게 설명한 것으로 보인다.

[20] 이는 관심석의 특징을 설명한 내용으로 보인다. 천태 지자는 자신이 평생 설한 교법을 자신의 제자들이 직접 체득하기를 바랐다. 그래서 그는 입적하기 직전에『觀心論』을 구술하여 제자들에게 각자의 마음을 관할 것을 주문한 것이다. 관심석의 이런 점에 대해 징관이 "스승의 마음을 뛰어넘는 방법인 듯하다."고 평한 것으로 보인다.

[21] 澄觀,『華嚴經行願品疏』卷4(X5, 97b5~11).

『법화경』에서 말했다.

혹은 쇠고랑에 묶이거나
수족이 형틀에 매여도
저 관세음을 염하는 힘으로
얼음 녹듯 풀려날 것이네[22]

지금 경계하고 권면하기 위하여 사적事迹을 간략히 기록하겠다.【아래도 같다.】

『영험전靈驗傳』에서 말했다.

"진晉의 두부竇傅는 하내河內 사람인데, 기주冀州 자사刺史 여호呂護에게 붙잡혔다. 동료 6, 7인도 함께 한 감옥에 갇혔는데, 쇠사슬에 매우 엄하게 묶였고, 얼마 있다가 죽음에 처해지게 되었다. 사문 지도산支道山이 부와 서로 아는 사이였는데, 부에게 지심으로 관세음보살께 귀의하여 청할 것을 권하였다. 부 역시 이전에 관세음보살의 명호를 많이 들었으므로 지도산의 말을 듣자 곧장 삼일 밤낮으로 마음에 생각을 집중하여 지성으로 스스로 귀의하였는데, 쇠사슬이 느슨히 풀리면서 스르륵 몸에서 벗겨졌다. 부가 이에 다시 지성을 들이면서 말하기를 '지금 보살핌(哀祐)을 입어 질곡桎梏이 절로 풀어졌지만, 동료가 많으니 홀로 떠날 마음이 없습니다. 관세음보살님의 신력은 중생을 두루 구제하시니 (옥고를) 함께 면해야 할 것입니다.'라고 하였다. 말이 끝나자 다른 사람들의 (쇠사슬도) 차례로 풀려 땅에 떨어졌고, 드디어 문을 열고 옥을 빠져 나갔다. 밤이 지나 새벽이 되자 순식간에 죄수를 잃어버린 것을 알게 되었다. 인마人馬가 끊임없이 이어지며 사방에서 (죄수들을) 잡으러 다녔고, 풀을 태우며 숲을 밟아 가

---

[22] 『法華經』 卷7 「觀世音菩薩普門品」(T9, 57c29~58a1).

며 이르지 않은 곳이 없었지만, 오직 부가 숨은 1무畝 정도의 땅에는 끝내 오는 사람이 없었다."[23]

또 『영험전』에서 말했다.

"산양山陽 사람이 있었는데, 옥에 갇혀 죽게 되었다. 삼일 밤낮으로 관세음보살의 명호를 부르면서 그치지 않았는데, 관세음보살이 빛을 놓아 그를 비추자 쇠사슬이 풀리고 문이 열렸다. 빛을 따라 30리를 가서야 그 빛이 그쳤다."[24]

集曰。若以天台智者法花文句考之。七難三毒。各以觀心釋之。今此䟽中。何不觀解。直消經文。然有以也。謂上下經文。皆約表法況。前諸友處。有約事說。有約理說故。以彼例此。故不觀釋。又華嚴說相。事事皆法。非是托此。別有所表。故不重釋。故本䟽云。然先德釋經。通有四例。一隨相消文。二以敎揀別。三本迹融會。四觀心虛求。一文一義。罔不皆尒。今通用之。隨便取捨。寬文用初義。義含用第二。意濫用第三。本意用第四。第四一義。似濫師心。得此一門。非數他寶。託事顯法。經文甚多。輕此一門。解脫逾遠。故下釋友依正等法。多用此門。若約事相。相多易了。故知尒也。法花云。或囚禁枷鎖。手足被杻械。念彼觀音力。釋然得解脫。今爲警勸。略錄事迹【下同】。靈驗傳云。晋竇傳者。河內人也。被冀州刺史呂護所繫。同伴六七人。共繫一獄。鎖械甚嚴。赳日當殺之。沙門支道山。與傳相識。勸傳至心歸請。傳先亦頗聞觀世音名及得山語。遂心屬念晝夜三日。至誠自歸。鎖械緩解。濩然離體。傳乃復至誠曰。今蒙哀祐。桎梏自解。同伴尚多。無心獨去。觀音神力。普濟當令俱免。言畢。餘人以次解落。遂開門出走。夜已向曉。須臾覺

---

23 『法苑珠林』卷17「觀音驗」(T53, 410b25~c15). 여기서는 '晉竇傳'으로 되어 있지만, 판본에 따라 '傳'로 된 곳도 있다.
24 了圓, 『法華靈驗傳』卷下「枷鏁自脫」(X78, 17c5~7). 고사의 말미에 이 내용의 전거가 晉 謝敷의 『觀音傳』과 『現應錄』에서 나온다는 기록이 있다.

失。人馬絡繹。四出尋補。焚草踐林。無不至遍。唯傳所隱一畝許地。終無至者。又傳云。有山陽人。繫獄當死。三日夜稱名不歇。觀音放光照。燭鎖脫門開。尋光向行三十里。其光乃息。

b. 살해의 두려움에서 벗어남을 노래함

소 둘째는 살해의 두려움에서 벗어남을 노래하는 것이다.[25]

二頌離殺[1]害怖。

1) ㉠ '殺'은 乙本에는 '煞'로 되어 있다.

경

혹 죄[26]를 범하여 죽게 되어	或犯刑名將就戮
날카로운 칼과 독화살이 그 몸을 해치려고 할 때	利釖[1]毒箭害其身
명호를 불러 생각에 응해 가지加持 얻으면	稱名應念得加持
화살과 칼날도 해치지 못하네	弓失鋒刃無傷害

1) ㉠ '釖'은 甲本에는 '劍'으로 되어 있다.

집 『법화경』에서 말했다.

혹 원수와 도적들이 에워싸

---

25 澄觀,『華嚴經行願品疏』卷7(X5, 137b17).
26 원문은 형명刑名으로 되어 있다. 형명에는 여러 뜻이 있는데, 이는 우선 중국의 전국시기 신불해申不害로 대표되는 학파를 가리킨다. 이 학파에서는 명칭을 따라 실질을 따져볼 것을 주장했다. 후세인들이 이를 형명지학刑名之學이라 불렀는데, 줄여서 형명刑名이라고 한다. 이 외에도 이는 형벌의 명칭 등을 뜻하기도 하고, 뜻이 확장되어 형사 안건을 가리키기도 한다. 여기서는 이 뜻을 취하여 형명을 죄라고 풀이하였다.

각기 칼을 잡고서 해치고자 할 때
저 관세음을 염하는 힘으로
저들이 곧장 모두 자심慈心을 일으키고【도적의 난】

혹 왕의 난을 만나 고통받으며
형벌을 받아 목숨이 다하고자 할 때
저 관세음을 염하는 힘으로
칼이 곧장 조각조각 부서지네【칼과 몽둥이의 난】[27]

이는 염하는 힘으로 능히 벗어나는 것이다.
『영험전』에서 말했다.
"위魏의 모사募士 손경덕孫景德은 관음상을 조성하여 스스로 공경히 예를 올렸다. 후에 적에게 잡혀 참수당하게 되었는데, 꿈에서 한 사문이 그에게 『구생관음경救生觀音經』 천 번을 지송하라고 하였다. 형벌이 이르렀을 때 칼이 저절로 부러져 조각났고 피육도 상하지 않았다. 칼을 세 번이나 바꾸었지만 이전처럼 부러졌다. 후에 관음상의 목을 보니 세 번의 칼자국이 있었다. 장계狀啓를 올리자 (왕이) 듣고서 칙명을 내려 그 경을 베껴 쓰게 하였으니, 이것이 요즘 말하는 『고왕관세음경高王觀世音經』이다."[28]

또 진晉의 팽성彭城에 어떤 사람이 있었는데, 항상 관음상에 공양 올리면서 그것을 상투 속에 넣고 다녔다. 도적에게 죽음을 당할 상황에서 칼

---

27 『法華經』 卷7 「觀世音菩薩普門品」(T9, 57c25~28).
28 唐 道世, 『法苑珠林』 卷17 「觀音驗」(T53, 411b24~c5); 『開元釋教錄』 卷18(T55, 674c30 이하)에 "高王觀世音經一卷(亦云小觀世音經半紙餘)"에 대한 설명이 나오는데 여기서도 손경덕孫敬德의 고사가 나온다. 마지막 부분(675a13~14)에 이 문헌에 대해 다음의 기록이 있다. "見齊書及辯正論內典錄等。【撰錄者曰。此經周錄之內編之入藏。今則不然。此雖冥授不因傳譯與前僧法所誦何殊。何得彼入僞中此編正錄例既如此故附此中。】"; 『佛說高王觀世音經』(T85, 1425b6 이하) 참조.

을 맞았지만 단지 쇳소리만 들릴 뿐 목에는 상처가 없었다. 상투를 풀어 관음상을 보니 관음상에 세 번의 칼자국이 있었다. 이로써 난을 면하게 되었다.[29]

또 위魏 말의 사문 법선法禪은 산에서 도적을 만나 해를 당하게 되었는데 오직 관세음만 염하였다. 적이 활을 당겨 쏘고자 했지만 화살이 날아가지 않았다. 도적들이 곧장 귀순(歸誠)하며 활을 땅에 던졌다. 이는 아마도 신인이 도적을 두렵게 만들어 활을 버리고 도망가게 만든 것 같다.『고승전』에 나온다.[30]][31]

集曰。法花云。或值怨賊遶。各執刁[1]加害。念彼觀音力。咸即起慈心。【賊難】或遭王難苦。臨刑欲壽終。念彼觀音力。刁尋段段壞。【刁仗難】念力能離也。驗傳云。魏募士孫景德。造觀音像。自加敬禮。後爲賊所引。將加斬決。夢一沙門。令誦救生觀音經千遍。臨刑刁自折爲段。皮肉不傷。三換其刁。終折如故。後視像項。有刁三迹。以狀奏聞。勅寫其經。于今所謂高王觀世音經也。又晉彭城有人。常供觀音像。帶在髻中。被賊劫殺。刁下但聞金聲。頸無傷焉。解髻看像。像有三痕。因是獲免。又魏末沙門法禪。山逢賊害。唯念觀音。賊挽弓射之。放箭不得。賊遂歸誠。投弓於地。疑是神人。怖捨逃遁。出高僧傳。

1) ㉘ '刁'는 '刀'인 듯하다.

c. 왕과 관리의 두려움에서 벗어남을 노래함

---

29 了圓, 『法華靈驗傳』卷下「刀段段壞」(X78, 17b16~19).
30 『續高僧傳』卷25「感通」(T50, 645c22~26)에 法禪의 고사가 나옴.
31 唐 道世, 『法苑珠林』卷17「觀音驗」(T53, 411c18~20). 이 고사의 출전에 대해 도세가 『唐高僧傳』이라고 밝히고 있다.

소 셋째는 왕과 관리의 두려움에서 벗어남을 노래한 것이다.[32]

三頌離王官怖。

경

혹 두 사람이 다투다가 왕이나 관리에게 나아가	或有兩競詣王官
일체의 여러 재보에 대해 송사 벌일 때	諍訟一切諸財寶
저들이 지성으로 나를 염하면	彼能至誠稱念我
수승한 이치를 얻어 명성을 드날릴 것이다.	獲於勝理具名聞

집 『법화경』에서 말했다.

관가에서 송사를 벌이거나
군진軍陣에서 두려워할 때
저 관세음을 염하는 힘으로
원한 있는 이들이 모두 물러날 것이다[33]

『명상기冥祥記』에서 말했다.
"송宋나라 사람 장흥張興은 불법을 깊이 믿어 일찍이 사문 승융僧融과 참익曇翼[34]에게서 팔계八戒를 받았는데, 흥의 처가 일에 연좌되어 옥에 갇

---

32 澄觀, 『華嚴經行願品疏』 卷7(X5, 137b17).
33 『法華經』 卷7 「觀世音菩薩普門品」(T9, 58a24~25).
34 승융僧融과 참익曇翼 : 『法苑珠林』 권17에는 승융僧融과 담익曇翼으로 되어 있다. 청대 홍찬弘贊이 편집한 『觀音慈林集』 卷中에도 이렇게 되어 있는데, 이 문헌(X88, 90b3)에서는 "僧融을 『高僧傳』에서는 道融이라 했다."고 하여 명칭에 대한 고증이 나온다. 여기서는 이에 근거하여 승융과 참익을 각기 다른 스님으로 보았다. 본문에 나오는 '두 스님' 역시 이들을 가리키는 것으로 보인다.

혀 처벌 받게 되었다. 두 스님이 관세음보살을 염하도록 권하자, 흥의 처가 십여 일간 기도하며 (보살을) 염하였는데, 꿈에서 한 사문이 발로 밟으면서 '쯧쯧, 일어나라.'고 하였다. 흥의 처가 놀라 일어나자 쇠사슬이 스르륵 모두 풀렸다. 곧장 뛰어가 문으로 가니 문이 이미 열려 있었다. 흥의 처가 이로 인해 달아날 수 있었다."[35]

集曰。法花云。諍訟經官處。怖畏軍陣中。念彼觀音力。衆怨悉退散。冥祥記云。宋人張興。頗信佛法。甞從沙門僧融昷翼受八戒。興妻因事坐繋獄掠笞。二僧勸念觀音。興妻祈念十許日。夢一沙門。以脚踏之曰。咄咄可起。妻卽驚起。鉗鎖桎梏。潅然俱解。便走趣戶。戶已開矣。妻因馳走。

d. 애별리의 두려움에서 벗어남을 노래함

소 넷째는 애별리愛別離의 두려움에서 벗어남을 노래한 것이다.[36]

四頌離愛別[1)]怖。

1) ㉮ '別' 아래 乙本에는 '離'가 있다.

경
혹 안팎의 여러 친속과 　　　或於內外諸親屬
여러 벗이 모두 원수가 되더라도 　及諸朋友共爲怨
지성으로 내 명호를 부르면 　　若能至誠稱我名
일체의 원수들이 해치지 못할 것이네 一切怨家不能害

---

[35] 『法苑珠林』卷17「觀音驗」(T53, 410c23~411a7).
[36] 澄觀, 『華嚴經行願品疏』卷7(X5, 137b17~18).

집 애별리의 두려움은 두 종류가 있다. 첫째는 살아서 친애하는 이들과 이별하는 것이고, 둘째는 목숨을 버리기를 두려워하는 것이다.

『명상기冥祥記』에서 말했다.

"진晉나라 사람 장숭張崇은 젊어서 불법을 받들었다. 태원太元 연간(376~396)에 부견符堅이 장안에서 패배하자[37] 숭의 자녀들은 포로가 되었다. 숭도 비슷한 처지의 5, 6인과 함께 수족이 묶였고, 몸이 묶인 채 구덩이를 팠는데,[38] 허리까지 흙이 덮이자, 다음날 말 달리며 활 쏘는 데 오락거리로 삼아지게 되었다. 숭은 희망이 모두 사라질 것을 우려하여 오직 정결한 마음으로 관세음만 염했고, 한밤중에 형틀이 저절로 부서지자 몸을 위로 빼낼 수 있었다. 도망가는 길에 절 하나를 지나쳤는데 전일한 마음으로 다시 염하고 지성으로 예배드렸다. 그리고 돌 하나를 앞에 두고 서원을 발하면서 말하기를 '지금 (진晉의) 황제께 고하여 이 원통함을 바로잡아 처자를 구하고자 합니다. 마음속 소원이 이루어진다면 이 돌이 둘로 쪼개질 것입니다.'라고 하였다. 숭이 예배를 마치자 돌이 곧장 쪼개졌다. 드디어 경사京師에 이르러 도움을 얻어 마침내 처자식과 함께 재앙을 면하였다."[39]

集曰。愛別怖有二種。一生離親愛。二懼捨身命。冥祥記。晉人張崇。少奉佛法。大元中符堅。旣敗長安。虜其子女。崇與同等五人。手足桎梏。衘身出坑。埋築至腰。明日將馳馬射之以爲娛樂。崇慮望窮盡。唯潔心專念觀音。夜半械忽自破。上得離身。路經一寺。專心復念至誠禮拜。以一石置前發誓言。今欲訴帝。理此怨魂。救其妻子。若心願獲果。此石當分爲二。崇禮拜

---

37 이는 중국의 5호16국 시대 전진前秦의 황제였던 부견(338~385)이 385년에 모용수慕容垂의 공격을 받고 장안에서 패배하여 죽음을 당한 사건을 말한다.
38 "衘身出坑"에 대해 "持身出坑" 혹은 "衘身掘坑" 등으로 된 판본이 있다. 맥락상 '몸이 묶인 채 구덩이를 팠다'는 정도로 보는 것이 적절할 것 같다.
39 『法苑珠林』卷65 「感應緣」(T53, 785b4~17).

已。石卽破焉。遂至京師。乃悉蒙宥。遂與妻息免殃。

e. 흑암黑暗의 두려움에서 벗어남을 노래함

소 다섯째는 흑암黑暗의 두려움에서 벗어남을 노래한 것이다.

五頌離黑暗[1]怖。
1) ㉑ '暗'은 乙本에는 '闇'으로 되어 있다.

경

혹은 깊은 숲이나 험난한 곳에서	或在深林險難處
원수와 도적 그리고 맹수가 해치려 할 때	怨賊猛獸欲傷殘
지극한 마음으로 내 명호를 부르면	若能至心稱我名
악한 마음 절로 그쳐 해치지 않으리라	惡心自息無能害

소 깊은 숲과 골짜기는 햇빛을 가리기 때문에[40] 흑암黑暗이라고 한다.

謂深林邃谷蔽陽曜。故云黑暗也。[1]
1) ㉑ '云黑暗也'는 乙本에는 없다.

집 흑암에는 두 가지가 있다. 첫째 살아서는 깊은 골짜기의 어두움에서 헤매는 것이고, 둘째 죽어서는 악도惡道의 긴 밤에 들어가는 것이다. 『법화경』에서 말했다.

---

40 澄觀, 『華嚴經行願品疏』 卷7(X5, 137b18).

사나운 짐승들에 둘러싸여

날카로운 이빨과 발톱이 두려울 때

저 관세음을 염하는 힘으로

정처 없는 곳으로 달아나리라.⁴¹【깊은 숲의 흑암(深林黑暗)】

'악도의 긴 밤의 흑암(惡道長夜黑闇)'의 내용은 아래의 '악도의 두려움을 벗어남'에서 설하는 것과 같다.

"원수와 도적 등"은 『감응전感應傳』에서 다음과 같이 말했다.

"석혜달釋惠達은 진晉 융안隆安 2년(398)에 언덕에 올라 약초를 캐다가 강족羌族에게 붙잡혔다. 당시 큰 기근이 들어 오랑캐인 강족들은 서로를 잡아먹었는데, 이에 혜달을 목책 안에 가두고는 잡아먹고자 했다. 앞서 목책 안에는 열 사람 정도가 있었는데, 강족들은 날이 저물면 (사람들을) 삶아 먹었고, 오직 혜달과 어린아이만 남게 되었다. 혜달은 붙잡힌 이후로 몰래 관세음을 외우면서 게으름이 없었다. 다음날에는 혜달 등을 잡아먹고자 했는데, 그날 새벽에 날이 막 밝아 올 때 홀연 큰 호랑이가 나타나 강족 무리들을 위협했는데, 빠르게 움직이며 크게 울부짖었다. 강족들은 다들 놀라 도망갔고, 호랑이는 목책 앞으로 다가와 굴을 하나 파고는 가 버렸다. 혜달과 어린아이는 달아나 (화를) 벗어날 수 있었다."⁴²

또 『명상기冥祥記』에서 말했다.

"송宋 원가元嘉 연간(424~453)에 사문 담무갈曇無竭은 『관음경觀音經』을 지송하며 범행梵行을 청정히 닦았다. 도반 25인과 함께 불국佛國을 찾아 나섰는데, 거칠고 험한 곳은 다 지나갔다. 천축天竺에 도달한 뒤 길에서 산에 사는 코끼리 한 무리와 부딪쳤다. 지니고 온 경을 지송하고 염하며 (관세

---

41 『法華經』 卷7 「觀世音菩薩普門品」(T9, 58a6~7).
42 『法苑珠林』 卷17 「觀音驗」(T53, 409c11~20). 다만 『法苑珠林』에는 어린아이에 대한 언급이 없다.

음보살의) 명호를 부르자, 숲속에서 사자가 뛰어나왔다. 코끼리들은 놀라 분주히 달아났다. 후에 들소 한 무리가 울부짖으며 다가와서 해를 입히고자 하였다. 이전과 같이 (관세음보살에게) 귀명歸命하자 큰 독수리가 날아 들었다. 들소들이 곧장 놀라서 흩어졌고 마침내 화를 면하게 되었다."[43]

集曰。黑暗有二。一生迷深谷昏暗。二死入惡道長夜。法花云。若惡獸圍遶。利牙爪可怖。念彼觀音力。疾走無邊方。【深林黑暗】其惡道長夜黑闇。如下離惡道怖。言怨賊等者。感應傳云。釋惠達。晉隆安二年。登壟採藥。爲羌所執。時年大荒。胡羌相噉。乃置柵中將食之。先在柵中。十有餘人。羌日夕烹俎。唯達及小兒尚存。自達被執。潛誦觀音不懈。及明日當噉達等。其晨始曙。忽有大虎。來逼群羌。徑奮怒號吼。羌各駭走。虎乃前齧柵作一穴而去。達將小兒。走叛得脫。又冥祥記云。宋元嘉中。沙門曇無竭者。誦觀音經。淨修梵行。與諸徒屬二十五人。往尋佛國。備經荒險。旣達天竺。路逢山象一群。賚經誦念稱名。有師子從林中出。象驚奔走。後有野牛一群。鳴吼而來。將欲加害。又如前歸命。有大鷲飛來。牛便驚散。遂將尅免。

f. 험도險道의 두려움에서 벗어남을 노래함

🔹 여섯째는 힘도險道의 두려움에서 벗어남을 노래한 것이다.[44]

六頌離險道怖。[1)]

---

43 道世,『法苑珠林』卷65「感應緣」(T53, 786a5~11). 고사의 끝에 이 내용이『冥祥記』에서 나왔다는 구절이 있다. 이 외에도 다음과 같은 문헌에 이상의 고사가 수록되어 있나. 唐 僧詳 撰,『法華經傳記』卷4「宋黃龍沙彌曇無竭二十六」(T51, 66a13~22); 唐 道宣,『集神州三寶感通錄』卷下(T52, 426b21~27); 道宣,『大唐內典錄』卷10(T55, 338b19~25).
44 澄觀,『華嚴經行願品疏』권7(X5, 137b18~19).

1) ㉑ '怖'는 乙本에는 없다.

경

혹 원수들이 원한을 품고　　　　　　或有怨家懷忿毒
험준하고 높은 산에서 밀어뜨려도　　推落險峻大高山
지극한 마음으로 내 명호를 부르면　　若能至心稱我名
허공에 편안히 떨어져 다치지 않으리라　安處虛空無損壞

소 낭떠러지가 험준한 것이 '험도'이다.⁴⁵

懸崖險峻。即險道故。

집 『법화경』에서 말했다.

혹은 수미산의 봉우리에서
다른 사람에게 밀려 떨어지더라도
저 관음을 염하는 힘으로
해가 허공에 떠 있듯 하리라.⁴⁶

『감응록感應錄』에서 말했다.
"당唐의 서현徐賢은 풍천澧泉 사람으로, 일생 동안 『관음경觀音經』을 염송했다. 무덕武德 연간(618~628)에 길에서 오랑캐에게 붙잡혀 끌려가게 되었다. 오랑캐들은 흉포하여 사로잡은 사람들 수천 인의 팔을 뒤로 묶고는 넓은 절벽으로 사람들을 보내어 차례로 죽이니, 사람들의 머리가 낭떠

45　澄觀,『華嚴經行願品疏』권7(X5, 137b19).
46　『法華經』卷7「觀世音菩薩普門品」(T9, 57c21~22).

러지에서 떨어졌다. 서현은 앞사람들이 모두 죽는 것을 보고 이를 면하지 못할 것을 알고는 오직 관음만 염하면서 그치지 않았다. 서현의 차례가 되어 칼이 내려칠 때 스스로 칼이 떨어지는 것을 보았지만, 칼이 목을 자를 때에는 이를 알지 못했다. 일경一更이 지나 깊은 계곡의 나뭇가지에 (자신이) 걸려 있는 것을 알아차렸으니, 언덕에서 300여 척이나 떨어진 거리였다. 서현은 곧장 스스로 '내가 어째서 여기에 있는가? 오늘 살해당했는데, 어째서 죽지 않고 몸이 온전히 나무에 걸려 있는가?'라고 생각했는데, 단지 미미한 통증만 느낄 뿐 조그만 상처도 없었다. 그래서 곧장 관음을 염한 힘으로 신명을 보전할 수 있었음을 알았다."[47]

자세한 것은 저 『전』과 같다.

> 集曰。法花云。或在須彌峰。爲人所推墮。念彼觀音力。如日處虛空。感應錄云。唐人徐賢者。澧泉人。一生誦念觀音經。武德中。道逢胡賊。被捉將去。胡賊凶毒。所捉得漢數千人。各被反縛。將向洪崖差人。次第殺之。頭落懸崖。賢者見前皆殺知不免。唯念觀音不輟。次到賢者。始下刀時。自見下刀。反[1]至斫時。心不覺醒。至於一更。覺身在深澗樹枝上。去岸三百餘尺。賢者便自私念。我何在此。今日被殺。何因不死。身全在樹。但覺微痛而無片傷。即知。由念觀音。得全身命。具如彼傳。
>
> 1) ㉘ '反'은 '及'으로 된 곳도 있다.

g. 원증회怨憎會의 두려움에서 벗어남을 노래함

🔲 일곱째는 원증회怨憎會의 두려움에서 벗어남을 노래한 것이다.[48]

---

47 道世, 『法苑珠林』 卷65 「感應緣」(T53, 787a15~b18).
48 澄觀, 『華嚴經行願品疏』 卷7(X5, 137b19).

七頌[1] 怨憎會怖。

1) ㉛ '頌' 아래 乙本에는 '離'가 있다.

경

혹은 원수가 원한을 품고　　　　　或有怨家懷忿毒
깊은 물이나 불구덩이에 빠뜨려도　推落深流及火坑
지극한 마음으로 내 명호를 부르면　若能至心稱我名
일체의 물과 불이 해치지 못하리라　一切水火無能害

집 『법화경』에서 말했다.

가령 해치려는 마음을 일으켜
큰 불구덩이에 밀려 떨어져도
저 관음을 염하는 힘으로
불구덩이가 못으로 변하리라

혹은 큰 바다에 표류하여
용과 물고기 그리고 여러 귀신의 어려움에 처해도
저 관음을 염하는 힘으로
파도가 삼키지 못하리라[49]

『불정심신험佛頂心神驗』에서 말했다.
　옛적에 관인官人이 있었는데, 회주懷州의 현령縣令으로 부임하고자 했으나 상관上官의 행차行次[50]를 마련할 돈이 없었다. 그래서 보광사普光寺 안

---

49 『法華經』卷7「觀世音菩薩普門品」(T9, 57c17~20).
50 원문의 '上官行理'를 『佛頂心陀羅尼經』의 언해본에서 '上官의 行次'로 보았는데, 이에

에서 상주전常住錢(사찰의 공적인 돈) 일백 관문을 빌려 상관의 행차에 충당하고자 했다. 사주寺主가 어린 사미 한 명을 함께 보내어 회주까지 따라가서 돈을 받아 오게 했다. 사미는 관인과 함께 배를 타고 가다가 물이 깊은 곳에 이르러 밤에 잠을 자게 되었다. 관인이 홀연 나쁜 마음을 내어 절의 돈을 돌려주지 않고자 마음먹고서, 포대 하나를 이 화상에게 덮어씌운 뒤 물속에 던져 버렸다. 화상은 7세부터 항상 『불정심다라니佛頂心陀羅尼』를 지송했는데, 단지 자신의 몸이 다른 사람에게 떠받들려 공중에 있으면서 어두운 방을 지나는 것과 같다고 느꼈다. 곧바로 회주에 이르니, 관인이 곧장 참회하였다.[51]

진晉나라 사람 사부謝敷는 대승을 독실히 믿어 평소 『화엄경』을 필사하고, 「관음전觀音傳」을 찬하였다. 원강元康 연간(291~295)에 불이 나자 일심으로 명호를 불렀는데, 바람이 소용돌이치고 불이 빙빙 돌다가 이웃집에서 그 불이 마침내 소멸하였다.[52]

또 위魏나라 말에 석법력釋法力은 홀연 들불을 만났는데 소리 높여 '관觀'은 불렀지만 '세음世音'은 부르지 못하였다. 그러나 그 소리에 응하여 바람이 바뀌어 불꽃이 곧 사그라들었다.[53]

준해서 해석하였다. 이는 김무봉, 『역주 불설아미타경언해·불정심다라니경언해』(서울: 세종대왕기념사업회, 2008), pp.225~226 참조.

51 현재 우리나라에 전해시고 있는 『佛頂心陀羅尼經』은 3권으로 구성되어 있는데, 상권은 『佛頂心陀羅尼經』이고, 중권은 『佛頂心療病救産方』이고, 하권은 『佛頂心救難神驗經』이다. 체원이 말한 『佛頂心神驗』은 하권의 『佛頂心救難神驗經』을 가리키는 것으로 보인다. 여기에는 체원이 인용한 관인의 고사가 보다 자세히 수록되어 있다. 참고로 이 경은 현행 대장경에는 수록되어 있지 않은 것으로 보인다. 이 3권의 경 중 상권에 해당하는 『佛頂心陀羅尼經』의 내용이 고려 시대 최충헌崔忠獻(1149~1219)을 위시한 최우, 최향 삼부자의 호신을 위해 간행한 책인 『佛頂心觀世音菩薩大陀羅尼經』의 내용과 일치하는 것으로 확인되므로, 이 책이 13세기 초에 고려로 전래되었음을 알 수 있다. 이 점에 대해서는 김무봉, 『역주 불설아미타경언해·불정심다라니경언해』(서울: 세종대왕기념사업회, 2008), p.105 참조.

52 宋 四明沙門 知禮 述, 『觀世音菩薩普門品義疏記會本』卷1(X35, 118a18~21); 元 徐行善 科註, 『妙法蓮華經科註』卷8(X31, 157a6~9).

集曰。法花云。假使興害意。推落大火坑。念彼觀音力。火坑變成池。或漂流 巨海。龍魚諸鬼難。念彼觀音力。波浪不能沒。佛頂心神驗。昔有官人。擬 赴懷州縣令。爲無錢作上官行理。於普光寺內。借常住錢一百貫文。用充上 官。寺主即差一小沙彌。逐至懷州取錢。沙彌與官人乘舡。至一深潭夜宿。 官人忽生惡心。不肯謀還寺錢。將一布袋盛這和尙。拋放水中。和尙從七 歲。常持佛頂心陁羅尼。只覺已身被人扶在空中。如行闇室。直至懷州。官 人便懺悔。晉人謝敷。篤信大乘。平居寫華嚴經。撰觀音傳。元康中。爲延火 所及。一心稱名。風廻火轉。將隣所居。其火遂滅。又魏末釋法力。忽遇野 火。擧聲稱觀。未遑稱世音。應聲風轉火焰尋滅。

h. 몸을 핍박하는 두려움에서 벗어남을 노래함

소 여덟째는 몸을 핍박하는 두려움에서 벗어남을 노래한 것이다.[54]

八頌離逼迫身怖。[1)]
1) ㉯ '怖'는 乙本에는 없다.

경

어떤 중생이 재난을 만나	若有衆生遭厄難
갖가지 고통들이 그 몸을 핍박해도	種種苦具逼其身
지극한 마음으로 내 명호를 부르면	若能至心稱我名
모든 것을 벗어나 두려움이 없으리라	一切解脫無憂怖

집 『법화경』에서 말했다.

---

53 『法苑珠林』卷17 「觀音驗」(T53, 411c6~11).
54 澄觀, 『華嚴經行願品疏』 권7(X5, 137b19).

중생이 곤경에 처하여
많은 고통이 몸을 핍박해도
관음의 묘한 지혜의 힘은
세간의 고통을 구할 수 있네[55]

이 (몸을 핍박하는) 두려움과 아래의 악명惡名에 대한 두려움 등의 사적事跡은 이전의 일곱 번째에 포함되어 있다.

集曰。法花云。衆生被困厄。無量苦逼身。觀音妙智力。能救世間苦。此怖及下惡名怖等。事迹含在前七。

i. 악명惡名의 두려움에서 벗어남을 노래함

【소】 아홉째는 악명惡名의 두려움에서 벗어남을 노래한 것이다.

九頌離惡名怖。

【경】
혹은 다른 사람에게 속임과 비방을 당하여	或爲他人所欺謗
항상 과실을 생각하며 서로 원수지더라도	常思過失以相讎
지극한 마음으로 내 명호를 부르면	若能至心稱我名
이 같은 원수와 질투가 저절로 그치리라	如是怨嫌自休息

j. 미혹迷惑의 두려움에서 벗어남을 노래함

---

[55] 『法華經』卷7「觀世音菩薩普門品」(T9, 58a12~13).

소 열째는 미혹迷惑의 두려움에서 벗어남을 노래한 것이다.[56]

十頌離迷惑怖。

경

혹은 귀매鬼魅와 여러 독의 해침을 만나서	或遭鬼魅諸毒害
몸과 마음이 어지럽게 미쳐서 알지 못해도	身心狂亂無所知
지극한 마음으로 내 명호를 부르면	若能至心稱我名
저들이 다 소멸하여 모든 근심 사라지리라	彼皆消[1]滅無諸患

1) ㉠ '消'가 甲本에는 '銷'로 되어 있다. 그리고 甲本의 註에서 "銷는 明本에는 消로 되어 있다."라고 했다.

집 『법화경』에서 말했다.

저주나 여러 독약에 의해
자신이 해침을 당하려 할 때
저 관세음을 염하는 힘으로
도리어 그것이 그 사람에게 돌아가리라[57]

미혹에는 두 가지가 있다. 첫째는 귀매鬼魅에게 미혹당하는 것이고, 둘째는 마음이 미혹하여 길을 헤매는 것이다. 이는 진秦의 필람畢覽의 경우와 같다. 그는 포로가 되는 것을 피해 산에 들어갔다가 미혹하여 길을 잃었는데 (관음의) 명호를 부르고서 구제되었다.[58]

---

56 澄觀,『華嚴經行願品疏』卷7(X5, 137b20).
57 『法華經』卷7「觀世音菩薩普門品」(T9, 58a2~3).
58 『法苑珠林』卷17「觀音驗」(T53, 409b19~23).

集曰。法花云。呪詛諸毒藥。所欲害身者。念彼觀音力。還著於本人。迷惑有二。一爲鬼魅所惑。二心迷道路。如秦畢覽。避虜入山。迷惑失路。稱名蒙濟也。

k. 마음을 핍박하는 두려움에서 벗어남을 노래함

소 열한째는 마음을 핍박하는 두려움에서 벗어남을 노래한 것이다.

十一頌離逼迫心怖。

경
혹은 독룡毒龍과 여러 귀신 무리에게   或被毒龍諸鬼衆
모든 공포를 당하여 그 마음을 뺏겨도   一切恐[1]怖奪其心
지성으로 내 명호를 부르면   若能至誠稱我名
꿈에서조차 모두 보이지 않으리라   乃至夢中皆不見

1) ㉮ '恐'은 甲本의 註에서 "아마도 明本은 怨인 듯하다."라고 했다.

집 『법화경』에서 말했다.

혹은 악한 나찰과
독룡과 여러 귀신 등을 만나도
저 관음을 염하는 힘으로
모두 감히 해치지 못하리[59]

---

59 『法華經』 卷7 「觀世音菩薩普門品」(T9, 58a4~5).

『응험전應驗傳』에서 말했다.

외국의 백여 사람이 사자국師子國에서부터 배를 타고 오다가 악풍惡風을 만나 귀신의 나라에 떨어졌다. 그때 나찰이 배에 있던 모든 사람을 잡아먹고자 했으나, 다들 관음의 명호를 불러서 (화를) 면할 수 있었다.[60]

集曰。法花云。或遇惡羅利。毒龍諸鬼等。念彼觀音力。時悉不敢害。應驗傳。外國百餘人。自師子國汎海。遇惡風墮鬼國。時羅利欲食擧舶。俱稱觀音名。能得免焉。

Ⅰ. 병의 두려움에서 벗어남을 노래함

소 열두째는 병의 두려움에서 벗어남을 노래한 것이다.

十二頌離病怖。

경

여러 근이 손상당하여	若有諸根所殘缺
단엄한 상호 갖춘 몸 받길 원할 때	願得端嚴相好身
지성으로 내 명호를 부르면	若能至誠稱我名
일체 소원 모두 원만해지리라	一切所願皆圓滿

소 범본梵本에는 (의미상) 다음과 같이 되어 있다.

---

60 智顗, 『觀音義疏』 卷1(T34, 925c25~29). 여기서는 『應驗傳』을 인용하여 내용을 소개하고 있다. 了圓, 『法華靈驗傳』 卷2(X78, 17a18~21). 여기서는 이 고사의 출전이 『謝敷觀音傳』에서 나왔음을 밝히고 있다.

梵本[1]云。

1) ㉑ '本' 아래 乙本에는 '意'가 있다.

혹 눈멀고 귀먹고 말 못하거나   或有盲聾[1]及瘖瘂
여러 근이 손상되어 병에 얽매어   諸根殘缺病相纏
인천人天의 상호 갖춘 몸을 얻고자 할 때   願得人天相好身
내 명호를 염하는 이는 모두 이렇게 되리[61]   念我名者皆如是

1) ㉑ '盲聾'은 乙本에는 '聾盲'으로 되어 있다.

집 『감응전』에서 말했다.

진晉의 석축법의釋竺法義는 홀연 심장(心氣)에 병을 얻었다. 항상 관음을 염했는데, 꿈에서 어떤 사람이 배를 가르고 심장을 씻어내는 것을 보았다. 깨어나자 곧장 병이 나았다.[62]

또 당唐의 석홍만釋洪滿은 세속에 있을 때 두 발이 앉은뱅이가 되는 병에 걸렸다. 항상 관음을 염하며 3년을 지냈는데, 어떤 스님이 홍만을 찾아왔다. (홍만이) 물었다. "제자는 전생에 어떤 죄를 지었길래 지금 이 병을 받게 되었습니까?" 스님이 말했다. "너는 전생에 다른 사람의 목숨을 속박하였다. 그때 남은 재앙이 너에게 이른 것이다. 너는 눈을 감아라. 내가 치료해 주겠다." 홍만이 이에 눈을 감았는데, 다만 두 무릎에 6, 7촌이 되는 못을 뽑는 것과 같은 느낌을 받았다. 눈을 뜨고 감사를 드리려고 했는데, 스님의 소재를 알지 못했다. 일어나서 다녀보니 이전과 같았다. 비로소 (스님이) 관세음보살임을 깨달았다. 곧장 출가하여 선관禪觀을 정밀히 닦았다.[63]

---

61 澄觀, 『華嚴經行願品疏』 卷7(X5, 137b20~22).
62 『法苑珠林』 卷17 「觀音驗」(T53, 409b24~29).
63 道宣, 『續高僧傳』 卷25(T50, 663a6~16); 宋本覺 編集, 『歷代編年釋氏通鑑』 卷集曰。感應傳。晉釋竺法義。忽得心氣疾病。常念觀音。夢見一人。破腹洗腸。寤便病愈。又唐釋洪滿。在俗患雙足攣躄。常念觀音。經三年。有僧來滿。問。弟子往何罪今受此病。僧曰。汝前身拘縛物命。餘殃致爾。汝閉目。吾爲療之。滿乃瞑目。但覺兩膝上如拔六七寸釘。開目將欲謝之。失僧所在。起行如故。乃悟是觀音也。便出家精修禪觀。

m. 불활不活의 두려움에서 벗어남을 노래함

소 열셋째는 불활不活의 두려움에서 벗어남을 노래한 것이다.

十三頌離不活怖。

경
부모 계신 곳에서　　　　　　　　　若有願於父母所
부모의 낯빛을 따라 어김이 없고　　　承順顏色志無違
즐겁고 부귀하고 평안하고자 하면　　歡榮富樂保安寧
보배 감춘 곳간이 다함 없으며　　　　珍寶伏藏恒無盡

집 불활의 두려움은 (죽음의 두려움과) 어떻게 구별되는가? 불활의 두려움은 재물이 궁핍해지는 것이고, 죽음의 두려움은 정신(魂神)이 흩어져 버리는 것이므로, 두려움의 뜻이 구별된다. 그리고 재산이 궁핍한 것이 빈궁함인데 보배가 다함 없으므로 빈궁의 두려움을 벗어났고, 골육이 떨어져 사는 것이 불활인데 원수가 침범하지 않으므로 불활의 두려움을 벗어난 것이다. 두려워하는 바가 같으므로 (다음 게송에서) 총결하여 "지성

7(X76, 81c2~8).

으로 내 명호를 부르면……"이라고 했다.

集曰. 不活與[1]何別. 謂不活是資產匱乏. 死怖乃魂神散去. 怖意別也. 然資產匱乏. 即是貧窮. 珍寶無盡. 已離貧怖. 骨肉離散. 即是不活. 怨剋不侵. 已離不活. 所怖旣同. 故摠結云. 若能至誠等也.

---

1) ㉮ '與' 아래 대략 7자의 공백이 있다. 아마도 脫文이 있는 것 같다. 혹 '死怖'의 탈락인 듯하다. ㉯ 문맥상 '死怖'가 있어야 하므로, 이를 넣어서 번역하였다.

n. 빈궁의 두려움에서 벗어남을 노래함

소 열넷째는 빈궁의 두려움에서 벗어남을 노래한 것이다.

十四頌離貧窮怖.

경

안팎의 종족이 항상 화합하고	內外宗族常和合
일체의 원수가 침범하지 않길 원할 때	一切怨隙不來侵
지성으로 내 명호를 부르면	若能至誠稱我名
일체 소원 모두 원만해지리라	一切所願皆圓滿

소 빈천貧賤하면 골육이 멀어지기 때문이다.[64]

貧賤骨肉踈故.

---

64 澄觀, 『華嚴經行願品疏』 卷7(X5, 137b23).

0. 악도惡道의 두려움에서 벗어남을 노래함

소 열다섯째는 악도惡道의 두려움에서 벗어남을 노래한 것이다.

十五頌離惡道怖。

경
어떤 사람이 이 목숨을 마친 뒤　　　　　若人願此命終後
삼도와 팔난의 몸을 받지 않고　　　　　不受三塗八難身
항상 인간과 천상의 선한 갈래에 처하여　恒處人天善趣中
늘 청정한 지혜의 길 행하길 원할 때　　常行淸淨菩提道

소 범본에는 이 다음에 한 행이 있어서 "이와 같은 사람이 내 명호를 염하면 일체 소원이 모두 원만해지리."라고 매듭지었다.

梵本此後有一行。結云。如是之人念我名。一切所願皆圓滿。

집 『법화경』에서 말했다.

갖가지 여러 악한 갈래인
지옥, 아귀, 축생과
생로병사의 고통이
점차 모두 소멸하네[65]

---

[65] 『法華經』 卷7 「觀世音菩薩普門品」(T9, 58a16~17).

팔난八難은 삼도三塗(지옥도·아귀도·축생도) 및 '부처님 이전과 이후에 태어나는 것(佛前後)'과 '세간적 지혜가 총명한 것(世智辯聰)'과 '장수천에 태어나는 것(生長壽天)'과 '눈멀고, 귀먹고, 말 못하는 것(盲聾喑啞)'과 '북주에 태어나는 것(北洲)'이다.[66]

集曰。法花云。種種諸惡趣。地獄鬼畜生。生老病死苦。以漸悉令滅。言八難者。三塗及佛前後。世智辯聰。生長壽天。盲聾喑啞。又云生北洲也。

p. 대중위덕大衆威德의 두려움에서 벗어남을 노래함

소 열여섯째는 대중위덕大衆威德의 두려움에서 벗어남을 노래한 것이다.

十六[1]頌離大衆威德怖。

1) ㉩ '六' 아래 乙本에는 '有二偈'가 있다.

경

몸을 버려 정토에 태어나 　　　　　　　　　有願捨身生淨土

---

[66] 팔난八難은 부처님을 만나 정법을 듣지 못하는 여덟 가지 장애를 가리킨다. 이 중 삼악도에 해당하는 ① 지옥, ② 아귀, ③ 축생에 처한 중생들은 고통이 너무 심해서 부처님을 만나 정법을 듣지 못하게 된다. ④ 장수천은 5백 겁을 수명으로 삼는 색계 제4선 중의 무상천無想天에 해당한다. 여기에 태어나면 심상心想이 행해지지 않으므로 부처님을 만나 법을 듣는 것을 장애하게 된다고 한다. ⑤ 울단월鬱單越에 태어나는 사람은 수명이 1천 세이고 중간에 요절하는 경우가 없다. 여기서는 쾌락에 탐착하여 교화를 받아들이지 않는다. 그러므로 여기서는 성인이 나지 않는다고 한다. ⑥ 맹농음아난盲聾瘖瘂難은 비록 부처님이 계실 때 태어나더라도 여러 근이 갖추어지지 않아서 부처님을 만나 법을 듣지 못하게 되는 것이다. ⑦ 세지종변난世智辯聰難은 비록 총명하지만 오직 외도의 경전만 익히기 좋아하여 출세간의 정법을 믿지 않는 것이다. ⑧ 생재불전불후난生在佛前佛後難은 업은 무겁고 인연은 박하여 부처님의 전후에 태어나 부처님을 만나 법을 듣지 못하는 것이다.

일체 제불 앞에 두루 몸을 나투고	普現一切諸佛前
두루 시방의 불찰 가운데서	普於十方佛刹中
항상 청정하고 수승한 보살이 되어	常爲淸淨勝薩埵
시방의 일체 부처님을 친견하고	普見十方一切佛
제불이 설하는 법음을 듣고자 할 때	及聞諸佛說法音
지성으로 내 명호를 부르면	若能至誠稱我名
일체 소원 모두 원만해지리라	一切所願皆圓滿

소 대보살이 되어 항상 법을 듣기 때문이다.[67]

爲大菩薩常聞法故。

q. 천이遷移의 두려움에서 벗어남을 노래함

소 열일곱째는 천이遷移의 두려움에서 벗어남을 노래한 것이다.

十八[1]頌[2]離遷移怖。

1) ㉮ '八'은 乙本에는 '七'로 되어 있다. 2) ㉮ '頌' 위에 乙本에는 '二偈'가 있다.

경

혹은 위급한 상황에서 두려움이 많을 때	或在危厄多憂怖
밤낮 여섯 때에 내 명호를 부르면	日夜六時稱我名
내가 저 사람 앞에 몸을 나투어	我時現住彼人前
가장 뛰어난 귀의처가 될 것이네	爲作最勝歸依處

---

67 澄觀, 『華嚴經行願品疏』 卷7(X5, 137c1~2).

저 사람은 나의 청정 불찰에 태어나	彼當生我淨佛刹
나와 함께 보살행을 닦을 것이니	與我同修菩薩行
나는 대비의 마음으로 자재하게 관하여	由我大悲觀自在
저 사람이 모든 것을 성취케 하리라	令其一切皆成就

소 다른 장소로 귀양가는 것을 '위급한 상황(危厄)'이라고 한다. 그러므로 항상 밤낮으로 옮겨 감이 없을 것을 생각하는 것이다. 지금 정토에 태어났으니 어찌 옮겨 감이 있으리오.[68]

貶謫異鄕。斯爲危厄。故常晝夜思無徙居。令[1)]淨土生。豈有遷改。

1) ㉮ '令'은 乙本의 冠註에서 "令은 수인 듯하다."라고 했다.

r. 구부득求不得의 두려움에서 벗어남을 노래함

소 열여덟째는 구부득求不得의 두려움에서 벗어남을 노래한 것이다.

十八[1)]頌離求不得怖。

1) ㉮ '八' 아래 乙本에는 '一偈'가 있다.

경

혹은 청정한 마음으로 공양 올리고	或淸淨心興供養
혹은 보개寶盖를 바치고 혹은 향을 사르고	或獻寶盖或燒香
혹은 묘한 꽃을 내 몸에 뿌린다면	或以妙花[1)]散我身
나의 국토에 태어나니 공양 받을 것이네	當生我刹爲應供

---

68 澄觀, 『華嚴經行願品疏』 卷7(X5, 137c2~3).

1) ㉮ '花'는 甲本에는 '華'로 되어 있다.

소 항상 공양 받는다면, 어찌 구해도 얻지 못하리오.⁶⁹

常爲應供。何求不得。

집 『오왕경五王經』에서 말했다.
"무엇이 구부득고求不得苦인가? 집안의 재산을 마구 써서 큰 관리가 되어 부귀를 얻고자 바라면서 애써 그것을 구하여 그치지 않다가 기회를 만나 그것을 얻어도 변경의 수장이 될 뿐이다. 그러다 얼마 안 가서 백성들의 재물을 탐내어 취하다가 다른 사람에게 제보당하여 하루 아침에 일이 생겨 죄인을 호송하는 수레에 실려 가서 죽음을 당하게 될 때에는 근심과 고통이 헤아릴 수 없이 많으니 며칠 동안의 사활도 알지 못하게 된다."⁷⁰
나는 말한다. 바르게 설할 때 임금과 신하의 도가 합하여 탐내거나 손상될 것이 없으니, 어찌 위에서 말한 이치가 있겠는가. 그러나 성인께서 말세末世의 일을 굽어보시고 중생을 가엽게 여기셔서 이런 설명을 두게 된 것이니, 경계하지 않을 수 있겠는가!

集曰。五王經云。何謂所求不得苦。家內財錢散用。追求大官望得富貴。勤苦求之不止。會遇得之。而作邊境令長。未經幾時。貪取民物。爲人告言。一朝有事。輦車載去。欲殺之時。憂苦無量。不知死活何日。私曰。正說之時。君臣道合。無有貪殘。豈有如斯之理。然大聖俯鑒末世之事。憐愍衆生。故有此說。可不警乎。

---

69 澄觀,『華嚴經行願品疏』卷7(X5, 137c3~4).
70 이는 『法苑珠林』에 인용된 『五王經』을 재인용한 것으로 보인다. 『法苑珠林』 권66 「八苦部第四」(T53, 791b12 이하); 『佛說五王經』(T14, 796c13~18).

s. 열뇌熱惱의 두려움에서 벗어남을 노래함

소 열아홉째는 열뇌熱惱의 두려움에서 벗어남을 노래한 것이다.

十九[1] 頌離熱惱怖。

1) ㉮ '九' 아래 乙本에는 '二偈'가 있다.

경

혹은 탁겁濁劫에 태어나 자비심 없고	或生濁劫無慈愍
탐내고 성내는 악업에 묶여	貪瞋惡業之所纏
갖가지 고통들이 지극히 견고하고	種種衆苦極堅牢
온갖 계박이 항상 끊어지지 않아	百千繫縛恒無斷
저 사람이 일체의 고통에서 핍박당할 때	彼爲一切所逼迫
내 명호를 찬탄하고 칭양하면서 생각하면	讚歎稱揚念我名
나는 대비의 마음으로 자재하게 관하여	由我大悲觀自在
모든 미혹과 업을 다 소멸시킬 것이네	令諸惑業皆消[1]滅

1) ㉮ '消'는 甲本에는 '銷'로 되어 있다.

소 오탁五濁이 서로 볶아 대고 업과 미혹이 치성한 것이 열뇌이다.[71]

五濁交煎。業惑熾然。[1] 斯爲熱惱。

1) ㉮ '然'은 乙本에는 '盛'으로 되어 있다.

집 위에서 인용한 것은 『연의演義』에서 밝힌 것이다. (『법화경』) 「보문

---

71 澄觀, 『華嚴經行願品疏』卷7(X5, 137c4~5).

품普門品에서 설한 많은 음욕과 성냄과 어리석음 등의 미혹이 다 열뇌이다.[72]

『소』의 오탁五濁에 대해 『공목장孔目章』에서 말했다.

"탁濁은 깨끗하지 않다는 뜻이다. 수명이 백 세 이하인 것이 명탁命濁이다. 높고 낮음을 알지 못하여 윗사람을 공경하고 아랫사람을 가까이하지 않는 것을 중생탁衆生濁이라고 한다. 비법非法을 증장시켜 칼과 몽둥이를 탐하여, 다투어 소송하고 어지러이 싸우며, 아첨하고 속이고 거짓말하며, 삿된 법을 지니는 것 등을 번뇌탁煩惱濁이라고 한다. 삿된 견해를 점차 일으켜 불법을 파멸시켜 삿된 법이 점점 늘어 가는 것을 견탁見濁이라고 한다. 기근飢饉의 겁에 질병과 전쟁이 일어나는 것을 겁탁劫濁이라고 한다. 경론의 글에 따르면, 중생이 한 찰나 여실한 자심慈心을 일으켜 한 주먹의 밥이나 한 알의 약을 베풀면 오탁겁五濁劫 중에 태어나지 않게 된다."[73]

'탐욕을 떠나는 것'에 대해 『대장일람大藏一覽』[74]에서 말했다.

"마랑馬郞의 부인은 협우陜右(지역)를 교화하고자 그곳으로 갔다. 사람들은 그녀의 자태와 용모가 아름다운 것을 보고는 친속(부인)으로 삼고자 하였다. 부인이 말했다. '나 또한 시집가고자 합니다. 다만 하룻저녁에 능히

---

72 위에서 인용한~다 열뇌이다 : 우선 『法華經』「觀世音菩薩普門品」(T9, 57a1~5)에서는 "어떤 중생이 음욕이 많을 때 항상 관세음보살을 염하고 공경하면 곧장 음욕에서 벗어날 수 있고, 성냄이 많을 때 항상 관세음보살을 염하고 공경하면 곧장 성냄에서 벗어날 수 있고, 어리석음이 많을 때 항상 관세음보살을 염하고 공경하면 곧장 어리석음에서 벗어날 수 있다.(若有衆生多於婬欲。常念恭敬觀世音菩薩。便得離欲。若多瞋恚。常念恭敬觀世音菩薩。便得離瞋。若多愚癡。常念恭敬觀世音菩薩。便得離癡。)"라고 하였다. 체원에 따르면, 징관의 『소』에서는 열뇌를 "오탁五濁이 서로 볶아 대고 업과 미혹이 치성한 것"으로 보았고, 『法華經』에서는 '음욕·성냄·어리석음이 치성한 것'에 해당한다.
73 智儼, 『華嚴經內章門等雜孔目章』卷2「五濁章」(T45, 551a14~24).
74 『대장일람大藏一覽』: 이는 고려대장경에 수록된 『大藏一覽集』을 가리킨다. 다만 여기에는 마씨 부인의 고사가 나오지 않는다. 이 책은 중국의 진실陳實이 대장경 등의 요의要義와 중요한 문구를 집록하여 편찬한 것이다.

(『법화경』)「보문품」을 외울 수 있는 사람이면 그를 섬기겠습니다.' 날이 밝자 다 외운 사람이 스무 명 정도 되었다. 부인이 말했다. '여자의 일신으로 어찌 여러분들의 짝이 다 될 수 있겠습니까.『금강경』을 다 외운다면 그렇게 할 것입니다.' 아침이 되자 다 외운 사람이 십여 명 정도 되었다. 부인이 다시『법화경』7축을 주면서 삼 일 만에 통할 것을 기약하였다. 기한이 되자 오직 마씨만이 통하였다. 부인이 예를 갖추어 혼인을 치르고자 하여, 마씨가 예를 갖추어 그녀를 맞이했는데, 부인이 '마침 몸이 좋지 않으니 잠시 편안해지길 기다렸다가 봅시다.'라고 하였다. 그런데 손님들이 미처 흩어지기도 전에 부인이 죽었고, 곧장 썩어 문드러졌다. 장례를 치른 며칠 뒤 노승이 석장을 짚고 마씨를 찾아와 연유를 묻자, 마씨가 그를 이끌고 장지에 이르렀다. 노승이 석장으로 (관을) 열고 보여 주자, 시체는 이미 사라지고 없었고 오직 금쇄자골金鎖子骨만 남아 있음을 보았다. 노승이 뼈를 석장 위에 걸면서 말했다. '이는 성자께서 그대들의 장애가 무거움을 가엾이 여겼기 때문에 방편을 드리워 그대들을 교화한 것이오. 마땅히 선인善因을 생각하여 고해苦海에 떨어지길 면하시오.' 그리고 홀연 허공으로 날아가 버렸다. 이로부터 협우에서 부처님을 받드는 자들이 많아졌다.【천주泉州의 찬선사粲禪師가 찬하였다.

이여쁜 지대 이리띠워 귀밑머리 비스듬히

낭군에게『법화경』을 염송케 했네

한 조각 뼈를 걸고 가버린 후에는

밝은 달이 누구 집에 떨어질지 모르겠구나】[75]

---

[75] 宋 本覺 編集,『歷代編年釋氏通鑑』卷10(X76, 110a10~21). 인용분이 거의 동일하나. 다만 체원이 말한『大藏一覽』에서는 위의 고사가 나오지 않는다. 이 외에도 마씨 부인의 고사는 覺岸 編,『釋氏稽古略』卷3(T49, 833b2~18),『佛祖歷代通載』卷15(T49, 621c26 이하) 등에도 나타난다.

集曰。上所引演義所明。普門品說。若多婬欲瞋恚愚癡等惑。皆爲熱惱。疏五濁者。孔目章云。濁者不淸之義。百歲已下是命濁。不識尊卑不敬上接下。名衆生濁。增非法貪刀釰器。諍訟鬪亂。諂誑妄語。攝受邪法等。名煩惱濁。漸起邪見。破滅佛法。邪法轉增。是名見濁。飢饉劫起疾病刀兵。是名劫濁。依經論文。若於衆生。起一念如實慈心。施一搏食及一丸藥。則得不生五濁劫中。離貪欲者。大藏一覽云。馬郞婦欲化陝右。乃之其所。人見其姿兒風韵。欲求爲眷。曰我亦欲歸。但一夕能誦普門品者則事之。至明誦徹者二十輩。婦曰。女子一身。豈配汝等。可誦金剛。至旦通者猶十數。婦更授法法花七軸。約三日通。期至獨馬氏通。婦令具禮成姻。馬氏具禮迎之。婦曰。適體中不佳。俟小安相見。客未散而婦死。已而壞爛。遂葬之數日。老僧杖錫來詣馬氏問所由。馬氏引至葬所。僧以錫撥開示。見尸已化。唯金鎖子骨在焉。僧以骨挑錫上謂曰。此聖者愍汝等障重故。垂方便化汝。宜思善因。免墮苦海。忽飛空而去。自此陝右奉佛者衆。【泉州粲禪師賛曰。丰姿窈窕鬢欹斜。賺盡郞君念法花。一把骨頭挑去後。不知明月落誰家。】

t. 죽음의 두려움에서 벗어남을 노래함

소 스무째는 죽음의 두려움에서 벗어남을 노래한 것이다.

二十[1]頌離死怖。

1) ㉘ '十' 아래 乙本에는 '有二偈'가 있다.

경

혹은 어떤 중생이 목숨이 다하려 할 때	或有衆生臨命終
죽음의 모습으로 여러 나쁜 색 현전하니	死相現前諸惡色
저 갖가지 색상을 보고는	見彼種種色相已

마음으로 두려워해 기댈 곳 없네	令心惶怖無所依
지성으로 내 명호를 부르면	若能至誠稱我名
저 모든 나쁜 모습 다 소멸하리	彼諸惡相皆消¹⁾滅
나는 대비의 마음으로 자재하게 관하여	由我大悲觀自在
천인天人의 선한 갈래에서 태어나게 하리라	令生天人善道中

1) ㉪ '消'는 甲本에는 '銷'로 되어 있다.

소 근심과 슬픔은 모두 두려움의 모습이므로 따로 노래하지 않았다. 이를 거두어 보면 죽음의 두려움에 속한다. 게으름(懈怠)은 두려움이 아니므로 노래하지 않았다. 과목을 게송에 짝지어 보면 경문의 의미가 환히 드러날 것이다. 어려워 보이는 것은 이미 다 해석하였으니, 의혹이 없을 것이라 생각한다.[76]

其憂悲通爲怖相。故不別頌。若欲攝者。死怖中攝。懈怠非怖。故不頌之。以科對偈。文義昭彰。似難已釋。想無惑矣。

집 『법화경』에서 말했다.

생각생각 의심을 내지 말지니
관세음보살 청정한 성인은
고통과 번뇌와 죽음과 재난에서
능히 의지처가 될 수 있도다[77]

---

76 澄觀, 『華嚴經行願品疏』 卷7(X5, 137c5~8).
77 『法華經』 卷7 「觀世音菩薩普門品」(T9, 58a28~29).

『소疏』의 문장에는 두 가지가 있다. 먼저는 두 가지 두려움을 따로 노래하지 않은 이유를 드러낸 것이고, 다음으로 "과목을……" 아래는 과목을 나눈 것에 과실이 없음을 드러낸 것이다.

『고승전高僧傳』에서 말했다.

"위나라 승려 도태道泰는 꿈에서 어떤 사람이 '그대는 어떤 해에 이르면 병에 걸려 죽게 될 것이다.'라고 말하는 것을 들었다. 도태의 나이 42세에 곧장 위중한 병에 걸렸는데, 결코 낫지 못할 것을 걱정하며, 몸을 유지하는 것을 복으로 여겼다.(悉以身資爲福) 그의 친구가 말하기를 '나는 62억 명의 보살에게 공양하는 것이 관세음보살을 한번 부르는 것과 복이 같아 다름이 없다고 들었네.[78] 자네는 어째서 지극한 마음으로 (관세음보살에게) 귀의하여 목숨을 늘리지 않는가?'라고 하였다. 도태가 이에 느낀 바가 있어 나흘 밤낮을 오로지 정진하며 끊이지 않았는데, 앉은 자리의 휘장 아래 홀연 관세음보살의 발등에서 금색 광명이 나는 것을 보았다. (관세음보살이) 도태에게 '그대가 관세음을 염하는가?'라고 말하고는 다시는 보이지 않았다. (도태는) 곧장 몸이 가벼워지고 앓던 병이 다 나은 것을 느꼈고, 성인의 힘에 가피를 입어 오래 살다가 세상을 떠났다."[79]

集曰。法花云。念念勿生疑。觀世音淨聖。於苦惱死厄。能爲作依怙。疏文有二。先出不頌二怖之由。二以科下。顯分科無失。高僧傳。魏僧道泰。夢人

---

[78] 나는 62억~없다고 들었네: 이는 『法華經』 「觀世音菩薩品」(T9, 57a12 이하)에 나오는 내용이다. 즉 부처님이 무진의 보살에게 62억 갠지스강의 모래와 같은 보살에게 공양하는 공덕은 물론 크지만, 관세음보살의 명호를 한때라도 수지하고 공양하는 공덕과 동등하다고 설한다.

[79] 『法苑珠林』卷17「觀音驗」(T53, 411b14~23). 인용문이 『法苑珠林』과 가장 가깝다. 『法苑珠林』에는 이상의 고사 다음에 두 가지 내용이 더 나오고 마지막에 '右三驗出唐高僧傳'이라는 구절이 나온다. 체원은 이를 보고 이 고사를 『高僧傳』에서 나온 것이라고 설명하는 것으로 보인다. 한편 동일한 내용이 道宣의 『續高僧傳』 권25(T50, 645b1 이하)에 보인다.

謂尒至某年。遇病當終。泰年四十二。便篤病慮必不濟。悉以身資爲福。有友人曰。餘¹⁾聞供養六十二億菩薩。與一稱觀音。福同無異。君何不至心歸依可必增壽。泰乃感悟。四日夜專精不絶。所坐帷下。忽見觀音足趺金色光明。語泰曰。汝念觀音耶。便不復見。便覺體輕所患悉愈。聖力所加。後終延年。

1) ㉮ '餘'는 『法苑珠林』에는 '余'로 되어 있다.

㉰ 이익이 됨을 총결함

소 세 번째는 이익이 됨을 총결한 것이다.⁸⁰

第¹⁾三²⁾摠結成益。

1) ㉯ '第'는 乙本에는 없다. 2) ㉯ '三' 아래 乙本에는 '有三偈'가 있다.

경

이는 모두 내가 옛적에 수행하면서	此皆我昔所修行
많은 중생 제도하길 발원했기 때문이니	願度無量群生衆
용맹하게 정진하여 물러남 없이	勇猛精勤無退轉
지들이 하는 일을 모두 이루어 주네	令其所作皆成就
어떤 이가 응함에 따라 내 몸을 관하면	若有如應觀我身
그 생각에 응하여 모두 다 보게 하고	令其應念咸皆見
어떤 이가 내 설법을 즐겨 들으면	或有樂聞我說法
헤아릴 수 없이 많은 묘법 듣게끔 하네	令聞妙法量無邊

80 澄觀, 『華嚴經行願品疏』 卷7(X5, 137c8).

일체 세계의 모든 중생들	一切世界諸群生
마음과 행위의 차별 셀 수 없으니	心行差別無央數
내가 갖가지 방편의 힘으로	我以種種方便力
그들을 보고 듣게 하여 조복시키네	令其聞見皆調伏

소 이는 이전의 (두려움을) 벗어나는 원인을 노래한 것이다. 이 중에서 처음 게송은 원행願行을 타고 성취하는 것이고, 뒤의 두 게송은 삼업으로 중생을 이익되게 함을 설명한 것이다. 장행은 능히 감感하는 삼업三業을 밝혔고 지금 게송은 능히 응應하는 삼륜三輪을 밝혔다. 물이 맑으면 달이 드러나고 감이 이르면 응이 오니, 두 가지 뜻은 서로 이루어 주는 것이고 두 가지 글은 영략影略된 것이다. 또 능히 감하는 삼업은 여러 게송 가운데 흩어져 있으니, '지극한 마음으로 명호를 부르는 것'은 구업口業과 의업意業에 해당한다.[81]

頌前離因。於中。初偈乘願行¹⁾而成就。後二偈辨三業之益物。長行明能感三業。今頌明能應三輪。水淸月現。感至應來。兩義相成。二文影略。又能感三業。散諸²⁾偈中。至心稱名即口業³⁾故。

1) ㉎ '願行'은 乙本에는 '行願'으로 되어 있다. 2) ㉎ '散諸'는 乙本에는 '敬請'으로 되어 있다. 3) ㉎ '業'은 乙本에는 '意'로 되어 있다.

집 『소』에는 두 가지가 있다. 먼저는 총체적인 것이고, 나중은 개별적인 것이다. 개별적인 것에도 또한 두 가지가 있다. 먼저는 과목을 나누어 간략히 해석하는 것이고, 둘째 "장행……" 아래는 □□□□□□.[82]

---

81 澄觀, 『華嚴經行願品疏』 卷7(X5, 137c8~12).
82 『한국불교전서』 교감주(H6, 597c)에 따르면, 이 아래에 6자의 공백이 있는데, 문장이 빠진 것 같다고 한다.

앞의 것(총체적인 것)에 대해 『법화경』에서 다음과 같이 말했다.

그대는 들어라 관음의 행은
모든 곳에 잘 응하고
넓은 서원은 바다처럼 깊어
몇 겁을 거쳐도 생각하기 어려우니
수천억의 부처님을 모시면서
크고 청정한 원을 발하였네[83]

여러 근기에 두루 응하여 삼륜으로 신속히 교화하는 것은 행원의 힘이 아님이 없기 때문이다.
'삼륜으로 중생을 이익 되게 하는 것'에 대해 『법화경』에서 다음과 같이 말했다.

비悲의 몸은 우레가 진동하듯 일깨우고
자慈의 마음은 큰 구름처럼 오묘하니【신륜과 의륜의 두 가지다. 법신은 비悲를 체體로 삼고 광光을 용用으로 삼고 계戒를 덕德으로 삼아 사람들을 일깨우고, 자慈를 구름으로 삼아 조건없이 덮어 준다. 이륜二輪으로 줄 수 있는 법을 베푸는 것이 '감로를 내리는 것'이다.】
감로의 법우를 내려
번뇌의 불꽃을 없애 버리네【감로의 법우는 입(口輪)으로 설법하는 것이다.】[84]

둘째 중에 지당보살智幢菩薩이 게송으로 말하였다.

---

83 『法華經』 卷7 「觀世音菩薩普門品」(T9, 57c12~14).
84 『法華經』 卷7 「觀世音菩薩普門品」(T9, 58a22~23).

비유하면 깨끗한 보름달이
일체의 물에 두루 비치면
영상이 비록 많아도
달은 본래 둘인 적이 없다네【이는 부처님의 덕을 찬탄하는 것이다.】[85]

또 (『화엄경』)「이세간품」의 게송에서 말하였다.

비유하면 깨끗한 해와 달이
밝은 거울처럼 허공에 있으면
온갖 물에 영상이 드러나지만
물에 섞이지 않는 것과 같다네[86]

또『경』에서 말하였다.

보살은 청량한 달이라
법성의 공에서 노니네
중생의 마음물이 깨끗하면
보리의 영상 그 속에 드러나네【이는 보살의 덕을 찬탄한 것이다.】[87]

이것의 의미는『대소』에서 "성공性空의 만월滿月을 깨끗이 하니 온갖 시

---

[85] 60권본『華嚴經』卷14「兜率天宮菩薩雲集讚佛品」(T9, 486c13~14); 80권본『華嚴經』卷23「兜率宮中偈讚品」(T10, 122c20~21).
[86] 80권본『華嚴經』卷59「離世間品」(T10, 316b24~25). 이 게송은 보현보살이 보살행에 대해 길게 서술한 뒤 부처님의 신력을 받아 노래한 것이다.
[87] 일치하는 인용문이 없고 유사한 구절은 다음과 같다. 60권본『華嚴經』卷43「離世間品」(T9, 670c21), "菩薩淸涼月. 遊於畢竟空."; 宗密,『華嚴經行願品疏鈔』卷1(X5, 229a16~18), "大經云. 菩薩淸涼月. 遊於畢竟空. 衆生心水淨. 菩提影現中."

내에 단박 비춘다."[88]고 한 것과 같다.『본소』에서는 "별처럼 펼쳐진 법신은 그 영상을 마음의 물에 비춘다."[89]고 했는데, 이에 대해 종밀이『초』에서 다음과 같이 해석했다.

"그런데 감과 응을 서로 짝지어 보면 또한 네 가지 구가 있게 된다. 첫째는 하나의 별이 하나의 그릇 속 물에 들어가는 것이니 한 부처님께서 한 중생에게 응하는 것과 같다. 둘째는 하나의 별이 일체의 그릇 속 물에 들어가는 것이다. 셋째는 일체의 별이 하나의 그릇 속 물에 들어가는 것이다. 넷째는 일체의 별이 일체의 그릇 속 물에 들어가는 것이다. 둘째와 셋째의 두 구절 중 중생과 부처를 서로 짝지은 것에서 하나와 여럿은 알 수 있을 것이다.『대소』에서 '성공의 만월'이라고 한 것은 단지 첫째와 둘째의 두 구절만 얻고 셋째와 넷째는 빠진 것이니, 달이 오직 하나이기 때문이다. 여기서 별의 비유를 취한 것은 의미가 빠짐없이 갖추어져 있다."[90]

이는 모두 부처님의 덕을 비유한 것이니,「이세간품」등의 두 게송만 보살의 덕을 비유한 것이다.[91] 여기서 관음이 교화하고 응하는 것 역시 위에서 말한 별의 비유로 설명할 수 있다.

集曰。疏有二。先摠。後別。別中亦有二。先分科略釋。二長行下。[1)] 前中。法花云。汝聽觀音行。善應諸方所。弘誓深如海。歷劫不思議。侍多千億佛。發大淸淨願。普應群機三輪速化。無非行願之力故。三輪益物中。法花云。悲體戒雷震。慈意妙大雲。【身意二輪。法身爲悲體光用戒德以警人。以慈爲雲。無緣而被。二輪既施可授法。而澍甘露也】澍甘露法雨。滅除煩惱燄。【甘露法雨。口輪

---

88 澄觀,『大方廣佛華嚴經疏』卷1「序」(T35, 503a12).
89 澄觀,『華嚴經行願品疏』卷1「序」(X5, 48b24~c1).
90 宗密,『華嚴經行願品疏鈔』卷1(X5, 229a19~b2).
91 「離世間品」의 내용은 보현보살이 보살의 여러 덕행을 찬탄한 내용이고, 그 아래에 있는『經』의 내용도 보살의 덕을 찬탄한 내용이라는 말이다.

說法】二中智幢菩薩偈。譬如淨滿月。普現一切水。影像雖無量。本月未曾二。【此讚佛德】又離世間偈。比如淨日月。皎鏡在虛空。影現於衆水。不爲水所雜。又經云。菩薩淸涼月。遊於法性空。衆生心水淨。菩提影現中。【此歎菩薩德也】義准大䟽云。皎性空之滿月。頓落百川。本䟽云。星羅法身影落心水。宗密鈔釋云。然感應相對。亦有四句。一一星入一器中。²⁾ 如一佛應一衆生。二一星入一切器中水。三一切星入一器中水。四一切星入一切器中水。二三兩句。生佛相對。一多可知。大䟽性空之滿月。但得一二兩句。闕於三四。以月唯一故也。此取星喩。義則備矣。【云云】皆比佛德。唯離世間等二偈是菩薩德。於此觀音化應。亦以此星喩說之。

1) ㉠ '下' 아래 6자의 공백이 생략되었다. 아마 脫文이 있는 것 같다. 2) ㉠ '中' 다음에 宗密鈔에는 '水'가 있다. 이를 넣어서 번역하였다.

라. 스스로를 낮추고 뛰어난 이를 추대함

🔲 네 번째는 스스로를 낮추고 뛰어난 이를 추대하는 것이다.[92]

第四卽謙已推勝。

🔲
나는 대비의 해탈문을 얻었으니 我得大悲解脫門
제불께서 내가 이미 수행했음을 증명하시네 諸佛證我已修行[1)]
나머지 무량한 공덕바다는 其餘無量功德海
내 지혜로는 알 수 있는 바가 아니네 非我智惠[2)] 所能知

1) ㉠ '行'은 甲本에는 '學'으로 되어 있다. 2) ㉠ '惠'는 甲本에는 '慧'로 되어 있다.

---

92 澄觀,『華嚴經行願品疏』卷7(X5, 137c12).

소 앞의 절반은 스스로를 낮추는 것이고, 뒤의 절반은 뛰어난 이를 높이는 것이다.[93]

前半謙己。後半推勝。

마. 뒤의 선우를 보여 주며 수행을 권함

소 다섯 번째는 뒤(에 오는 선우)를 보여 주며 수행을 권하는 것이다.[94]

第五[1)]示後勸修。

1) ㉮ '五' 아래 乙本에는 '二偈'가 있다.

경

선재 그대는 시방의 세계에서	善財汝於十方界
일체의 선지식을 두루 섬기며	普事一切善知識
전일한 마음으로 수행하여 나태함 없고	專意修行無懈心
불법을 들어 지님에 싫어함 없네	聽受佛法無猒足
법을 듣고서 싫어함 없다면	若能聞法無猒足
일체의 부처님을 두루 친견할 것이네	則能普見一切佛
어째서 부처님을 친견함에 싫어함이 없는가	云何見佛志無猒
묘한 법 듣는데 싫어함 없기 때문이네	由聽妙法無猒足

---

93 澄觀, 『華嚴經行願品疏』 卷7(X5, 137c12~13).
94 澄觀, 『華嚴經行願品疏』 卷7(X5, 137c13).

소 비록 정확하게 지시하지는 않았지만 이미 두루 구하게끔 한 것이다. 그러므로 뒤의 두 단락은 앞의 (내용을) 노래한 것이 아니다.[95]

雖未的指。已令遍求。故後二段。非頌前也。

4) 스스로를 낮추고 뛰어난 이를 높임

(1) 곧장 스스로를 낮추고 뛰어난 이를 높임

소 네 번째 큰 문단은 '스스로를 낮추고 뛰어난 이를 높이는 것'이니, 오래전에 정각을 이루고서도 오히려 겸손함을 잃지 않은 것이다. 이 중 먼저는 곧장 스스로를 낮추고 뛰어난 이를 높이는 것이다.[96]

大段[1]第四謙已推勝。久成正覺。尙不失謙。於中。[2] 先正謙推。

1) ㉯ '大段'은 乙本에는 없다. 2) ㉯ '中' 아래 乙本에는 '二'가 있다.

경 이때 관자재보살은 이 게송을 설하고서 선재에게 말씀하셨다.
"선남자여, 나는 오직 보살의 대비속질행해탈문大悲速疾行解脫門만 얻었다. 여러 보살마하살들은 이미 보현의 일체원을 청정히 하고, 이미 보현의 일체행에 머무르고, 항상 일체의 여러 선한 법을 행하고, 항상 일체의 여러 삼매에 들어가고, 항상 일체의 가없는 겁에 머물고, 항상 일체의 가없는 국토를 찾아다니고, 항상 일체 모든 여래를 관하고, 항상 일체 삼세의 법을 듣고, 항상 일체 중생의 악을 그치게 하고, 항상 일체 중생의 선

---

95 澄觀, 『華嚴經行願品疏』 卷7(X5, 137c13~14).
96 澄觀, 『華嚴經行願品疏』 卷7(X5, 137c15~16).

을 길러 주고, 항상 중생의 생사의 흐름을 끊고, 항상 여래의 정법의 흐름에 들어간다. 그러므로 내가 어떻게 저들의 공덕행을 능히 알고 능히 설하겠는가."

爾時. 觀自在菩薩. 說此偈已. 告善財言. 善男子. 我唯得此菩薩大悲速疾行解脫門. 如諸菩薩摩訶薩. 已淨普賢一切願. 已住普賢一切行. 常行一切諸善法. 常入一切諸三昧. 常住一切無邊劫. 常詣一切無邊刹. 常觀一切諸如來. 常聞一切三世法. 常息一切衆生惡. 常長一切衆生善. 常絶衆生生死流. 常入如來正法流. 而我云何能知能說彼功德行.

집 『본소』(『화엄경행원품소』)의 「길상운장吉祥雲章」에서 해석한 것에 의거하면, "나는 오직……얻었다." 아래는 스스로를 낮추며 뛰어난 이를 높이는 부분이다. 여기에 두 가지가 있다. 먼저는 자신은 하나만 안다고 겸손해하는 것이니, 곧 자신의 몫을 매듭짓는 것이다. 나중은 뛰어난 이들이 여러 가지를 안다고 높이는 것이니, 곧 뛰어난 것을 더욱 증장시키는 것(增勝進)이다.

지금은 처음이니, 곧 자신의 (해탈문의) 명칭을 매듭지어 보여 주는 것이다.[97]

둘째 "여러 보살마하살들은……" 아래는 뛰어난 이들이 여러 가지를 안다고 높이는 것이다. 여기에 세 가지가 있다. 첫째는 총괄적으로 표시하는 것이고, 다음은 따로따로 드러내는 것이고, 마지막은 총괄적으로 매듭짓는 것이다.

지금은 첫째이다. 무릇 '뛰어난 이들을 높이는 것'에는 크게 두 가지 뜻이 있다. 첫째는 여러 보살행을 통틀어 가리키는 것이다. 다시 말해 보살

---

[97] 澄觀, 『華嚴經行願品疏』 卷4(X5, 98b6~8).

의 수승한 행은 헤아릴 수 없이 많은데 나는 오직 하나만 안다는 것이다. 둘째는 하나의 행 가운데 일부분만 안다는 것이다.【운운云云】[98] 이를 예로 삼아 보면 될 것이다. 다만 '뛰어난 이를 높이는 부분'에서 등장하는 법문이 다를 따름이다.[99]

『경』에 나온 "이미 보현의 일체원을 청정히 하고" 등의 12구절은 보현보살이 나오는 경문의 '열 가지 두루함(十普)'으로 해석할 수 있다.[100]

"이미 보현의 일체원을 청정히 하고,……" 등의 두 구절은 총괄적으로 표시하는 것이니, 무애행보無碍行普와 융통행보融通行普 등이다.『법화경』「보문품」의 해석 중에서는 홍서보弘誓普이다.[101]】

다음의 열 구절은 따로따로 드러내는 것이다. 그중에서 첫째 구절은 사행보事行普와 이행보理行普이다.『법화경』의 수행보修行普이다.】 둘째 구절은 소기대용보所起大用普이다.『대경』에서 "삼매에 들어가 신통변화를 일으킨다."[102]고 말하였다.『법화경』의 신통보神通普이다.】 셋째 구절은 수행시보修行時普이다. 무량겁에 머물며 찰나찰나 원융하기 때문이다. 넷째 구절은 수행처보修行處普이다. 인드라망(帝網)과 같은 끝없는 국토를 다니기 때문이

---

98 澄觀,『華嚴經行願品疏』卷4(X5, 98c5~7).
99 이상은 길상운 비구가 나오는 경문에 대한 징관의 주석인데, 체원이 관자재보살이 나오는 경문을 해석하면서 이를 활용하고 있다. 다만 주석의 대상이 되는 삼매의 명칭 등은 다르다는 점은 마지막으로 지적하고 있다.
100 이는 징관이『華嚴經行願品疏』卷2(X5, 71b16 이하)에서 보현보살의 행원을 설명하면서 보普를 열 가지 종류로 서술하는 부분을 가리킨다. 징관이 서술한 순서대로 열 가지 보普를 소개하면 다음과 같다. ① 소구보所求普, ② 소화보所化普, ③ 단장보斷障普, ④ 사행보事行普, ⑤ 이행보理行普, ⑥ 무애행보無导行普, ⑦ 융통행보融通行普, ⑧ 소기대용보所起大用普, ⑨ 소행처보所行處普, ⑩ 수행시보修行時普.
101 이는 지의가『妙法蓮華經文句』권10(T34, 145b11 이하)에서「觀世音菩薩普門品」을 해석하면서 보普를 열 가지로 설명한 부분을 가리킨다. 지의가 제시한 열 가지 보는 다음과 같다. ① 자비보慈悲普, ② 홍서보弘誓普, ③ 수행보修行普, ④ 이혹보離惑普, ⑤ 입법문보入法門普, ⑥ 신통보神通普, ⑦ 방편보方便普, ⑧ 설법보說法普, ⑨ 성취중생보成就衆生普, ⑩ 공양제불보供養諸佛普.
102 80권본『華嚴經』卷14「賢首品」(T10, 74a13).

다.『법화경』의 방편보方便普와 공양제불보供養諸佛普이다.】 다섯째와 여섯째 구절은 소구보所求普이다. 부처님을 관하고 법을 들으며 무수한 법문 배우기를 맹세하기 때문이다.『법화경』의 입법문보入法門普와 설법보說法普이다.】 일곱째와 여덟째 구절은 소단보所斷普이다. 악을 그치고 선을 기르며 자신과 타인의 번뇌를 끊기를 서원하기 때문이다.【『법화경』의 이혹보離惑普이다.】 아홉째 구절은 소화보所化普이다. 생사의 흐름을 끊고 가없는 중생을 제도하기를 서원하기 때문이다.【『법화경』의 자비보慈悲普와 성취중생보成就衆生普이다.】 열째 구절 역시 소구보所求普이다. 여래의 흐름에 들어가 위없는 불과佛果 성취하기를 서원하기 때문이다.

問 항상됨(常)은 두루함(普)을 뜻하는 것이 아닌데, 어째서 이에 의거하는가?

答 항상됨이 바로 두루함이기 때문이다. 여기(『화엄경』) 나오는 무이행보살無異行菩薩은 진여의 상에 기대는 지위에 있다.[103] 진여의 체는 변화함이 없으므로 "항상……"이라고 하였다. 그러나 능히 연緣을 따라 중생을 이롭게 하고 부처님을 공양하므로 "일체법을 행한다."라고 했으니, 이것이 바로 '두루함'을 뜻하기 때문이다. 이는 보문普門을 얻어 신속하고 빠른 것이다.

集曰。准本䟽古祥雲章釋云。我唯得下。謙已推勝。於中二。先謙已知 。即結自分。後推勝知多。即增勝進。今初。即結示其名。二如諸菩薩下。推勝知多。於中三。一惣標。次別顯。後惣結。今初。凡諸推勝。惣有二意。一者通指諸菩薩行。謂菩薩勝行。無量無邊。我唯知一。二者就一行中。唯知少分。

---

[103] 이 부분에 대해 징관의『華嚴經行願品䟽』卷7(X5, 138a18 이하)에는 정성부이행보살에 대해 다음과 같이 설명한다. "진여상眞如相에 기대어 회향하는 것이니, 선근이 진여와 합하여 회향을 성취하기 때문이다.(寄眞如相迴向。謂善根合如成迴向故。)" 정성무이행보살은 관자재보살 다음에 나오는 선지식이다.

【云云】以此例之可也。但推勝中法門異耳。經已淨普賢等十二句。可以普賢中十普釋之。謂已淨普賢等二句摠摽。即無碍行融通行普等。【法花普門品釋中弘誓普】次十句別顯。於中第一句事行普理行普。【花修行普】次句所起大用普。大經云。入于三昧。起神變故。【花神通普】次句修行時普。住無量劫。念念圓融故。次句修行處普。詣于帝網無邊刹故。【花方便普供養諸佛普】次二句所求普。觀佛聞法。誓學無數法門故。【花入法門普說法普】此二句所斷普。息惡長善誓斷自他煩惱故。【花離惑普】次一句所化普。絕生死流。誓度無邊衆生故。【花慈悲普及成就衆生普】末句亦所求普。入如來流。誓成無上佛果故。問。常非普義。何以准此。答。常即普故。謂此無異行菩薩。寄如相位。以其眞如體不變易。故云常等。而能隨綠。利生供佛。故云行一切法等。此即普義故。得普門速疾也。

(2) 선재가 이해함

① 설하는 의례를 서술함

소 둘째는 선재가 이해(領解)하는 것이다. 이 단락은 '법을 전수함'에도 해당되는데, 앞에서 6단락으로 분류하여 (그 순서를) 따랐기 때문에 여기서 설명하는 것이다.[104] 이 중에서 먼저는 설하는 의례(說儀)를 서술하는 것이다.[105]

二善財領解。此段亦合授法。前開爲順六段。故於此辨。[1] 於中。先叙說儀。

---

104 징관이 경문을 분류하는 기준은 대개 ① 依敎趣求, ② 見敬諮問, ③ 稱讚授法, ④ 謙己推勝, ⑤ 指示後友, ⑥ 戀德禮辭의 6단락으로 나뉜다. 징관에 따르면, 현재의 경문은 6단락 중 ④ 謙己推勝이지만, 이는 또한 ③의 授法에도 해당된다고 파악한 것이다. 그러므로 이 점에 대해 부연설명하는 것이다.
105 澄觀, 『華嚴經行願品疏』卷7(X5, 137c16~17).

1) ㉑ '辯'은 乙本에는 '辨'으로 되어 있다.

경 이때 선재동자는 관자재보살마하살께서 대비의 청정한 게송 설하시는 것을 듣고 기뻐하며 펄쩍펄쩍 뛰면서, 그 몸 가득히 아끼고 공경하는 마음을 내었고, 믿고 즐기는 마음을 늘렸으며, 청정한 마음을 발하였다. 자리에서 일어나 오른쪽 어깨를 드러내고 오른쪽 무릎을 땅에 대고 보살의 발에 예를 올린 뒤, 장궤합장한 채 보살의 앞에서 일심으로 우러러 바라보며, 게송으로 다음과 같이 찬탄하였다.

爾時。善財童子。聞觀自在菩摩訶薩¹⁾ 說此大悲淸淨偈。已歡喜踊²⁾躍。充遍其身。生愛敬心。增信樂心。發淸淨心。從座³⁾而起。偏袒右肩。右膝著地。禮菩薩足。長跪合掌。於菩薩前。瞻仰一心。以偈讚曰。

1) ㉑ '訶薩'은 底本에는 夾註로 되어 있어서 편자가 본문의 활자로 고쳤다. 2) ㉑ '踊'은 甲本에는 '踴'으로 되어 있다. 3) ㉑ '座'는 甲本에는 '坐'로 되어 있다.

집 "기뻐하며 펄쩍펄쩍 뛰었다."는 것은 "감탄으로도 충분하지 않아 발이 뛰는 것을 알지 못한다."[106]는 것과 같다.

"그 몸 가득히"는 "등에 가득하며, 얼굴로 드러난다."[107]는 것과 같다.

"자리에서 일어났다."는 것은 예경禮敬하는 모습이다. 『법원주림法苑珠琳』에서 말했다. "지금 서쪽에서 온 승려가 부처님 앞에서 예를 올리는 모습을 보면 반드시 옷자락을 들고 무릎을 땅에 댄 다음 장궤합장하고 입으로 부처님을 찬탄한 연후에 이마를 땅에 대고 예를 올린다. 이것이 바로

---

106 『禮記』「樂記」, "言之不足。故長言之。長言之不足。故嗟歎之。嗟歎之不足。故不知手之舞之足之蹈之也."
107 『孟子』「盡心 上」, "군자의 본성은 인의예지仁義禮智가 마음속에 뿌리하여, 그 얼굴빛에 나타남이 청화윤택淸和潤澤하게 얼굴에 드러나며, 등에 가득하며, 사체四體에 베풀어져서 사체가 굳이 말하지 않아도 저절로 깨달아 행해진다.(君子所性。仁義禮智根於心。其生色也睟然。見於面。盎於背。施於四體。四體不言而喩。)"

유풍遺風이다."[108]

"오른쪽 어깨를 드러낸다."라는 것은 다음과 같다. "『율』에서 말하였다. 한쪽 어깨만 드러내거나 혹은 한쪽 다리만 드러낸다. 드러낸다(袒)는 것은 살을 드러낸다는 말이다. 이는 (스승을) 좇아 의지하면서 배울 때 예를 집행하는 일이 있음을 보여 주는 것이다. 세속에서 오른 소매를 좁게 만들어 일에 편하게 만든 것이 이런 것이다. 『대장엄론大莊嚴論』에서 말했다. '사문沙門 석자釋子는 (한쪽) 어깨가 검지만 외도들은 모두 검다. 사문은 오른쪽을 드러내기 때문에 같지 않은 것이다.'"[109]

"오른쪽 무릎을 땅에 댄다."는 것 역시 호궤蹴跪의 모습이다. 경에서 호궤蹴跪와 장궤長跪에 대해 많이 밝혔는데,【또는 호궤互跪나 호궤胡跪라고도 한다.】 모두 천축의 공경스런 의례이다. 이는 좌우의 두 무릎을 교대로 땅에 꿇는 것으로, 청함이 있거나 허물을 뉘우침이 있을 때 하는 의례이다.

"합장"은 다음과 같다. "『율』에서 말했다. 혹은 차수叉手라고도 하니, 모두 몸가짐을 바르게 하여 공손함을 올리고 마음을 제어하여 흩어지지 않게 하는 것이다. 지금 부처님께 예를 올리는 이들 가운데 손가락은 붙이면서 손바닥은 붙이지 않거나 혹은 손가락은 붙이면서 손바닥은 벌리는

---

108 『法苑珠林』卷20「敷座部第六」(T53, 434a28~b1).
109 이는 모두 『法苑珠林』 권20(T53, 434b19~24)에서 인용된 것이다. 이 가운데 『大莊嚴論』의 인용은 해당 논의 권3(T4, 268c5 이하)에서 나온 것으로, 지계持戒와 관련된 비교적 긴 고사이다. 그 내용을 요약하면 다음과 같다. 여러 비구들이 광야를 가던 중 도적떼를 만나 옷을 모두 빼앗겼다. 도적들은 자신들의 범행이 드러날까 두려워 비구들을 모두 죽이고자 했지만, 무리 중 이전에 출가한 적이 있던 한 도적이 비구들을 풀로 묶어 놓으면 풀을 죽이는 금계禁戒를 범하지 않기 위해 비구들이 몸을 움직이지 못할 것이라고 제안하였다. 그래서 비구들은 발가벗은 채 풀에 묶여 꼼짝도 못하게 되었다. 이때, 우연히 사냥 나왔던 국왕이 그 광경을 보고, 저들이 옷을 입지 않고 수행하는 니건자尼揵子의 무리인지 아니면 불제자의 무리인지 사람을 시켜 알아보게 했다. 이를 알아보러 간 사람은 풀에 묶여 있는 사람들이 석자사문釋子沙門이라고 말하는데, 그 이유로 '오른쪽 어깨가 검기 때문'이라는 점을 들었다. 즉 불제자들은 한쪽 어깨를 드러내고 예를 올리는 습관이 있으므로 오른쪽 어깨만 검게 타는 반면 나형외도裸形外道인 니건자들은 옷을 입지 않기 때문에 양 어깨 모두 검게 탄다는 말이다.

경우가 있는데, 이는 참으로 마음이 오만하여 정신이 흩어졌기 때문이다. (이 중에서도) 차라리 손가락은 벌리고 손바닥은 붙일지언정 손가락은 붙이고 손바닥은 벌리지 말아야 할 것이다."[110]

集曰. 歡喜踊躍. 猶嗟嘆之不足. 不知足之蹈之也. 充遍其身. 猶盎於背. 施於面也. 從座而起. 禮敬之儀也. 珠琳云. 今見西來僧. 至佛前禮者. 必褰裙以膝柱地. 合掌長跪. 口讚於佛. 然後頂禮. 此乃遺風. 偏袒右肩者. 律云. 偏露一肩. 或偏露一膊. 所言袒者. 謂肉袒也. 示從依學有執禮之事. 俗中袖狹右袂. 偏[1])於事者. 是也. 大莊嚴論云. 沙門釋子肩黑. 而外道通黑. 沙門露右. 故不同也. 右膝著地者. 亦蹋跪之相. 經中多明蹋跪長跪.【又云互跪胡跪】並天竺敬儀. 即左右兩膝交互跪地. 有所啓請悔過之儀也. 合掌者. 律云. 或云叉手. 皆是歛[2])容呈恭. 制心不散也. 今禮佛者. 多有指合掌不合. 或指合而掌開. 良由心慢而清散也. 寧開指而合掌. 不得合指而開掌也.

1) ㉯ '偏'은 『法苑珠林』에는 '便'으로 되어 있다. 번역에 반영하였다. 2) ㉯ '歛'은 『法苑珠林』에는 '斂'으로 되어 있다. 번역에 반영하였다.

② 게송을 설함

가. 총체적으로 찬탄함

소 둘째는 게송을 설함이다. 여기에 세 가지가 있다. 첫째는 총체적으로 찬탄함이다.[111]

二說偈三. 先惣讚.

---

110 『法苑珠林』卷20(T53, 434c4~9).
111 澄觀, 『華嚴經行願品疏』卷7(X5, 137c17~18).

경

인천의 대중과 아수라 　　　　　　　天人大衆阿修羅
그리고 일체 모든 보살이 　　　　　　及與一切諸菩薩
묘한 음성으로 함께 찬탄하니 　　　　以妙言音共稱讚
대성의 지혜는 바다처럼 깊도다 　　　大聖智慧深如海

소 보살의 덕이 깊기 때문에 대중의 찬탄이 다하지 않는 것이다.

以菩薩德深故。衆讚不盡。

나. 별도로 찬탄함

가) 증득한 법문을 찬탄함

소 둘째는 별도로 찬탄하는 것이다. 여기에 네 가지가 있다. 첫째는 증득한 법문을 찬탄함이다.[112]

二別讚[1]四。一[2]讚所得法門。

1) ㉘ '讚' 아래 乙本에는 '中分'이 있다.　2) ㉘ '一' 위에 乙本에는 '初'가 있다.

경

일체 중생들에게 　　　　　　　　　　能於一切衆生中
평등한 대비로 한맛이라 　　　　　　　平等大悲同一味
하나의 지혜로 함께 반연하여 두루 구호하니 　一智同緣普救護

112　澄觀, 『華嚴經行願品疏』 卷7(X5, 137c19~20).

갖가지 고난들이 모두 소멸하네   種種苦難皆消[1]滅

1) ㉑ '消'는 甲本에는 '銷'로 되어 있다.

소 망기亡機의 지혜로 무연無緣의 자비를 이끌어 내는 것이다.[113]

以亡機智導無緣慈。

나) 신통을 찬탄함

소 둘째는 신통을 찬탄함이다.[114]

二[1]讚神通。

1) ㉑ '二' 아래 乙本에는 '有一偈'가 있다.

경
보살의 가장 뛰어난 신통력은   菩薩最勝神通力
대지를 뒤엎는 일 어렵지 않네   反覆大地不爲難
또 능히 대해를 마르게 하고   又能乾渴[1]於大海
큰 산도 모두 진동시키네   令大山土咸震動

1) ㉑ '渴'은 甲本에는 '竭'로 되어 있다.

소 보문普門에서 시현된 것은 모두 작용이 오묘하여 막힘이 없기 때문이다.[115]

---

113 澄觀, 『華嚴經行願品疏』 卷7(X5, 137c20).
114 澄觀, 『華嚴經行願品疏』 卷7(X5, 137c20~21).
115 澄觀, 『華嚴經行願品疏』 卷7(X5, 137c21).

以普門示現皆妙用無擁故。

다) 스스로 찬탄의 뜻을 펼침

소 셋째는 스스로 찬탄의 뜻을 펼치는 것이다.

三[1]自申讚意。
1) ㉮ '三' 아래 乙本에는 '有三偈'가 있다.

경

성자이신 보살 큰 이름으로 알려졌으니	聖者菩薩大名稱[1]
대비 관자재라 이름한다네	號曰大悲觀自在
보잘것없는 나의 지혜로	云何我以微劣智
보살의 뛰어난 덕 어찌 찬탄할 수 있으리	於仁勝德能稱讚
내 들으니 성자의 여러 공덕은	我聞聖者諸功德
끊임없고 다함없는 대비의 문	無斷無盡大悲門
이로 인해 청정한 마음 발하시어	因是發起淸淨心
나에게 지혜와 변재의 힘 생기게 하시네	生我智慧辯才力
내 이제 대중의 모임에 처하여	我今處於大衆會
큰 용맹으로 관찰하고	以大勇猛而觀察
칭양하고 찬탄하고 오묘히 장엄하고	稱揚讚歎妙莊嚴
지성으로 공경하여 게으름 없네	恭敬至誠無懈倦

1) ㉮ '稱'은 甲本에는 '聞'으로 되어 있다.

소 성인의 덕은 깊고 넓어서 보잘것없는 지혜로는 헤아리기 어렵다. 들음으로 인해 변론을 내어 덕음德音을 공경하고 찬탄하니, 마치 햇빛으로 인해 다시 해를 보는 것과 같다.[116][이 게송은 위에서 이미 자세히 인용하였다.[117]]

聖德深廣。[1] 劣智難測。因聞生辯。敬讚德音。如因日光。還見於日。【此偈上已具引】

1) ㉠ '深廣'은 乙本에는 '廣深'으로 되어 있다.

라) 뛰어난 공덕을 널리 찬탄함

(가) 몸의 장엄을 찬탄함

소 넷째, 뛰어난 공덕을 널리 찬탄하는 것이다. 그중에 두 가지가 있으니, 먼저는 몸의 장엄을 찬탄하는 것이다.[118]

四[1]廣讚勝德二。[2] 先[3]讚身相莊[4]嚴。

1) ㉠ '四' 아래 乙本에는 '有二十一偈'가 있다. 2) ㉠ '二' 위에 乙本에는 '於中'이 있다. 3) ㉠ '先' 아래 乙本에는 '十偈'가 있다. 4) ㉠ '莊'은 乙本에는 '壯'으로 되어 있다.

---

116 澄觀,『華嚴經行願品疏』卷7(X5, 137c22~23). 이 중 마지막에 나오는 문구인 "如因日光。還見於日。"의 출전은 다음과 같다. 80권본『華嚴經』卷11「毘盧遮那品」(T10, 56a5), "如因日光照。還見於日輪。"

117 이 게송은~자세히 인용하였다 : 이 협주夾註를 징관『소』의 "如因日光照。還見於日。"에 대한 주석이라고 본다면, 앞의 집왈集曰(H6, 586a)에 나온 다음 문구를 가리키는 것 같다. "이에 대해 사효思孝 스님은 다음과 같이 해석했다. 이는 불일佛日이 지혜의 광명을 발하는 것을 드러낸 것이다. 그러므로『華嚴經』에서 '햇빛이 비춤으로 인해 나시 해를 보듯, 나는 부처님의 지혜 광명으로 부처님 도道에 통달한다.'라고 하였다.(思孝師釋曰。表佛日發智光明。故花嚴云。如因日光照。還見於日輪。我以佛智光。通達於佛道。)"

118 澄觀,『華嚴經行願品疏』卷7(X5, 137c23~24).

경

대범왕이 범중천[119]에 머물면서	如大梵王居梵衆
그 빛으로 모든 범천 가리듯	映蔽一切諸梵天
보살의 상서롭고 오묘한 색신	菩薩吉祥妙色身
대중의 모임에서 짝할 이 없네	處於衆會無倫匹

보살이 돌아보심 우왕[120] 같으며	菩薩顧視同牛王
오묘한 색 찬란하심 금더미 같네	妙色融朗如金聚
광대한 보리의 원 구족하시어	具足廣大菩提願
일체 모든 천인 두루 이롭게 하네	普利一切諸天人

갖가지 꽃타래로 장엄하시고	種種花[1]鬘以嚴飾
머리에는 오묘한 황금 보배관 쓰셨네	頂上眞金妙寶冠
깨끗하고 묘한 광명은 모든 하늘 넘어서고	光明淨妙過諸天
높고 장엄한 위덕은 세간 주인 뛰어넘네	威德尊嚴超世主

둥근 광명은 무지개를 두른 듯하고	圓光狀彼流虹遶
겉모습은 환희 밝아 깨끗한 달 같네	外相明如淨月輪
정수리는 높이 솟아 수미산 같고	頂相豐起若須彌
단정히 정좌한 모습 뜨는 해 같네	端嚴正坐如初日

---

119 범중천梵衆天 : ⑤ Brahma-pāriṣadya-deva. 색계色界 초선천初禪天의 첫 번째 천이다. 이곳은 대범왕大梵王이 다스리는 천중天衆이 사는 곳이므로 범중천梵衆天이라 한다. 이 천의 천중은 신장이 반 유순由旬이고 수명이 반 겁劫이다.

120 우왕牛王 : 소 가운데의 왕을 가리킨다. 우왕의 형태는 나머지 다른 소보다 훨씬 뛰어난데, 이를 통해 부처님의 덕이 모든 사람 가운데 가장 뛰어남을 비유한다.

허리에 맨 금색 끈 미묘한 색이어서 　　　　　腰繫金縧[2]色微妙
수승한 모습 드러내어 광명을 놓고 　　　　　現殊勝相放光明
이니록伊尼鹿[121] 가죽으로 만든 치마 　　　　伊尼鹿皮作下裙[3]
보는 이에게 환희심 내게 하네 　　　　　　　能令見者生歡喜

오묘한 몸 갖가지로 장엄된 모습 　　　　　　妙身種種莊[4]嚴相
여러 보배 모이어 된 수미산[122] 같고 　　　　衆寶所集如山王
허리에 드리운 오묘하고 청정한 옷 　　　　　腰垂上妙淸淨衣
구름처럼 가없는 색을 나투네 　　　　　　　如雲普現無邊色

진주 영락 세 가닥으로 두르신 모습 　　　　眞珠三道爲交絡
세간 주인의 오묘하게 장엄된 몸 같아 　　　猶如世主妙嚴身
청정한 빛 항상 놓아 두루 비추니 　　　　　恒放淨光普照明
밝은 해가 허공에 떠 있는 듯하네 　　　　　亦如朗日遊空界

색신의 청정 오묘함 금산과 같고 　　　　　　身色淨妙若金山
첨박가[123] 금빛 꽃이 한데 모인 듯하네 　　　又如贍博[5]迦花聚
흰 진주 영락[124]으로 장식하시니 　　　　　以白瓔珞爲嚴飾

---

121 이니록伊尼鹿 : 여기서 이니伊尼는 사슴의 이름이다. 『一切經音義』 卷22(T54, 448a23 이하)에서 여래의 삼십이상三十二相 중 '이니연 사슴왕의 장딴지(伊尼延鹿王腨)'를 설명하면서 "이니伊尼는 사슴의 이름이다."라고 하였다.

122 수미산 : 원문은 산왕山王이다. 이는 십산왕十山王 가운데 열 번째 수미로 산왕須彌盧山王([S] Sumeru)을 가리키는 것이다. 이 산은 보배로만 이루어졌으며, 여기에는 대위덕천大威德天이 머문다고 한다. 십산왕이란, 열 개의 산이 바다 근처에 있으면서 나머지 일체의 작은 산들보다 높게 솟아 있으므로 칭한 말이다.

123 첨박가贍博迦 . 점복수贍蔔樹([S] campaka)를 말함. 이 나무에서 생기는 황색의 향기 나는 꽃은 마치 금처럼 찬란하며 향기도 멀리 퍼진다고 한다. 그래서 금색화金色花·황색화黃色花라 부르기도 한다.

124 영락瓔珞 : [S] keyūra. 구슬을 꿰어 몸에 달아 장엄하는 기구. 인도의 귀인들은 남녀

흰 용왕이 몸을 감고 있는 것 같네	如白龍王環遶身
세간 주인 손에 쥐신 오묘한 연꽃	世主手執妙蓮花
그 빛깔은 최상의 황금이 모인 듯하고	色如上妙眞金聚
비유리毗瑠璃[125] 보배로 줄기를 삼아	毗瑠璃寶以爲莖
큰 자비와 위신력으로 꽃피게 하네	大慈威力令開發
하늘과 사람이 지닌 모든 연꽃보다 뛰어나	出過天人之所有
광명 두루 비추니 마치 해 같네	普放光明猶日輪
마치 묘고산[126]에서 나타난 듯	顯現如在妙高山
연꽃 향기 모든 곳에 두루 끼치네	香氣普熏於一切

1) ㉮ '花'는 甲本에는 '華'로 되어 있다. 2) ㉮ '綹'는 甲本에는 '條'로 되어 있다. 또한 甲本의 註에서 "條는 和本에는 條로 되어 있다."고 했다. 3) ㉮ '裙'은 甲本에는 '帬'으로 되어 있다. 또한 甲本의 註에서 "帬은 明本과 和本에는 裙으로 되어 있다."고 했다. 4) ㉮ '庄'은 甲本에는 '莊'으로 되어 있다. 5) ㉮ '瞻博'은 甲本에는 '瞻博'으로 되어 있다.

소 비록 한두 구절이 보살의 심원心願을 밝히긴 했지만, 그 의미는 몸을 찬탄하는 것이다.[127]

雖一兩句。明其心願。意成身耳。

모두 영락을 입으며, 보살도 이것으로 단장함. 후세에는 불상이나 불상을 모시는 궁전을 장엄할 적에 꽃 모양으로 만든 금붙이와 주옥珠玉을 섞어 쓰는 것을 영락이라 한다.
125 비유리毗瑠璃 : Ⓢ vaidūria. 청옥靑玉·청색보靑色寶라 의역함. 보석의 이름으로, 청색 물감을 만드는 원료이다.
126 묘고산妙高山 : 수미산須彌山(Ⓢ Sumeru)을 가리키는 말이다.
127 澄觀, 『華嚴經行願品疏』卷7(X5, 137c24~138a1).

집 "한두 구절이 심원을 밝혔다."는 것은 광대한 보리菩提의 원願 등을 구족했다는 말이다. "그 의미는 몸을 찬탄하는 것이다."라는 것은 의생신 意生身을 가리킨다. 『경』에서 말한 이니伊尼는 금색金色이고, 첨박贍博은 황 색黃色이다.

集曰。一兩句明心願者。即具足廣大菩提願等也。言意成身者。卽意生身。 經伊尼金色。贍博黃色也。

(나) 업용業用의 깊고 광대함을 찬탄함

㉮ 자비로 두루 평등하게 제도함을 찬탄함

소 둘째는 업용業用의 깊고 광대함을 찬탄하는 것이다. 여기에 세 가 지가 있다. 첫째는 자비로 두루 평등하게 제도함을 찬탄하는 것이다.[128]

二[1)]讚業用深廣三。[2)] 一[3)]惣讚悲濟周遍平等。

1) ㉯ '二'는 乙本에는 '後十一偈'로 되어 있다. 2) ㉯ '三' 위에 乙本에는 '於中'이 있 다. 3) ㉯ '一'은 乙本에는 '初二偈'로 되어 있다.

경
여러 악귀와 부다部多[129] 등   於諸惡鬼部多等

---

128 澄觀, 『華嚴經行願品疏』 卷7(X5, 138a1~2).
129 부다部多 : 종밀의 『華嚴經行願品疏鈔』 卷5(X5, 303b8~9)에 따르면, "부다部多는 중국말로는 대신귀大身鬼라고 하며 또한 자생귀自生鬼라고도 한다. 이 부류 가운데 부모로부터 태어난 것을 야차夜叉라고 하고, 스스로 태어난 것을 부다라고 한다.(部 多者。此云大身鬼。亦云自生鬼。此類。若從父母生者。名曰夜叉。若自生者。名曰部 多。)"라고 했다.

검은 독사와 취한 코끼리와 사자	黑虵醉象及師子
어리석음의 불과 독한 해침은 자비심을 가리고	癡火毒害蔽慈心
그 밖의 나머지 갖가지 위난들과	及餘種種諸危難

무거운 고통에 묶여 상처 받고 핍박 받아	重獄[1]繫縛所傷害[2]
온갖 공포 속에서 의지할 곳 없을 적에	一切恐怖無疑惑[3]
세간 주인의 한맛의 대비심은	世主一味大悲心
저 중생들을 평등히 구제하시네	平等救彼衆生類

1) ㉮ '獄'은 甲本에는 '苦'로 되어 있다. 2) ㉮ '害'는 甲本에는 '迫'으로 되어 있다.
3) ㉮ '疑惑'은 甲本에는 '依怙'로 되어 있다.

㉰ 의보와 정보가 오묘하게 장엄되어 중생의 소원을 만족시킴을 찬탄함

【소】 둘째는 의보와 정보가 오묘하게 장엄되어 중생의 소원을 만족시킴을 찬탄하는 것이다.[130]

二[1]讚依正妙嚴滿衆生願。

1) ㉮ '二' 아래 乙本에는 '有三偈'가 있다.

【경】
묘한 보배 잎 모양의 돌로 만든 수승한 자리는	妙寶葉石爲勝座
비길 데 없이 아름다운 연꽃이 받치고 있으니	無等蓮花之所持
온갖 오묘한 복으로 이루어졌으며	百千妙福之所成
여러 오묘한 연꽃에 둘러싸여 있네	衆妙蓮花所圍遶

---

130 澄觀, 『華嚴經行願品疏』 卷7(X5, 138a2).

지극히 오묘한 몸의 광명 청정한 빛은　　極妙身光淸淨色
진실한 승의로부터 성취되었네　　　　　從眞勝義而成就
여러 하늘 가지가지 오묘한 공양 올려　 諸天種種上妙供
모두 다 보살의 공덕 찬탄한다네　　　　咸共讚歎仁功德

존귀한 분께 청정한 뜻 낼 수 있으면　　於尊能發淸淨意
모든 근심 두려운 마음 멀리 여의어　　　速離一切憂怖心
권속들이 즐겁고 함께 기뻐하며　　　　　眷屬快樂共歡娛
오묘한 온갖 과보 다 원만해지리　　　　一切妙果皆圓滿

㉰ 자비로 온갖 중생마다 고통을 없애어 편안케 함

소 셋째는 자비로 온갖 중생마다 고통을 없애어 편안케 하는 것이다.[131]

三[1]悲隨萬類拔苦慰安。

1) ㉯ '三' 아래 乙本에는 '有六偈'가 있다.

경
자신의 궁에 머무르는 대해 용왕과　　　大海龍王住自宮
다른 곳에 살고 있는 여러 용의 무리들　及餘居處諸龍衆
항상 금시조[132]를 두려워하니　　　　常懼妙翅[1]大鳥王

---

131 澄觀, 『華嚴經行願品疏』 권7(X5, 138a2~3).
132 금시조金翅鳥 : ⓢ suparṇa, 또는 suparṇin. 인도 신화에 나오는 새로서, 가루라迦樓羅(ⓢ garuda) 새와 동일시된다. 불교에서는 팔부중八部衆의 하나이다. 날개가 금색이고, 양 날개의 넓이가 336만 리가 되며, 수미산의 하층에 살면서 용을 잡아먹는다고 한다.

잡혀 상처 입고 온갖 고통 받기 때문이네	搏撮傷殘受諸苦
어떤 중생 큰 바다에 들어갔다가	或有衆生入大海
설산같이 거대한 풍랑 만나고	遇風鼓浪如雪山
마갈摩竭[133]을 만나 삼켜지려 할 때	若遭摩竭欲來吞
무섭고 두렵지만 구해 줄 이 없네	恐怖驚惶無所救
술 취한 코끼리가 급히 쫓아오거나	或遇醉象而奔逐
갖가지 고난에 묶었을 적에	種種危[2)]難之所纏
지극한 마음으로 대비하신 분 염하면	至心憶念大悲尊
이와 같은 일체의 고난에서 두려움 없으리	如是一切無憂怖
큰 바위산에 동굴 있으니	大石山王有洞窟
그 굴은 어둡고 깊어 몹시 두렵네	其窟幽深極可畏
왕법을 어기면 그 몸이 묶여	有犯王法鎖其身
갖가지로 얽어매어 굴속에 던져지네	種種繫縛投於彼
저 모든 고뇌하는 중생들이	彼諸苦惱衆生等
지극한 마음으로 대비하신 분을 염하면	至心憶念大悲尊
형틀도 풀리고 고통스런 사슬도 벗어 버려	枷鎖解脫苦消[3)]除
모든 근심 사라져 즐거우리라	一切無憂安隱樂

---

133 마갈摩竭 : ⓢ makara, 마갈어摩竭魚를 말함. 의역하면 대체어大體魚·경어鯨魚·거오巨鰲라고 한다. 경론 가운데서 거대한 물고기로 기재되어 있다. 인도신화에서는 물의 신(ⓢ Varuṇa)이 이를 타고 다닌다고 한다. 『一切經音義』卷23(T54, 456c6 이하)에 따르면, "마갈어摩竭魚 : 중국말로는 대체大體라고 하며, 이곳의 거오어巨鰲魚에 해당한다. 두 눈은 해와 같고 입을 벌리면 산골짜기와 같아 배를 삼킬 수 있다."라고 하였다.

보살님은 대비의 청정한 손으로	仁以大悲淸淨手
간절히 염하는 모든 중생 끌어안아	攝取憶念諸衆生
일체의 고난 속에서	令於一切厄難中
근심 없는 즐거움 얻게 하시네	獲得無憂安隱樂

1) ㉯ '趐'는 甲本에는 '翅'로 되어 있다.   2) ㉯ '危'는 甲本에는 '厄'으로 되어 있다.
3) ㉯ '消'는 甲本에는 '銷'로 되어 있다.

다. 찬탄을 매듭지음

소 세 번째는 찬탄을 매듭지음이다.[134]

大段[1] 第三[2] 結歎。[3]

1) ㉯ '大段'은 乙本에는 없다. ㉠ 문맥상 없는 것이 적절하다.   2) ㉯ '三' 아래 乙本에는 '三偈'가 있다.   3) ㉯ '歎'은 乙本에는 '讚'으로 되어 있다.

경

내 이제 인간과 하늘의 주인을 찬탄하니	我今讚歎人天主
가장 뛰어난 위덕 갖춘 대선왕이시네	最勝威德大仙王
삼독의 장애가 모두 사라지고	三毒翳障盡消除
복과 지혜 끝이 없어 큰 바다 같네	福智無涯如大海
중생을 조복함에 게으름 없고	調伏衆生無懈倦
원수거나 친한 이나 모두 이롭고 즐겁게 하시니	利樂平等無怨親
보살님이 계시는 묘금산妙金山에서	願於菩薩妙金山
일체의 수승한 복 다 이루길 발원합니다	一切勝福皆成就

---

134 澄觀, 『華嚴經行願品疏』 卷7(X5, 138a3).

시방의 모든 세계에 두루하시어	普於十方諸世界
중생의 삿된 마음 소멸케 하고	息滅衆生邪見心
위없는 여래의 몸 속히 얻게 하시니	速獲如來無上身
중생이 모두 깨닫길 널리 발원합니다	普願衆生咸證得

소 첫째 게송은 세 가지 덕[135]이 이미 원만함이고, 다음의 게송은 두 가지 이로움[136]이 모두 원만함이며, 마지막은 자각과 각타가 원만함이다. 마지막 중에서 앞의 3구절이 자각과 각타이고, 제4구는 함께 깨닫기를 발원하는 것이다.[137]

一偈三德已滿。次偈二利俱圓。後偈自他覺滿。後中。三句自覺覺他。後句願生同證。

집 "세 가지 덕이 이미 원만하다."라는 것을 설명해 보자. (첫째 게송에서) 위의 절반은 화신化身의 은덕恩德을 말한다. 아래의 절반 중에서 앞 구절은 법신法身의 단덕斷德을 말하니, 장애가 다 사라져 진여본성을 분명히 드러내기 때문이다. 뒤 구절은 보신報身의 지덕智德을 말한다.

集曰。言三德已滿者。上半化身恩德。下半中前句。法身斷德。以障盡了顯眞如性故。後句報身智德。

---

135 세 가지 덕德 : 불과佛果의 공덕을 셋으로 나눈 것으로, 지덕智德·단덕斷德·은덕恩德을 말한다. 지덕은 평등한 지혜로 일체를 모두 다 아는 덕이고, 단덕은 온갖 번뇌를 남김없이 다 끊는 덕이며, 은덕은 중생을 구하여 해탈하게 하는 덕을 말한다.
136 두 가지 이로움 : 자리自利와 이타利他의 이로움을 말한다.
137 澄觀, 『華嚴經行願品疏』 卷7(X5, 138a3~5).

5) 뒤의 선우를 지시함

(1) 뒤의 선우가 회에 들어옴

소 다섯 번째 큰 문단은 '뒤의 선우를 지시하는 것'이다. 먼저는 뒤의 선우가 회에 들어오는 것이다.[138]

大段第五[1]指示後友二[2]。先後友入會。

1) ㉠ '大段第五'는 乙本에는 없다.   2) ㉠ '二' 위에 乙本에는 '於中'이 있다.

경 이때 정성무이행正性無異行이라는 이름의 보살이 있었으니, 동방허공으로부터 이 세계의 윤위산輪圍山[139] 꼭대기로 와서 발을 땅에 디뎠을 때, 이 세계가 여섯 종류로 진동하며 셀 수 없이 많은 갖가지 보배로 장엄된 곳으로 변화되었다. 다시 그 몸에서 큰 광명을 놓아 일체를 비추니, 모든 제석천·범천·호세護世[140]와 천룡팔부天龍八部[141]와 해·달·별·번개가 지닌 모든 빛이 모두 먹물을 모아 둔 듯 어둡게 보였다. 그 광명이 지옥계·아귀계·축생계·염라

---

138 澄觀, 『華嚴經行願品疏』卷7(X5, 138a6~7).
139 윤위산輪圍山 : ⓢ Cakravāḍa-parvata, 곧 철위산鐵圍山을 말함. 불교의 세계관은 수미산을 중심에 두고, 그 주위를 모두 8개의 산과 8개의 바다가 에워싸고 있다고 본다. 그중 가장 바깥쪽에 철로 만들어진 산을 철위산이라고 부르는데, 곧 수미 사주四洲의 바깥 바다를 에워싸고 있는 산이다.
140 호세護世 : 호세사천왕護世四天王, 곧 동방의 지국持國, 남방의 증장增長, 서방의 광목廣目, 북방의 다문多聞의 네 천왕을 가리킨다. 이 네 천왕은 수미산 사방의 중간쯤에 살면서 항상 불법을 수호하면서 네 천하를 지켜 나쁜 귀신이 중생을 침해하지 못하게 만들므로 호세護世라 부르고, 또한 호국護國이라 부른다.
141 천룡팔부天龍八部 : 천天(ⓢ deva)·용龍(ⓢ nāga)·야차夜叉(ⓢ yakṣa)·아수라阿修羅(ⓢ asura)·가루라迦樓羅(ⓢ garuḍa)·건달바乾闥婆(ⓢ gandharva)·긴나라緊那羅(ⓢ kiṃnara)·마후라가摩睺羅迦(ⓢ mahoraga)를 말한다. 이들은 불법을 수호하는 큰 힘을 지닌 신神이다. 팔부에서 천天과 용龍이 상수이므로, 그들의 이름을 대표로 들어 천룡팔부라 부른다.

왕계와 나머지 고뇌하는 일체의 중생을 두루 비추자, 그들의 죄와 허물이 깨끗이 사라져 몸과 마음이 청정해졌다. 또 일체제불의 국토에 모든 공양구름을 두루 일으켜, 일체의 꽃·향·영락·의복·깃발·일산을 두루 비 내리듯 내리고, 이와 같은 모든 장엄구로 부처님을 공양하였다. 다시 신통력으로 모든 중생들의 마음이 즐기는 바에 따라 두루 일체의 모든 궁전에서 그 몸을 나투어 그것을 보는 이들이 모두 歡喜하게 한 뒤에 관자재보살이 계신 곳으로 왔다.

爾時。有一菩薩。名正性無異行。從於東方[1]虛空中。來至此世界輪圍山頂。以足按地時。此世界六種震動。變成無數雜寶莊[2]嚴。復於其身。放大光明。映蔽一切。釋梵護世。天龍八部。日月星電所有光明。皆如聚墨。其光普照。地獄餓鬼畜生閻羅王界及餘一切苦惱衆生。罪垢消除。身心淸淨。又於一切諸佛利土。普興一切諸供養雲。普雨一切花[3]香瓔珞衣服幢盖。如是所有諸莊嚴具。供養於佛。復以神力。隨諸衆生心之所樂。普於一切諸宮殿中。而現其身。令其見者。皆悉歡喜。然後來詣觀自在菩薩摩訶薩所。

1) ㉾ '方'은 甲本의 註에서 "方 아래 明本에는 上이 있다."라고 했다. 2) ㉾ '莊'은 甲本에는 '壯'으로 되어 있다. 3) ㉾ '花'는 甲本에는 '華'로 되어 있다. 또 甲本의 註에서 "華香은 明本에는 香華로 되어 있다."라고 했다.

소 선우의 이름은 정성무이행正性無異行인데, 행行이라는 글자에 두 가지 뜻이 있다. 첫째는 국토를 노닌다는 뜻이니 평성平聲으로 부른다. 둘째는 부처님을 공양하고 중생을 이롭게 한다는 뜻이니 거성去聲으로 부른다. 즉 두루 행하면서도 행의 본성이 없는 것을 말한다. 그러므로 정성正性이라고 하였다. 구역에서는 정취正趣라고 했는데, 취趣가 바로 행行의 뜻이다. 여러 국토를 두루 다니면서 중생을 교화하되 오간다는 상이 없으니, 곧 진여가 일체처에 두루하면서도 모습이 없는 것과 같다. 이것이 바로 진여의 모습대로 회향하는 것이다.

"동방에서 왔다."라는 것에서 동방은 여러 방위의 우두머리이고, 진여는 만법의 시초이다.

"허공에서 왔다."는 것은 진여의 모습이기 때문이다.

"윤위산의 꼭대기에 왔다."는 것은 두루 원만하여 위없기 때문이다.

"발로 땅을 진동시켰다."는 것은 진여는 땅과 같아 定정과 慧혜의 발이 아니면 발현하지 못하기 때문이다.

이전의 회會와 같은 것은 중생에 수순隨順하여 진여의 상을 얻기 때문이다.[142]

友名正性無異行。行字二義。一約遊利。平聲呼之。二[1]約供[2]利生。則去聲呼之。謂能遍行而無行性。故名[3]正□。[4] 舊名正趣。趣即行義。遍行諸利。教化衆生。無來去相。即同眞如。遍一切處而無形相。爲如相廻向。從東方來者。東爲群方之首。如爲萬法之初。虛空來者。即眞如相故。至輪圍山頂者。周圓無上故。足動地者。眞如如地。非定惠[5]足不現[6]發故。同前會者。隨順衆生得如相故。

1) ㉯ '二'는 乙本에는 없다. 또 乙本의 冠註에서 "約 위에 二가 빠진 듯하다."라고 했다. 2) ㉠ '供' 다음에 『華嚴經行願品疏』에는 '佛'이 있다. 3) ㉯ '名'은 乙本에는 '云'으로 되어 있다. 4) ㉯ □는 乙本에는 '性'으로 되어 있다. 5) ㉯ '惠'는 乙本에는 '慧'로 되어 있다. 6) ㉯ '現'은 乙本에는 '顯'으로 되어 있다.

【집】『소』의 문장은 둘로 나뉜다. 먼저는 선우의 명칭을 간략히 해석한 것이고, 다음으로 "동방에서……" 아래는 경문을 따라가면서 해석한 것이다.

앞의 내용은 『관무량수경觀無量壽經』에서 설한 것에 의거하면 다음과 같다.

"부처님께서 아난阿難과 위제희韋提希에게 말씀하셨다. 다음으로 대세

---

142 澄觀, 『華嚴經行願品疏』 권7(X5, 138a7~14).

지보살大勢至菩薩의 몸의 크기를 관해야 하는데, (그 크기는) 관세음보살과 같다. 보살의 온몸의 광명은 시방의 국토를 비추며 자금색紫金色을 지어내니, 인연 있는 중생이 이 보살의 한 모공의 빛이라도 보면 곧 시방의 헤 아릴 수 없는 제불의 청정 오묘한 광명을 보게 된다.【이는 (『화엄경』에서 말한) 몸에서 광명을 비추는 것에 해당한다.】 그러므로 이 보살의 이름을 무변광無邊光이라고 하는 것이다. 지혜의 광명으로 일체를 두루 비추어 삼악도를 벗어나 무상의 힘을 얻게 하므로,【이는 『화엄경』에서 '그 광명이 지옥·아귀·축생 등을 두루 비추었다'고 한 것에 해당한다.】 이 보살의 이름을 대세지大勢至라고 하는 것이다. 이 보살이 행할 때면 시방세계가 일체로 진동하니【곧 6종의 진동을 말한다.】 땅이 진동하는 곳에 오백억의 보배꽃으로 장엄함이 있다.【이는 곧 (『화엄경』에서 말한) 일체제불의 국토에서 꽃과 향과 영락 등을 두루 비 내리는 것에 해당한다.】"[143]

이 『소』에서는 비록 과문科文에 따른 해석이 없지만, 상·하의 경에 준해 보면 상서로움을 나투어 미혹을 소멸시키고 부처님을 공양하고 중생을 이롭게 하는 등의 일이 다 갖추어져 있으니, 경문을 짝지어 보면 알 수 있을 것이다.[144]

'6종의 진동'은 (첫째) 동쪽에서 솟았다가 서쪽으로 사라지는 것, (둘

---

[143] 이는 『佛說觀無量壽佛經』(T12, 344a18~b2)에서 대세지보살의 관하는 경문을 간략히 소개한 것으로, 협주에서 『觀無量壽經』에 상응하는 『華嚴經』의 내용을 보여 주고 있다. 『觀無量壽經』에서 부처님은 아난阿難과 위제희韋提希에게 아미타불의 극락세계를 보는 18가지 관법을 설하는데, 그중 아홉 번째가 아미타불이고, 열 번째가 관세음보살이고, 열한 번째가 대세지보살이다. 경문에 나오지 않은 대세지보살의 몸의 크기는 관세음보살과 마찬가지로 80억 나유타 항하사 유순那由他恒河沙由旬이다.

[144] 이는 정성무이행보살이 등장하는 경문에 대한 징관의 주석이 매우 간단한 것을 염두에 두고 한 말로 보인다. 체원은 정성무이행보살과 유사한 방식으로 온몸에서 광명을 비추고 대지를 진동시키는 『觀無量壽經』의 대세지보살을 소개한 뒤, 징관이 정성무이행보살에 대해 과문에 따라 자세히 해석하지는 않았지만, 내용적으로는 '상서로움을 나투어 미혹을 소멸시키는' 등의 일이 경문에 다 갖추어져 있다고 설명하는 것이다.

째) 서쪽에서 솟았다가 동쪽으로 사라지는 것, (셋째) 남쪽에서 솟았다가 북쪽으로 사라지는 것, (넷째) 북쪽에서 솟았다가 남쪽으로 사라지는 것, (다섯째) 가운데서 솟았다가 가장자리로 사라지는 것, (여섯째) 가장자리에서 솟았다가 가운데로 사라지는 것이다.

'천룡팔부'에 대해 종밀의 『초』에서 다음과 같이 말했다.[145]

첫째는 천天이니, 깨끗하게 빛나고 자재하고 신비하게 작용하므로 천이라 하였다.

둘째는 용龍이니, 변화에 능하여 물에 들어가고 허공을 날아 구름을 일으키고 비를 내리는 것이 용이다. 『광아廣雅』에 따르면 '용에는 네 종류가 있다. 비늘이 있는 것을 교룡蛟龍이라 하고, 날개가 있는 것을 응룡鷹龍이라 하고, 뿔이 있는 것을 규룡虯龍이라 하고, 뿔이 없는 것을 이룡螭龍이라 한다.'[146]고 했다.

셋째는 야차夜叉이니, 바르게 번역하면 약차藥叉이다. 허공을 날아다니며 살아 있는 것들을 잡아먹는데, 이는 남자이다. 여자는 땅으로 다니는데, 나찰바羅刹婆라고 이름하며, 가외可畏라고 번역한다.

넷째는 건달바乾闥婆이니, 여기 말로는 심향尋香이라고 한다. 하늘의 음악신(天樂神)이다.

다섯째는 아수라阿修羅이니, 바르게 번역하면 아소락阿素落이다. 여기 말로는 비천非天이라고 하는데, 행실에 의심과 거짓이 많아 천天의 진실한 행동이 아니므로 '비천'이라 하는 것이다.

여섯째는 가루라迦樓羅이니, 여기 말로는 금시조金翅鳥라고 한다.

일곱째는 긴나라緊那羅이니, 바르게 번역하면 긴나락緊捺落이다. 여기 말로는 가신歌神이다. 또한 의신疑神이라고도 하니, 그 모습이 사람과 유

---

145 종밀의 『華嚴經行願品疏鈔』 卷6(X5, 328b)에 천룡팔부에 대해 자세히 설명하는 부분이 있는데, 여기 인용된 내용과 반드시 일치하지는 않는다.
146 『廣雅』 권10 『釋魚』, "有鱗曰蛟龍. 有翼曰應龍. 有角曰虬龍. 無角曰螭龍."

사하지만 머리에 뿔이 있어 사람들이 귀신인지 사람인지 알지 못해 의심하는 것이다.

여덟째는 마후라摩睺羅이니, 바르게 번역하면 막호락가莫呼落伽이다. 여기 말로는 대복大腹이라고 한다. 이무기나 뱀 등의 부류이다.

『대소』에 의거하면, 국토를 진동시키고 꽃을 비 내리고 향이 나고 구름을 일으키는 일 등이 광대한 것은 법이 불가사의하기 때문이다.

集曰。疏文二。先略釋友名。次從東方下。隨文釋。前中准觀無量壽經。佛告阿難及韋提希。次觀大勢至菩薩身量大小。亦如觀世音。擧身光明。照十方國。作紫金色。有緣衆生。見此菩薩一毛孔光。卽見十方無量諸佛淨妙光明。【卽其身放光明】是故號此名無邊光。以智惠光。普照一切。令離三塗。得無上力。【卽經其光普照地獄餓鬼畜生等也】是故號此名大勢至。此菩薩行時。十方世界一切震動。【卽六種振動也】當地動處。有五百億寶花莊嚴。【卽又於一切諸佛刹土。普雨花香瓔珞等】於此疏中。雖無科釋。准上下經。具現瑞滅惑供佛利生等。對文可知。六種震動者。東湧西沒。西湧東沒。南湧北沒。北湧南沒。中湧邊沒。邊湧中沒。言天龍八部者。宗密鈔云。一天。光潔自在神用名天。二龍。謂能變化。入水騰空。興雲致雨。是其龍也。依廣雅云。龍有四種。有鱗曰蛟龍。有翼曰鷹龍。有角曰虬龍。無角曰螭龍。三夜叉。正云藥叉。此云勇健。飛行空中。食噉生類。此雄者也。雌者地行。名羅利婆。翻云可畏。四乾闥婆。此云尋香。天樂神也。五阿修羅。正云阿素落。此云非天。行多諂詐。非天實行。名曰非天。六迦樓羅。此云金翅[1]鳥。七緊那羅。正云緊捺落。此云歌神。亦云疑神。其形似人頭有一角。人疑不知爲人爲鬼。八摩睺羅。正云莫呼落伽。此云大腹蟒蚖等類。准大疏。動利雨花及香雲等。皆廣多者。法難思故。

---
1) ㉮ '翅'는 '翅'인 듯하다.

(2) 대성이 지시함

소 둘째는 대성이 지시하는 것이다.[147]

二大聖指示。

경 이때 관자재보살이 선재에게 말하기를 "선남자야, 그대는 정성무이행보살이 대중이 모인 이 도량에 오는 것을 보았는가?"라고 하였다. 선재가 답하기를 "그렇습니다. 이미 보았습니다."라고 하자, 보살이 다음과 같이 말하였다. "선남자야, 그대는 가서 보살이 어떻게 보살의 행을 배우고 보살의 도를 닦는지를 물어보라."

時。觀自在菩薩告善財言。善男子。汝見正性無異行菩薩。來此大會道場中不。善財答言。唯然已見。告言。善男子。汝可往問。菩薩云何學菩薩行。修菩薩道。

집 『본소』(『화엄경행원품소』)에 의하면 다음과 같은 문답이 있다.
문 대성大聖은 지혜가 있어 능히 설할 수 있고 선재善財는 근기가 있어 이를 감당할 수 있는데, 어째서 단박에 보여 주지 않고 다른 이(에게 기도록) 지시하여 여러 선우를 두루 섬기게 하는가? 아래 나오는 여러 선우들도 이 점에서 의문을 삼을 수 있다.
답 이에 열 가지 뜻이 있다.
첫째는 총상總相으로 밝히는 것이니, 후학들에게 모범이 되게 하기 위해서이다. 즉 선재는 법을 구함에 싫어함이 없고, 선우는 법을 설함에 인

---

147 澄觀, 『華嚴經行願品疏』 卷7(X5, 138a14).

색함이 없다는 말이다.

둘째는 수행하는 인연의 뛰어남을 보여 주기 위해서이다. 즉 참된 선우는 오로지 청정하게 수행하는 이들이니, 가령 아사세왕阿闍世王이 기바耆婆[148]를 만난 일이나 정장淨藏이 묘엄왕妙嚴王을 만나 교화한 일과 같다.[아사세왕의 고사는 『열반경』에 나온다. "부처님께서 말씀하셨다. 일체중생이 무상無上의 보리를 추구함에 있어 가까운 인연으로는 선우보다 앞서는 것이 없다. 어째서 그러한가? 아사세왕이 기바의 말에 따르지 않았다면 다음 달 7일에 반드시 목숨을 마치고 아비지옥에 떨어졌을 것이다. 그러므로 가까운 인연으로는 선우보다 앞서는 것이 없는 것이다."[149] 정장왕의 고사는 『법화경』에 나온다. 정장淨藏과 정안淨眼이 부왕父王을 위해 신통변화를 나투자, 부왕이 이를 계기로 삿됨을 버리고 믿어 즐기는 마음을 내어 부처님께 가서 이익을 얻었다.[150]]

셋째는 어리석은 고집을 깨트리기 위해서이다. 어리석은 마음을 스승으로 삼지 않으므로 자기를 비워 두루 구하는 것이다.

넷째는 견만見慢을 깨트리기 위해서이다. 종성種姓을 보지 않으므로 (종성이) 낮은 이에게 묻는 것을 부끄러워하지 않고 두루 공경히 섬기는 것이다.

---

148 기바耆婆 : [S] Jīvaka. 기역耆域이라고도 한다. 부처님 당시의 명의로서, 빈바사라頻婆娑羅왕과 아사세阿闍世왕의 어의였다. 불교를 진실하게 믿어 불제자들의 병을 여러 차례 고쳐 주었다. 부왕을 시해한 아사세왕을 부처님께 인도하여 참회하게 만든 것으로도 유명하다.

149 『大般涅槃經』 卷20 「梵行品」(T12, 482c4~8); 澄觀, 『演義鈔』 卷85(T36, 665b21~26). 이는 아사세왕이 자신의 곁에 있던 의사인 기바의 말을 듣고 부처님을 친견하러 가게 된 고사를 말한다.

150 澄觀, 『演義鈔』 卷85(T36, 666a20~22). 이는 『法華經』 권7 「妙莊嚴王本事品」(T9, 59b29 이하)에 나오는 고사로서, 그 내용은 대략 다음과 같다. 과거 어느 세상에 운뢰음숙왕화지불雲雷音宿王華智佛이 계실 때, 묘장엄妙莊嚴이라는 왕이 있었는데, 그는 외도를 신봉하는 사람이었다. 그에게는 정장淨藏과 정안淨眼이라는 두 아들이 있었는데, 부왕인 묘장엄왕을 부처님께 인도하고자 신통변화를 나투어 왕의 마음을 기쁘게 하였다. 그 후 왕은 아들들의 신통변화를 계기로 외도의 길을 버리고 부처님께 귀의하였다고 한다.

다섯째는 치우친 공에 대한 집착을 깨트리기 위해서이다. (집착이란) 구함이 없는 것뿐만 아니라, 구함이 없는 것 중에서도 나는 짐짓 구한다는 것이다.

여섯째는 일에 나아가 곧장 행하기 때문이다. 차라리 조금 듣고서 곧장 증입證入할지언정 많이 듣고서 행하지 않고 증득하지 않아서는 안 된다.[151]

일곱째는 법을 설하는 자가 (듣는 이를) 포섭하여 자신에게 속하게 하려는 마음을 깨트리기 위해서이니, '나의 무리', '나의 자산', '이것과 저것'이라는 견해를 소멸시키는 것이다.

여덟째는 지위에 기대어 점차 닦아 들어감을 드러내기 위해서이다. 뒤에 나오는 선우를 높이지 않으면 지위마다 머물러 뛰어난 데로 나아감이 없을 것이다.

아홉째는 불법이 깊고 광대함을 드러내기 위해서이다. 여러 선우를 두루 섬기면서 그의 근원을 다 궁구하지 않는다. 진실한 선우는 오히려 모두 뛰어난 이들을 높인다. 범부의 하열한 지혜로 어찌 두루 알 수 있겠는가.

열째는 선재와 여러 선우가 연기를 이루는 것을 드러내기 위해서이다. 선재는 선우의 가르침을 이끌어 내어 펼칠 힘이 있고 선우는 선재를 깨닫게 할 힘이 있으니, 서로서로 사무쳐 주체와 대상에 둘이 없는 것이다. 선우를 떠나 선재가 따로 없으니, 하나가 곧 일체이다. 이는 선재가 여러 지위를 두루 거침을 밝힌 것이다. 선재를 떠나 따로 선우가 없으니, 일체가 곧 하나이다. 이는 여러 지위를 성취하는 것이 모두 선재라는 것이다. 이로 말미암아 펼치고 줄임에 자재하여 걸림이 없다.

위의 열 가지 뜻 중에서 첫째는 스승과 제자에 통하는 것이고, 다음의

---

151 징관에 따르면, 이 구절은 『涅槃經』「高貴德王菩薩品」에 나오는 문구를 빌려서 쓴 것이다. 『演義鈔』 권85(T36, 666b5~7).

다섯 가지는 제자에 의거하여 설한 것이 많고, 일곱째는 스승에 의거하여 설한 것이고, 마지막 세 가지는 가르침(教)에 의거하여 설한 것이다.[152]

集曰。准本䟽。問。大聖有智能演。善財有機堪受。何不頓示而指他人歷事諸友。下諸善友。例此爲疑。答。有十意。一揔相而明。爲於後學作軌範故。謂善財求法無猒。善友說法無悋。二顯行緣勝故。謂眞善友。是全梵行。如闍王之遇耆域。淨藏之遇化妙嚴。【闍王等者。涅槃經云。佛言一切衆生爲無七[1]菩提。近因緣者。莫先善友。何以故。阿闍世王。若不隨順耆婆語者。來月七日。必定命終。墮阿鼻獄。是故近因。莫若善友。淨藏等者。法花經云。淨藏淨眼。爲父王現神變。王因捨邪。發信樂心。詣佛得益等。】三破愚執故。謂令[2]師愚心虛已遍求。四破見慢故。謂令不觀種姓。[3]不耻下問。須遍敬事。五破偏空執。謂不唯無求。無求之中吾故求之。六人[4]即事即行。寧可少聞。便能證入。不在多聞。不行不證。七破說法者。攝屬心故。我徒我資。彼此見滅。八爲顯寄位漸修入故。若不推後。位位中住。無有勝進。九爲顯佛法甚深廣故。遍事諸友。不窮其原。眞實善友。尙皆推勝。凡夫劣智。安能遍知。十顯善財與諸善友成緣起故。善財有力引發友教。善友有力令善財證。互相交徹能所莫二。無善友外善財。則一即一切。明善財歷位。無善財外善友。則一切即一。多位成就皆是善財。由是舒卷。自在無碍。上之十義。一通於師資。次五多約資說。第七約師。後三約教。

1) ㉠ '七'은 『涅槃經』과 『演義鈔』에는 '上'으로 되어 있다. 이를 따랐다. 2) ㉠ '令' 다음에 『華嚴經䟽』에는 '不'이 있다. 이를 따랐다. 3) ㉠ '妊'은 『演義鈔』에는 '姓'으로 되어 있다. 이를 따랐다. 4) ㉮ 'ㅅ'는 '令'인 듯하다.

---

152 이는 징관의 『華嚴經䟽』 卷56(T35, 922b21~c12) 및 『華嚴經行願品䟽』 卷4(X5, 96c13~97a6)에 나오는 문답으로, 내용은 두 문헌이 거의 같다. 이는 『경』의 전반부에서 문수사리보살이 선재에게 설법하는 내용에 해당한다. 그러므로 본문에 나오는 대성은 문수사리보살을 가리킨다.

6) 덕을 사모하며 사직함

소 여섯 번째 큰 문단은 '덕을 사모하며 예를 올리고 사직하는 것'이다.[153]

大段第六戀德禮辭。

경 이때 선재동자는 관자재보살이 계신 곳에서 깊고 깊은 지혜를 얻고 대비의 문에 들어가 깊고 깊은 마음으로 수순하여 관찰하되 마음에 피로나 싫어함이 없었다. 관자재보살의 발에 일심으로 머리 숙여 예를 올리고 그 주변을 셀 수 없이 많이 돌면서 그 가르침을 공경히 받들면서 사직하고 떠났다.

爾時。善財童子。於觀自在菩薩所。得甚深智。入大悲門。以甚深心。隨順觀察心無疲猒。一心頂禮觀自在菩薩足。遶無數帀。敬承其敎。辭退而行。

소 범본에 따르면 이 경문의 처음의 두 행行은 '사직하고 떠났다(辭退而行)' 다음에 합해져 있었는데 지금 앞으로 보냈다. (선재로) 하여금 정취에게 가서 이전을 생각함이 없게 만들고, 또한 첫머리도 없게 만들기 때문이다.[154]

准梵本中。此初兩行。合在辭退南[1]行之後。今廻於前。使往正趣。無有思前。亦無初首。

1) ㉮ '南'은 乙本에는 '而'로 되어 있다.

---

153 澄觀, 『華嚴經行願品疏』 卷7(X5, 138a15).
154 澄觀, 『華嚴經行願品疏』 卷7(X5, 138a15~17).

집 "지금 앞으로 보냈다."는 것 등은 그 의미가 이전의 선우와 같은 회會이고 같은 진여眞如라는 점을 밝히려는 것이다.

集曰。今廻於前等者。意明與前友同會同眞如故。

제3편 발원하고 회향함

소 세 번째는 발원하고 회향함이다.

第三發願廻向。

원컨대 이 뛰어난 원인을 모두 위로 바치오니 　　願此勝因皆上薦
국운이 늘 평안하고 제왕의 길이 융창하며 　　寶祚長安帝道昌
네 가지 은혜가 백관(百辟)과 중생에 미쳐 　　四恩百辟及含生
함께 오묘한 문 증득하여 지혜바다 건너가소서[155] 　　同證玄門齊智海

집 회향에는 세 가지가 있으니, 중생衆生과 보리菩提와 실제實際이다. 자신의 선근을 돌이켜 다른 중생에게 향하는 것이 바로 중생회향이다. 무릇 하는 것마다 법성에 딱 들어맞는 것이 실제회향이다. 보리와 열반의 두 과를 성취하길 발원하는 것을 모두 보리회향이라고 한다. 지금 여기의 회향은 이 세 종류를 다 갖추고 있다. 즉 "국운이……" 등의 두 구절은 중생에게 회향하는 것이고, "함께 오묘한 문 증득하여"는 실제에 회향하는 것이고, "지혜바다 건너가소서"는 보리에 회향하는 것이다.

集曰。廻向有三。衆生菩提實際也。廻自善根。向他衆生。即衆生向也。凡有

---

[155] 澄觀,『華嚴經行願品疏』卷10(X5, 198c1~2). 이는 징관의『華嚴經行願品疏』가 끝나는 부분에 나오는 총 8구의 게송 중 마지막 4구에 해당한다.

所作。稱同法性者。實際向也。願成菩提涅槃二果者。皆名菩提向也。今此
廻具此三種。謂寶祚等二句。廻向衆生。同證玄門者。廻向實際。齊智海者。
廻向菩提也。

화엄경관자재보살소설법문별행소 하권
華嚴經觀自在菩薩所說法門別行疏 卷下

각화사覺華寺 주지 비구 성지性之 교감

覺華寺。住持比丘。性之校勘。

화엄경관음지식품
| 華嚴經觀音知識品* |

목암 체원木庵體元**
박인석 옮김

---

* ㉣ 㡳本은 海印寺 寺刊藏本이다. 甲本은 般若 譯, 40卷本 『華嚴經』 卷16의 '觀音知識品」(T10)이고, 乙本은 『華嚴經觀自在菩薩所說法門別行疏』 卷下의 本文(海印寺寺刊藏本)이다.
** 題名과 撰者名은 편찬자가 補入하였다.

화엄경관음지식품華嚴經觀音知識品 해제

박 인 석
동국대학교 불교학술원 조교수

1. 개요

이 문헌은 체원體元이 자신의 사형인 인원忍源의 명에 의해 『화엄경관자재보살소설법문별행소華嚴經觀自在菩薩所說法門別行疏』(이하 『별행소』로 약칭)를 간행한 이후, 다시 수행자들의 편의를 위해 독송용 경문을 따로 판각할 때 경문에다 소의 과목科目을 붙여 간행한 것이다. 현재 문헌의 앞부분이 절반 이상 결실缺失되어 원래의 모습을 정확히 알긴 어렵지만, 『별행소』와의 비교를 통해 어느 정도 전모를 파악할 수 있다.

2. 저자

체원의 정확한 생몰연도는 확인할 수 없다. 다만 그의 저술의 편찬 연대를 보면 1328년에 해인사에서 『별행소』와 『백화도량발원문약해』(이하 『약해』로 약칭)를 편찬하고, 1334년 계림부에서 『약해』를 개판했으며, 1338년에는 『화엄경』을 사경寫經하기도 했으므로, 그가 14세기 전반에 활발히 활동했음을 알 수 있다. 체원에 대해 알 수 있는 자료로는 그의 저술에 나온 발문과 최해崔瀣(1287~1340)가 쓴 「송반룡여대사서送盤龍如大師序」(『동문선』 제84권) 등을 들 수 있다. 이들 자료에 따르면, 그의 법명은 체원體元이고, 법호는 목암木庵・향여向如이며, 각해대사覺海大師라는 호를 받았다. 또한 최해의 글에서 태정泰定 초비(1324~1325, 충숙왕 11~12)에 반룡사盤龍社의 주법으로 추천된 '법수당두 각해 여공法水堂頭覺海如公' 역시 체원을 가리킨다.[1]

최해의 글에 따르면, 체원은 이진李瑱(1244~1321)의 둘째 아들이고, 이제현李齊賢(1287~1367)의 바로 위의 형이다. 이를 잠시 살펴보자.

> 사師는 동암東庵 이문정공李文定公의 둘째 아들인데, 지금 왕부단사관王府斷事官 국상國相 익재益齋 공의 형이다. 친교 맺기를 좋아하여 당대의 이름난 귀공자인 회안군淮安君과 그 아우 창원공昌原公 같은 이도 다 사師를 경애하였다.[2]

동암東庵은 체원의 부친인 이진의 호이고, 문정文定은 그에게 내려진 시호이다. 익재益齋는 이제현의 호로서, 이 글을 쓴 최해는 이제현과 돈독한 사이였다. 체원이 이제현의 바로 위의 형이라는 점에서 그가 태어난 해를 대략 1280년대 초중반으로 보고 있다.[3] 한편 위의 글에서 최해는 체원의 출가와 이후의 삶에 대해 다음과 같이 기술하였다.

---

[1] 蔡尙植, 『高麗後期佛敎史硏究』, 一潮閣, 1991, p.199.
[2] 『東文選』卷84「送盤龍如大師序」, "師東庵李文定公次子. 今王府斷事官國相益齋公之兄. 善結交. 當代名勝貴公子如淮安君. 其弟昌原公. 皆敬愛師云." 번역은 한국고전번역원에서 재인용.
[3] 蔡尙植, 위의 책, p.199.

여공如公은 소년 시절에 머리를 깎고 선불장選佛場에서 고보高步하였으며, 태위상왕太尉上王(충선왕)에게 지우知遇를 얻어 승직僧職을 높이고 명찰名刹을 제수 받았다. 그러나 어버이가 늙었으므로 차마 좌우를 떠나지 못하고 탕약湯藥은 반드시 먼저 맛보았으며 죽은 뒤에도 더욱 형제간에 우애하였으니, 대개 그 효도하고 우애하는 마음이 천성에서 우러난 것이다.[4]

인용문에 나오는 태위상왕은 충선왕忠宣王으로, 그는 원에 있을 때 체원의 동생인 이제현을 불러 원의 학자들과 교류시키기도 했다.

이상의 내용을 바탕으로 체원의 생애와 활동을 좀 더 구체적으로 정리하면 다음과 같다. 우선 그는 1280년대 초중반에 태어나 소년 시절에 출가하였다. 태정 초(1324~1325)에 반룡사盤龍社의 주법으로 추천되었고, 치화致和 원년(1328)에는 해인사에서 『별행소』와 『약해』를 편찬하였으며, 1334년에는 계림부에서 『약해』를 개판하였다. 1338년에 『화엄경』을 사경하면서 남긴 발문을 보면 당시 체원은 양가도승통兩街都僧統의 지위에 있었다.[5]

현재 그에게는 3종의 편찬서(주석서)와 1종의 발문이 남아 있다. 이를 연대순으로 정리해 보면 다음과 같다. 1328년에 작성된 『약해』의 발문에 따르면, 이 당시 그는 『별행소』 2권을 먼저 편찬했고, 다음으로 『약해』를 편찬했다. 1331년 10월에는 『별행소』에서 경문과 과목만을 남겨 독송용으로 만든 『관음지식품觀音知識品』을 편찬했는데, 이 문헌은 현재 후반부

---

4 앞의 책, "如公妙年披剃。高步選佛場。見知太尉上王。崇縉秩授名刹。而以親老不忍去左右。湯藥必先嘗。至于其歿。尤友愛弟兄間。蓋孝悌發於性。"
5 蔡尙植, 앞의 책, pp.200~201. 이 발문은 국립중앙박물관에 소장되어 있다. 여기에 나오는 "上資玄福於一人"이라는 구절은 『백화도량발원문약해』 말미의 발문에도 동일하게 나오므로, 이 발문을 체원이 직접 지었을 가능성도 있다고 생각한다.

만 남아 있다. 그리고 같은 해(1331) 12월에는 『삼십팔분공덕소경三十八分功德疏經』에 대한 발문跋文을 작성했다. 『삼십팔분공덕소경』은 도교와 불교가 습합된 형태의 책으로, 체원은 그의 사형인 인원忍源의 청에 의해 발문을 작성하게 되었다고 말하였다.

3. 서지 사항

이 문헌은 해인사海印寺 사간장본寺刊藏本을 저본으로 한다. 『화엄경관음지식품華嚴經觀音知識品』이라는 제명題名과 목암 체원木庵體元이라는 찬자명은 『한국불교전서』 편찬자에 의해 보입補入되었다. 문헌의 말미에 있는 발문에 따르면 이 문헌이 간행된 시기는 지순至順 2년(1331) 10월이고, 발문을 지은 곳은 반룡사盤龍社이다. 문헌의 앞부분에 많은 결문缺文(略7張)이 있는데, 이 문헌의 간행에 기반이 된 체원의 『별행소』와 비교해 볼 경우, 문헌의 절반 이상이 빠진 것으로 추정할 수 있다.

4. 내용과 성격

문헌의 말미에 있는 체원體元과 그의 사형인 인원忍源의 발문에 따르면, 이 『화엄경관음지식품』(이하 『지식품』)과 『별행소』의 간행에 인원의 역할이 매우 컸음을 알 수 있다. 체원은 다음과 같이 말한다.

근래 (사형께서) 나에게 명하여 경經에다 소疏를 기록하게 하여 판각과 인쇄까지 이미 끝났는데, 다시 경을 지송하기 위해 별도로 한 권을 써서 공인을 모아 판각했으니, 이는 받들어 지니는 자를 편하게 하기 위해서이다. 나는 그가 대성大聖(관자재보살)에게 마음 쓰는 것이 이와 같이 간절함을 기쁘게 여겨, 삼가 소의 과문科文을 살펴 경의 앞에다 두었으니, 독송하는 수행인에게 조리가 있어 어지럽지 않게 하고 환히 의심이 없게 하여 마음이 관과 계합하게 하려는 것이며, 이 법미法味를 서로 맛보아 형제의 의에 우애를 더하려는 것일 따름이다.

여기서 우선 『별행소』의 간행이 평소 관자재보살을 깊이 믿던 그의 사형 인원의 명에 의해 이루어졌음을 알 수 있다. 다음으로 『별행소』의 간행을 마친 후에 인원이 지송持誦을 위해 별도로 한 권을 판각하려 하자, 체원이 『별행소』의 과문에 의거하여 경에 과문을 붙여 판각한 것이 바로 『지식품』임을 알 수 있다. 참고로 국립중앙도서관에 소장된 『지식품』의 원문 이미지를 보면, 『화엄경』의 경문을 판각한 위쪽 여백에 과목을 판각했음을 알 수 있다.

다만 현존하는 『지식품』은 대략 3/5 가량이 결실된 상태여서, 원래 모습을 정확히 파악하기는 어렵다. 그러나 『지식품』이 『별행소』에 근거해서 과문이 정해졌다는 점에 의거하면, 『지식품』의 원형을 대략 추정해 볼 수 있다.

먼저 『지식품』의 현존 부분의 과목을 정리하고, 다음으로 『별행소』의 판본에 의거해서 남이 있는 『지식품』에 해당하는 과목을 정리하면 아래의 두 표와 같다.

〈표 1〉『지식품』 현존 부분의 과목

전반부 결락							
				申讚意			
				四廣讚勝德 (二十一偈) 中二	先讚身相莊嚴 (十偈)		
					二讚業用深廣 (十一偈) 中三	一摠讚悲濟周 遍平等(二偈)	
						二讚依正妙嚴 滿衆生願(三偈)	
						三悲隨萬類拔 苦慰安(六偈)	
			第三結歎 (三偈)	先三德已滿			
				次二利俱圓			
				后自他覺滿			
	大段第五指 示後友二	先後友入會					
		二大聖指示 (善男下)					
	大段第六懸 德禮辭						

〈표 2〉『지식품』 현존 부분에 대한 『별행소』의 과목

전반부 결락							
				三自申讚意			
				四廣讚勝德二	先讚身相 莊嚴		
					二讚業用 深廣三	一惣讚悲濟周 遍平等	
						二讚依正妙嚴 滿衆生願	
						三悲隨萬類拔 苦慰安	
			第三結歎				
	大段第五指示 後友二	先後友入會					
		二大聖指示					
	大段第六懸德 禮辭						
三述意廻向							

우선 언급해야 할 점은 『한국불교전서』에 수록되어 있는 『관음지식품』 (H6, 602b)의 첫머리는 '中讚章'으로 판독되어 있지만, 국립중앙도서관에 소장된 『지식품』의 이미지를 확대해 보면 '中'은 '申'의 오독임을 알 수 있고, '章'은 글자 아래 부분이 선명하지 않아 '十' 혹은 '心'으로 판독이 가능함을 알 수 있다. 그런데 『지식품』과 『별행소』는 과목이 기본적으로 동일하므로, 『한국불교전서』에서 '中讚章'이라고 한 것은 실제로는 『별행소』의 과목인 '申讚意'로 판독해야 한다.

다시 두 문헌의 과목을 비교해 보면 대부분 동일하지만, 크게 두 가지 차이점을 발견할 수 있다. 첫째는 과목의 구성에 있어 약간의 차이가 있다. 가령 『별행소』에서 "四廣讚勝德二"라고 한 부분을 『지식품』에서는 "四有二十一偈。廣讚勝德。中二。"라고 한 경우이다. 다시 말해 『지식품』은 독송용이므로, 경문의 위쪽 여백에 "넷째, 21게송이 있으니, 뛰어난 공덕을 널리 찬탄하는 것이다. 그중에 두 가지가 있다."라고 좀 더 상세하게 풀어 준 것이다. 이처럼 독송을 위해 과목에 해당 게송의 숫자를 명기해 준 점이 『지식품』의 특징이다. 둘째는 『별행소』의 마지막에 있는 "三述意廻向"이 『지식품』에는 없는 점이다. 『지식품』은 관자재보살의 법문만을 독송하기 위해 만들어진 것이므로 굳이 징관의 소에 나오는 회향게가 필요하지 않았을 것으로 생각된다. 이로 미루어 본다면, 『별행소』의 서두에 나오는 종밀의 귀경게 역시 『지식품』에는 없었을 것으로 생각된다.

다음으로 『별행소』의 구조를 염두에 두고 『지식품』 전체의 구조를 파악해 보면 아래와 같다.

〈표 3〉 『별행소』와 『지식품』의 구조 비교

	『별행소』	『지식품』	40권본 『화엄경』(T10)
비슬지라회	5. 指示後友	결락	732c20~27(8줄)
	6. 戀德禮辭	결락	732c28~29(2줄)

관자재보살회	1. 依敎推求	결락	733a1~9(9줄)
	2. 見敬諮問	결락	733a9~b10(31줄)
	3. 稱讚授法	결락	733b10~734c3(110줄)
	4. 謙己推勝	4. 謙己推勝의 후반부(53줄)	734c4~735b18(73줄)
	5. 指示後友	5. 指示後友	735b19~c5(13줄)
	6. 戀德禮辭	6. 戀德禮辭	735c5~8(7줄)
합 계	총 8단락	총 3단락 현존(앞부분 결락)	약 10단 150줄

『지식품』이 『별행소』에서 경문만 독송하기 위한 문헌이라는 점에 의거하여, 결락된 부분을 포함한 문헌 전체의 내용을 간략히 살펴보고자 한다. 우선, 현재는 결락되었지만, 비슬지라회의 5.지시후우指示後友 부분은 비슬지라 거사가 선재동자에게 보타락가산에 계신 관자재보살을 찾아가라는 내용을 담고 있고, 6.연덕예사戀德禮辭 부분은 선재가 비슬지라 거사에게 예배하고 떠나는 장면이다. 다음으로 관자재보살회의 1.의교추구依敎推求 부분은 비슬지라 거사의 가르침에 따라 선재가 관자재보살을 찾아나서는 대목이고, 2.견경자문見敬諮問 부분은 선재가 관자재보살을 뵙고 공경히 가르침을 청하는 내용이며, 3.칭찬수법稱讚授法 부분은 관자재보살이 선재를 칭찬하며 법을 전수하는 내용이다. 4.겸기추승謙己推勝 부분은 관자재보살의 가르침을 받은 선재가 보살에게 예배하며 게송으로 찬탄하는 내용으로, 현재 장행長行 부분은 빠져 있고, 게송의 경우도 앞부분은 빠져 있다. 5. 지시후우指示後友 부분은 관자재보살이 정성무이행正性無異行보살을 찾아가라고 일러주는 내용이고, 6.연덕예사戀德禮辭 부분은 선재가 관자재보살에게 무수히 예배하면서 사직하는 내용이다.

경문이 비록 길진 않지만, 긴 게송이 자주 등장하므로 내용을 명확히 구분해서 읽기 어려운 측면이 있다. 그러므로 체원의 말대로 경문에 과목을 표시해 두면, 독송하는 수행인에게 조리가 생겨 어지럽지 않게 되어 의심이 사라지고 마음이 관觀의 경계에 들게 되는 이로운 점이 있으리라 생각된다.

5. 가치

이 문헌은 고려 말 관자재보살과 관련된 신행의 형태를 알려 준다는 점에서 소중한 가치를 지니고 있다. 체원이 비록 『별행소』와 같은 화엄교학의 주석서를 펴내긴 했지만, 수행실천의 측면에서 볼 때, 『화엄경』 중 관자재보살에 관련된 부분이 수행자들에 의해 꾸준히 지송되었음을 인원忍源의 발문을 통해서 알 수 있다. 더 나아가 경에 대한 지송이 궁극에는 수행자의 마음을 관觀의 상태에 들어가게 하려 했다는 점에서 관을 중시하는 화엄의 수행법을 엿볼 수 있다.

6. 참고 자료

蔡尙植, 『高麗後期佛敎史硏究』, 서울: 一潮閣, 1991.

차례

화엄경관음지식품華嚴經觀音知識品 해제 / 269
일러두기 / 279

화엄경관음지식품華嚴經觀音知識品 / 280

발문 / 291

일러두기

1 '한글본 한국불교전서'는 문화체육관광부의 지원을 받아 동국대학교 불교학술원에서 수행하고 있는 '불교기록문화유산아카이브(ABC)사업'의 결과물을 출간한 것이다.
2 이 책은 『한국불교전서』(동국대학교출판부 간행) 제6책에 수록된 『화엄경관음지식품華嚴經觀音知識品』을 저본으로 번역하였다.
3 번역문에 이어 원문을 병기하고 간단한 표점 부호를 삽입하였다.
4 원문의 교감 사항은 번역문의 각주와 별도로 원문 아래 부분에 제시하였다.
   ㉝은 『한국불교전서』 편찬자가 교감한 내용이다.
   ㉭은 번역자가 교감한 내용이다.
5 약물은 다음과 같다.
   『 』: 서명
   「 」: 편명, 산문 작품
6 역주에서 소개한 출전은 약호로 표시하였다. T는 『대정신수대장경大正新脩大藏經』의 약호이다.

【찬탄의 뜻을 펼침¹(中¹⁾讚章²⁾)³⁾】

보잘것없는 나의 지혜로	云何我以微劣智
보살의 뛰어난 덕 어찌 찬탄할 수 있으리	於仁勝德能儞⁴⁾讚
내 들으니 성자의 여러 공덕은	我聞聖者諸功德
끊임없고 다함없는 대비의 문	無斷無盡大悲門
이로 인해 청정한 마음 발하시어	因是發起淸淨心
나에게 지혜와 변재의 힘 생기게 하시네	生我智慧辯才力
내 이제 대중의 모임에 처하여	我今處於大衆會
큰 용맹으로 관찰하고	以大勇猛而觀察
오묘한 장엄을 칭양하고 찬탄하니	儞*揚讚歎妙莊嚴
지성으로 공경하여 게으름 없네	恭敬至誠無懈倦

1) ㉠ '中'은 '申'의 오기이다. 체원의 『別行疏』의 해당 과목이 '自申讚意'로 되어 있다. 국립중앙도서관 소장 『華嚴經觀音知識品』의 해당 면을 확인 결과 '中'이 아니라 '申'임을 알 수 있다. '意'는 아래의 '心' 부분이 희미하여 '章'으로 혼동될 수 있지만, 『知識品』이 『別行疏』에 근거했다는 점에 따라 보면, '申讚意'가 정확하다. 2) ㉠ '章'은 '意'의 오기이다. 3) ㉠ 이 위로 빠진 글이 많다(약 7장). 4) ㉠ '儞'은 갑본에는 '稱'으로 되어 있다. 다음도 같다.

【넷째, 21게송이 있으니, 뛰어난 공덕을 널리 찬탄하는 것이다. 그중에 두 가지가 있으

---

1 이 앞의 결락된 부분과 관련하여, 이 글 말미에 나오는 체원體元의 글에 따르면, 『華嚴經觀音知識品』은 체원의 사형인 인원忍源이 수행자들이 지송하기 편하도록 따로 판각한 것이며, 체원은 자신이 편찬한 『華嚴經觀自在菩薩所說法門別行疏』에 의거하여 소疏의 과문을 경 앞에다 두었다고 한다. 그러므로 이 문헌 앞에는 반야 역, 『大方廣佛華嚴經』 권16 「入不思議解脫境界普賢行願品」(T10)의 전반부(732c20~734c24)에 해당하는 부분만큼 빠져 있다고 추정할 수 있다. 또한 국립중앙도서관 소장 『華嚴經觀音知識品』을 보면, 과목의 글자는 경문 위쪽에 작은 글씨로 새겨져 있으므로, 협주로 처리하였다.

니, 앞의 10게송은 몸의 장엄을 찬탄하는 것이다.(四有二十一偈。廣讚勝德。中二。先十偈讚身相莊嚴。)】

대범왕이 범중천²에 머물면서	如大梵王居梵衆
그 빛으로 모든 범천 가리듯	映蔽一切諸梵天
보살의 상서롭고 오묘한 색신	菩薩吉祥妙色身
대중의 모임에서 짝할 이 없네(一)	處於衆會無倫匹

보살이 돌아보심 우왕³ 같으니	菩薩顧視同牛王
오묘한 색 찬란하심 금더미 같네	妙色融朗如金聚
크고 넓은 보리의 원 구족하시어	具足廣大菩提願
모든 천인 두루두루 이롭게 하네(二)	普利一切諸天人

갖가지 꽃타래로 장엄하시고	種種華¹⁾鬘以嚴飾
머리에는 오묘한 황금 보배관 쓰셨네	頂上眞金妙寶冠
깨끗하고 묘한 광명은 모든 하늘 넘어서고	光明淨妙過諸天
높고 장엄한 위덕은 세간 주인 뛰어넘네(三)	威德尊嚴超世主

둥근 광명은 무지개를 두른 듯하고	圓光狀彼流虹遶
겉모습은 환희 밝아 깨끗한 달 같네	外相明如淨月輪
정수리는 높이 솟아 수미산 같고	頂相豊起若須彌

---

2 범중천梵衆天 : ⑤ Brahma-pāriṣadya-deva. 색계色界 초선천初禪天의 첫 번째 천天이다. 이곳은 대범왕大梵王이 다스리는 천중天衆이 사는 곳이므로 범중천梵衆天이라 한다. 이 천의 천중은 신장이 반 유순由旬이고 수명이 반 겁劫이다.
3 우왕牛王 : 소의 왕을 가리킨다. 우왕의 형태는 나머지 다른 소보다 훨씬 뛰어난데, 이를 통해 부처님의 덕이 모든 사람 가운데 가장 뛰어남을 비유한다.

단정히 정좌한 모습 뜨는 해 같네(四)	端嚴正坐如初日

허리에 맨 금색 끈 미묘한 색이어서	腰繫金條²⁾色微妙
수승한 모습 드러내어 광명을 놓고	現殊勝相放光明
이니록伊尼鹿⁴ 가죽으로 만든 치마	伊尼鹿皮作下帬³⁾
보는 이에게 환희심 나게 하네(五)	能令見者生歡喜

오묘한 몸 갖가지로 장엄된 모습	妙身種種莊⁴⁾嚴相
여러 보배 모이어 된 수미산⁵ 같고	衆寶所集如山王
허리에 드리우신 오묘하고 청정한 옷	腰垂上妙淸淨衣
구름처럼 가이없이 색을 나투네(六)	如雲普現無邊色

진주 영락 세 가닥으로 두르신 모습	眞珠三道爲交絡
오묘하게 장엄된 세간 주인 몸 같아	猶如世主妙嚴身
청정한 빛 항상 놓아 두루 비추니	恒放淨光普照明
밝은 해가 허공에 떠 있는 듯하네(七)	亦如朗日遊空界

색신의 청정 오묘함 금산과 같고	身色淨妙若金山
첨박가⁶ 금빛 꽃이 한데 모인 듯하네	又如瞻博⁵⁾迦華*聚

---

4 이니록伊尼鹿 : 여기서 이니伊尼는 사슴의 이름이다. 『一切經音義』 卷22(T54, 448a23 이하)에서 여래의 삼십이상 중 '이니연 사슴왕의 장딴지(伊尼延鹿王腨)'를 설명하면서 "이니伊尼는 사슴의 이름이다."라고 하였다.

5 수미산 : 원문은 산왕山王이다. 이는 십산왕十山王 가운데 열 번째 수미로須彌盧 산왕山王(Ⓢ Sumeru)을 가리킨다. 이 산은 보배로만 이루어졌으며, 여기에는 대위덕천大威德天이 머문다고 한다. 십산왕이란, 열 개의 산이 바다 근처에 있으면서 나머지 일체의 작은 산들보다 높게 솟아 있으므로 칭한 말이다.

6 첨박가瞻博迦 : 첨복수瞻葍樹(Ⓢ campaka)를 말함. 이 나무에서 생기는 황색의 향기 나는 꽃은 마치 금처럼 찬란하며 향기도 멀리 퍼진다고 한다. 그래서 금색화金色花·황색

흰 진주 영락7으로 장식하시니	以白瓔珞爲嚴飾
흰 용왕이 몸을 감고 있는 것 같네(八)	如白龍王環遶身

세간 주인 손에 쥐신 오묘한 연꽃	世主手執妙蓮華*
그 빛깔은 최상의 황금이 모인 듯하고	色如上妙眞金聚
비유리8 보배로 줄기를 삼아	毗瑠璃寶以爲莖
큰 자비와 위신력으로 꽃피게 하네(九)	大慈威力令開發

하늘과 사람이 지닌 모든 연꽃보다 뛰어나	出過天人之所有
마치 해처럼 두루 광명 비추네	普放光明猶日輪
마치 묘고산9에서 나타난 듯	顯現如在妙高山
연꽃 향기 모든 곳에 두루 끼치네(十)	香氣普熏於一切

1) ㉑ '華'는 乙本에는 '花'로 되어 있다. 다음도 같다. 2) ㉑ '條'는 乙本에는 '縚'로 되어 있다. 甲本의 註에서 "條는 和本에는 條로 되어 있다."라고 하였다. 3) ㉑ '帬'은 乙本에는 '裙'으로 되어 있다. 甲本의 註에서 "帬은 明本과 和本에는 裙으로 되어 있다."라고 하였다. 4) ㉑ '莊'은 乙本에는 '壯'으로 되어 있다. 5) ㉑ '瞻博'은 乙本에는 '瞻愽'으로 되어 있다.

【다음으로 11게송이 있으니, 업용業用의 깊고 광대함을 찬탄하는 것이다. 그것에 세 가지가 있으니, 첫째는 자비로 두루 평등하게 제도함을 총괄하여 찬탄하는 것이다.(二有十一偈。讚業用深廣。中三。一摠讚悲濟周遍平等。)】

화黃色花라고도 불린다.
7 영락瓔珞 : Ⓢ keyūra. 구슬을 꿰어 몸에 달아 장엄하는 기구. 인도의 귀인들은 남녀 모두 영락을 입으며, 보살도 이것으로 단장함. 후세에는 불상이나 불상을 모시는 궁전을 장엄할 적에 꽃 모양으로 만든 금붙이와 수옥珠玉을 섞어 쓰는 것을 영락이라 한다.
8 비유리毗瑠璃 : Ⓢ vaidūria. 청옥靑玉·청색보靑色寶라 의역. 보석의 이름으로, 청색 물감을 만드는 원료이다.
9 묘고산妙高山 : 수미산須彌山(Ⓢ Sumeru)을 가리키는 말이다.

여러 악귀와 부다¹⁰들	於諸惡鬼部多等
검은 독사와 취한 코끼리와 사자	黑蛇醉象及師子
어리석음의 불 독한 해침 자비심을 가리고	癡火毒害蔽慈心
그 밖의 나머지 갖가지 위난들(一)	及餘種種諸危難

무거운 고통에 묶여 상처 받고 핍박 받아	重苦¹⁾繫縛所傷迫²⁾
온갖 공포 속에서 의지할 곳 없을 적에	一切恐怖無依怙³⁾
세간 주인의 한결같은 대비심은	世主一味大悲心
저 중생들을 평등히 구제하시네(二)	平等救彼衆生類

1) ㉮ '苦'는 乙本에는 '獄'으로 되어 있다. 2) ㉮ '迫'은 乙本에는 '害'로 되어 있다.
3) ㉮ '依怙'는 乙本에는 '疑惑'으로 되어 있다.

【둘째는 3게송이 있으니, 의보依報와 정보正報¹¹가 오묘하게 장엄되어 중생의 소원을 만족시킴을 찬탄하는 것이다.(二有三偈。讚依正妙嚴滿衆生願)】

오묘한 보배로 된 잎사귀 모양 돌 자리는	妙寶葉石爲勝座
비길 데 없이 아름다운 연꽃이 받치고 있고	無等蓮華*之所持
온갖 오묘한 복으로 이루어졌으며	百千妙福之所成

10 부다部多 : 종밀의 『華嚴經行願品疏鈔』 권5(X5, 303b8~9)에 따르면, "부다는 중국말로는 대신귀大身鬼라고 하며 또한 자생귀自生鬼라고도 한다. 이 부류 가운데 부모로부터 태어난 것을 야차夜叉라고 하고, 스스로 태어난 것을 부다部多라고 한다.(部多者。此云大身鬼。亦云自生鬼。此類。若從父母生者。名曰夜叉。若自生者。名曰部多。)"라고 했다.

11 의보依報와 정보正報 : 정보는 과거에 행한 선·악업의 원인에 의거하여 감득한 과보로서, 예를 들면 인간 세상에 태어나면 사지와 오관을 갖추어 인간의 과보를 받고, 축생으로 태어나면 날개나 털이나 이빨 등을 갖추어 축생의 과보를 구비하는 것을 말한다. 의보는 정보에 의거하여 그에 상응하는 환경을 받는 과보로서, 예를 들면 인간의 정보를 받은 자는 반드시 그에 상응하는 가옥이나 기물 등의 의보를 받고, 축생의 정보를 받은 것은 반드시 축생과 상응하는 둥지, 동굴 등의 의보를 받는 것을 말한다.

여러 오묘한 연꽃에 둘러싸여 있네(一)	衆妙蓮華*所圍遶
지극히 오묘한 몸의 광명 청정한 빛은	極妙身光淸淨色
진실한 승의로부터 성취되었네	從眞勝義而成就
여러 하늘 가지가지 오묘한 공양 올려	諸天種種上妙供
모두 다 보살의 공덕 찬탄한다네(二)	咸共讚歎仁功德
존귀한 분께 청정한 뜻 낼 수 있으면	於尊能發淸淨意
모든 근심 두려운 마음 멀리 여의어	速離一切憂怖心
권속들이 즐겁고 함께 기뻐하며	眷屬快樂共歡娛
오묘한 온갖 과보 다 원만해지리(三)	一切妙果皆圓滿

【셋째는 6게송이 있으니, 자비로 온갖 중생마다 고통을 없애어 편안케 하는 것이다.(三有六偈。悲隨萬類拔苦安慰。)】

자신의 궁에 머무르는 대해용왕과	大海龍王住自宮
다른 곳에 살고 있는 여러 용의 무리들	及餘居處諸龍衆
항상 금시조[12]를 두려워하니	常懼妙翅[1)]大鳥王
잡혀 상처 입고 온갖 고통 받기 때문이네(一)	搏撮傷殘受諸苦
어떤 중생 큰 바다에 들어갔다가	或有衆生入大海
설산같이 거대한 풍랑 만나고	遇風鼓浪如雪山
마갈[13]을 만나 삼켜지려 할 때	若遭摩竭欲來吞

---

12 금시조金翅鳥 : Ⓢ suparṇa, 또는 suparṇin. 인도신화에 나오는 새로서, 가루라迦樓羅(Ⓢ garuḍa) 새와 동일시된다. 불교에서는 팔부중八部衆의 하나이다. 날개가 금색이고, 양 날개의 넓이가 336만 리가 되며, 수미산의 하층에 살면서 용을 잡아먹는다고 한다.

무섭고 두렵지만 구해 줄 이 없네(二)	恐怖驚惶無所救
술 취한 코끼리가 급히 쫓아오거나	或遇醉象而奔逐
갖가지 고난에 묶였을 적에	種種尼²⁾難之所縈
지극한 마음으로 대비하신 분 염하면	至心憶念大悲尊
이와 같은 일체의 고난에서 두려움 없으리(三)	如是一切無憂怖
큰 바위산에 동굴 있으니	大石山王有洞窟
그 굴은 어둡고 깊어 몹시 두렵네	其窟幽深極可畏
왕법을 어기면 그 몸을 묶고	有犯王法鎖其身
갖가지로 얽어매어 굴속에 던지네(四)	種種繫縛投於彼
저 모든 고뇌하는 중생들이	彼諸苦惱衆生等
지극한 마음으로 대비하신 분을 염하면	至心憶念大悲尊
형틀도 풀리고 고통스런 사슬도 벗어 버려	枷鎖解脫苦鎖³⁾除
모든 근심 사라져 즐거우리라(五)	一切無憂安隱樂
보살님은 대비의 청정한 손으로	仁以大悲清淨手
간절히 염하는 모든 중생 끌어안아	攝取憶念諸衆生
일체의 고난 속에서	令於一切尼⁴⁾難中
근심 없는 즐거움 얻게 하시네(六)	獲得無憂安隱樂

---

13 마갈마갈 : Ⓢ makara, 마갈어摩竭魚를 말함. 의역하면 대체어大體魚·경어鯨魚·거오巨鰲라고 한다. 경론 가운데서 거대한 물고기로 기재되어 있다. 인도신화에서는 물의 신이 이를 타고 다닌다고 한다. 『一切經音義』卷23(T54, 456c6 이하)에 따르면, "마갈어摩竭魚 : 중국말로는 대체大體라고 하며, 이곳의 거오어巨鰲魚에 해당한다. 두 눈은 해와 같고 입을 벌리면 산골짜기와 같아 배를 삼킬 수 있다."라고 하였다.

1) ㉮ '翅'는 乙本에는 '翄'로 되어 있다. 2) ㉯ '믄'은 甲本에는 '厄'으로 되어 있다. 乙本에는 '㲋'으로 되어 있다. 3) ㉰ '鎖'는 乙本에는 '消'로 되어 있다. 다음도 같다.
4) ㉱ '믄'는 甲本과 乙本에는 '厄'으로 되어 있다.

【두 번째의 3계송은 찬탄을 매듭지음이니, 세 가지가 있다. 처음은 세 가지 덕[14]이 이미 원만이고, 다음은 두 가지 이로움[15]이 모두 원만함이며, 마지막은 자각自覺과 각타覺他가 원만함이다. 마지막 중에서 앞의 3구절이 자각과 각타이고, 제4구가 함께 깨닫기를 발원하는 것이다.(第二三偈。結讚三。先三德已滿。次二利俱圓。后自他覺滿。中三句自覺覺他。后句願往同證。)】

내 이제 인간과 하늘의 주인을 찬탄하니	我今讚歎人天主
가장 뛰어난 위덕 갖춘 대선왕이시네	最勝威德大仙王
삼독의 장애가 모두 사라지고	三毒翳障盡鎖*除
복과 지혜 끝이 없길 큰 바다 같네(一)	福智無涯如大海
중생을 조복함에 게으름 없고	調伏衆生無懈倦
원수거나 친한 이나 모두 이롭고 즐겁게 하시니	利樂平等無怨親
보살님이 계시는 묘금산에서	願於菩薩妙金山
일체의 수승한 복 다 이루길 발원합니다(二)	一切勝福皆成就
시방의 모든 세계에 두루하시어	普於十方諸世界
중생의 삿된 마음 소멸케 하고	息滅衆生邪見心
위없는 여래의 몸 속히 얻게 하시니	速獲如來無上身

14 세 가지 덕德 : 불과佛果의 공덕을 셋으로 나눈 것으로, 지덕智德·단덕斷德·은덕恩德을 말한다. 지덕은 평등한 지혜로 일체를 모두 다 아는 덕이고, 단덕은 온갖 번뇌를 남김없이 다 끊는 덕이며, 은덕은 중생을 구하여 해탈하게 하는 덕을 말한다.
15 두 가지 이로움 : 자리自利와 이타利他의 이로움을 말한다.

중생이 모두 깨닫길 널리 발원합니다(三)　　普願衆生咸證得

【대단大段의 다섯 번째는 뒤에 등장하는 벗을 가리키는 것이니, 이에 두 가지가 있다. 먼저는 뒤에 등장하는 벗이 회會에 들어오는 것이다.(大段第五。指示後友二。先後友入會。)】

이때 정성무이행正性無異行이라는 이름의 보살이 있었으니, 동방허공으로부터 이 세계의 윤위산輪圍山[16] 꼭대기로 와서 발을 땅에 디뎠을 때, 이 세계가 여섯 종류로 진동하며 셀 수 없이 많은 갖가지 보배로 장엄된 곳으로 변화되었다. 다시 그 몸에서 큰 광명을 놓아 일체를 비추니, 모든 제석천·범천·호세護世[17]와 천룡팔부天龍八部[18]와 해·달·별·번개가 지닌 모든 빛이 모두 먹물을 모아 둔 듯 어둡게 보였다. 그 광명이 지옥계·아귀계·축생계·염라왕계와 나머지 고뇌하는 일체의 중생을 두루 비추자, 그들의 죄와 허물이 깨끗이 사라져 몸과 마음이 청정해졌다. 또 일체제불의 국토에 모든 공양구름을 두루 일으켜, 일체의 꽃·향·영락·의복·깃발·일산을 두루 비 내리듯 내리고, 이와 같은 모든 장엄구로 부처님을 공양하였다. 다시 신통력으로 모든 중생의 마음이 즐기는 바에 따라 두루 일

---

16 윤위산輪圍山 : ⓢ Cakravāḍa-parvata. 곧 철위산鐵圍山을 말함. 불교의 세계관은 수미산을 중심에 두고, 그 주위를 모두 8개의 산과 8개의 바다가 에워싸고 있다고 본다. 그 중 가장 바깥쪽에 철로 만들어진 산을 철위산이라고 부르는데, 곧 수미 사주四洲의 바깥 바다를 에워싸고 있는 산이다.

17 호세護世 : 호세사천왕護世四天王. 곧 동방의 지국持國, 남방의 증장增長, 서방의 광목廣目, 북방의 다문多聞의 네 천왕을 가리킨다. 이 네 천왕은 수미산 사방의 중간쯤에 살면서 항상 불법을 수호하면서 네 천하를 지켜 나쁜 귀신이 중생을 침해하지 못하게 만들므로 호세護世라 부르고, 또한 호국護國이라 부른다.

18 천룡팔부天龍八部 : 천天(ⓢ deva)·용龍(ⓢ nāga)·야차夜叉(ⓢ yakṣa)·아수라阿修羅(ⓢ asura)·가루라迦樓羅(ⓢ garuḍa)·건달바乾闥婆(ⓢ gandharva)·긴나라緊那羅(ⓢ kiṃnara)·마후라가摩睺羅迦(ⓢ mahoraga)를 말한다. 이들은 불법을 수호하는 큰 힘을 지닌 신神이다. 팔부에서 천天과 용龍이 상수이므로, 그들의 이름을 대표로 들어 천룡팔부라 부른다.

체의 모든 궁전에서 그 몸을 나투어 그것을 보는 이들이 모두 환희하게 한 뒤에 관자재보살이 계신 곳으로 왔다.

이때 관자재보살이 선재에게 말하기를 "선남자야, 그대는 정성무이행보살이 대중이 모인 이 도량에 오는 것을 보았는가?"라고 하였다. 선재가 답하기를 "그렇습니다. 이미 보았습니다."라고 하자, 보살이 다음과 같이 말하였다.

爾時。有一菩薩。名正性無異行。從於東方[1]虛空中。來至此世界輪圍山頂。以足按地時。此世界六種震動。變成無數雜寶莊[2]嚴。復於其身。放大光明。映蔽一切釋梵護世天龍八部日月星電所有光明。皆如聚墨。其光普照地獄餓鬼畜生閻羅王界。及餘一切苦惱衆生。罪垢鎖*除。身心淸淨。又於一切諸佛刹土。普興一切諸供養雲。普雨一切華[3]香瓔珞衣服幢蓋。如是所有諸莊*嚴具。供養於佛。復以神力。隨諸衆生心之所樂。普於一切諸宮殿中。而現其身。令其見者。皆悉歡喜。然後來詣觀自在菩薩摩訶薩所。時觀自在菩薩。告善財言。善男子。汝見正性無異行菩薩。來此大會道場中不。善財答言。唯然已見。告言。

1) ㉮ '方'은 甲本의 註에서 "方 위에 明本에는 上이 있다."라고 하였다. 2) ㉮ '莊'은 乙本에는 '庒'으로 되어 있다. 다음도 같다. 3) ㉮ '華'는 乙本에는 '花'로 되어 있다. 甲本의 註에서 "華香은 明本에는 香華로 되어 있다."라고 하였다.

【둘째 "선남자야" 아래는 대성께서 지시하는 것이다.(二善男下。大聖指示。)[1]】

"선남자야, 그대는 가서 보살이 어떻게 보살의 행을 배우고 보살의 도를 닦는지를 물어보라."

善男子。汝可往問。菩薩云何學菩薩行修菩薩道。

1) ㉮ 이 註釋文은 어떤 판본에는 '摩訶薩所'의 아래에 있다.

【대단大段의 여섯 번째는 덕을 사모하면서 예를 올리며 사직하는 것이다.(大段第六。戀德禮辭。)】

이때 선재동자는 관자재보살이 계신 곳에서 깊고 깊은 지혜를 얻고 대비의 문에 들어가 깊고 깊은 마음으로 수순하여 관찰하되 마음에 피로나 싫어함이 없었다. 관자재보살의 발에 일심으로 머리 숙여 예를 올리고 그 주변을 셀 수 없이 많이 돌면서 그 가르침을 공경히 받들면서 사직하고 떠났다.

爾時。善財童子。於觀自在菩薩所。得甚深智。入大悲門。以甚深心。隨順觀察。心無疲厭。一心頂禮觀自在菩薩足。遶無數帀。敬承其敎。辭退而行。

대방광불화엄경 권제16
大方廣佛華嚴經 卷第十六

내가 7, 8세 되던 무렵(齠齔)[19] 부모님께서 일찍 세상을 떠나시어 선사先師이신 혜각 국존慧覺國尊[20]께 의지하여 절 안에서 날마다 선사를 시봉하였다(侍瓶錫).[21] 오래지 않아 선사께서 또 세상을 떠나시자, 마침내 누군가에 의지하려는 생각을 품고서 명복冥福을 빌고자 마음먹었다. 스승과 부모님의 망극罔極한 은혜를 조금이나마 보답하고자 이『관음별품觀音別品』을 지송하여, 오늘에 이르기까지 30년 동안 끊이지 않고 수지하였으니, 그것은 믿고 향하는 일에 있어 참으로 얕지가 않다. 지난 기사년己巳年(1329) 겨울 영통사靈通寺[22]에 머물면서 함께 살던 여러 종장宗長들에게 두루 권하여 온 절에서 함께 지송하고, 공인을 모집하여 판에 새겨 널리 두루 보시하였다.

바라는 바는 황제께서 길이 사시고 국운國運이 더욱 길어지며, 삼세 동안의 스승과 부모께서 함께 지송했던 저들과 더불어 보살의 대비 원력을 직접 이어 항상 보살의 미묘한 법음을 듣는 것이며, 널리 법계의 유정에 미쳐서는 다함께 원통삼매圓通三昧의 본성바다에 들어가는 것이다.[23]

월광전향月光典香 보응대사普應大師 인원忍源 지지誌

---

19 초츤齠齔 : 이를 가는 칠팔 세 무렵. 또는 칠팔 세 가량의 어린아이를 가리킨다.
20 혜각 국존慧覺國尊 : 수선사 제12세 혜각국사慧覺國師를 가리키는 듯하다.
21 시병석侍瓶錫 :『敕修百丈淸規』卷5에 따르면, 참선수행자가 총림에 들어갈 때 반드시 갖추어야 할 생활도구가 있는데, 그중 수병水瓶과 석장錫杖이 포함되어 있다. 그래서 이 구절을 제자가 스승의 수병과 석장을 살피며 스승을 시봉한다는 의미로 보았다.『宋高僧傳』卷18(T50, 823b6 이하)에 "(승가僧伽의) 제자 혜엄은 성씨와 태어난 곳이 자세하지 않다. 항상 스승인 승가를 따르며 그의 수병과 석장을 잡고 시봉하였다.(弟子慧儼。未詳氏姓生所。恒隨師僧伽執侍缾錫。)"라는 구절이 있다.
22 영통사靈通寺 : 경기도 개성시 안정문 밖에 있던 절. 고려 현종 18년(1027) 창건.『高麗史』「地理誌」에서 개성부의 임강현臨江縣을 설명하는 가운데, "영통사靈通寺 : 산수山水가 아름답기로는 송성松京에서 제일이나. 곧 아간阿干 강충康忠과 보육싱인寶育聖人이 살던 마아갑摩阿岬의 땅이다."라는 구절이 나온다.
23 다함께 원통삼매의~들어가는 것이다 : 원문의 "同入圓通三昧性海"는『白花道場發願文』에 그대로 나온다.

予於齠齕時。先人早逝。就先師慧覺國尊。院內日侍瓶錫。未幾。師又棄世。
遂抱疇依之念。思欲奉薦冥福。小報師親罔極之恩。頌此觀音別品。迄今
三十年。受持不絶。其爲信向。固不淺矣。越已巳冬。寓靈通寺。普勸同住諸
宗長。闔院同頌。募工繡梓。廣施無窮。所冀皇齡有永。國祚彌長。三世師長
父母。與夫同頌之人。親承菩薩大悲願力。恒聞菩薩微妙法音。普及法界有
情。同入圓通三昧性海者。

月光典香普應大師忍源誌。

　불보살 가운데 관자재보살께서 중생을 이롭게 하는 대비심大悲心은 광
대하여 견줄 데가 없으니, 부처가 되려고 하는 자가 우리 보살님의 대비
원력을 사모하는 것은 또한 요堯임금의 말을 행하면 요임금이 될 따름이
라는 말과 같다.[24] 나의 사형 월광 대사 원공은 대성을 깊이 믿어 『화엄
경』에서 관음대성께서 설한 바를 특별히 독송하고 널리 도속에게 권하여
수지하게 한 지 세월이 이미 오래되었다. 근래 나에게 명하여 경經에다
소疏를 기록하게 하여[25] 판각과 인쇄까지 이미 끝났는데, 다시 경을 지송
하기 위해 별도로 한 권을 써서 공인을 모아 판각했으니, 이는 받들어 지
니는 자를 편하게 하기 위해서이다. 나는 그가 대성에게 마음 쓰는 것이
이와 같이 간절함을 기쁘게 여겨, 삼가 소의 과문科文을 살펴 경의 앞에다
두었으니, 독송하는 수행인에게 조리가 있어 어지럽지 않게 하고 환히 의
심이 없게 하여 마음이 관과 계합하게 하려는 것이며, 이 법미法味를 서로

24　『孟子』「告子下」. "요순의 도란 효제에 있을 뿐이니, 그대가 요임금의 옷을 입고 요임
　　금의 말을 외며 요임금의 행동을 하면 반드시 요임금이 될 따름이고, 그대가 걸의 옷
　　을 입고 걸의 말을 외고 걸의 행동을 한다면 반드시 걸이 될 따름이오.(堯舜之道。弟孝
　　而已矣。子服堯之服。誦堯之言。行堯之行。是堯而已矣。子服桀之服。誦桀之言。行桀之
　　行。是桀而已矣。)"
25　이는 『韓國佛敎全書』 제6책에 실려 있는 체원의 『華嚴經觀自在菩薩所說法門別行疏』
　　를 말한다.

맛보아 형제의 의에 우애를 더하려는 것일 따름이다.

지순至順 2년(1331) 10월 출현반룡사出現盤龍社 불화각佛華閣에 머물면서 해인사 사문 목암 향여木庵向如 체원이 삼가 손을 씻고 향을 사르며 쓰다.

佛菩薩中。觀自在聖。利物大悲。廣大無等。凡爲佛者。慕我大悲願力。亦猶行堯之言。堯而已矣夫。我兄月光大師源公。深信大聖。別誦華嚴經大聖所說。廣勸道俗。受持歲已久矣。頃命山人。錄疏經下。鋟梓已畢。又別寫一卷爲持經。募工刻板。乃便於奉持者也。山人嘉其用心於大聖。如是切倒。謹按疏科。安於經首。使讀誦行人。有條不紊。渙然無疑。而心觀契合也。是法味相餉友于兄弟之義耳。

至順二年。十月日。寓出現盤龍社佛華閣。海印寺沙門。木庵向如。體元。謹沐手焚香題。

삼십팔분공덕소경발문
| 三十八分功德疏經跋文 |

목암 체원 木庵體元
박인석 옮김

삼십팔분공덕소경발문三十八分功德疏經跋文 해제

박 인 석
동국대학교 불교학술원 조교수

1. 개요

이 글은 체원體元이 『삼십팔분공덕소경三十八分功德疏經』을 판각하여 유통시킨 경위를 설명하는 짧은 발문이다. 주된 내용으로 염불의 공덕, 경의 목적과 영험함, 경의 증보 과정, 판각의 직접적 계기가 된 저자의 사형인 인원忍源에 대한 얘기가 간략히 실려 있다.

2. 저자

체원의 정확한 생몰연도는 확인할 수 없다. 다만 그의 저술의 편찬 연대를 보면 1328년에 해인사에서 『화엄경관자재보살소설법문별행소』(이하 『별행소』로 약칭)와 『백화도량발원문약해』(이하 『약해』로 약칭)를 편찬하고, 1334년 계림부에서 『약해』를 개판했으며, 1338년에는 『화엄경』을 사경寫經하기도 했으므로, 그가 14세기 전반에 활발히 활동했음을 알 수 있다. 체원에 대해 알 수 있는 자료로는 그의 저술에 나온 발문과 최해崔瀣 (1287~1340)가 쓴 「송반룡여대사서送盤龍如大師序」(『동문선』 제84권) 등을 들 수 있다. 이들 자료에 따르면, 그의 법명은 체원體元이고, 법호는 목암木庵·향여向如이며, 각해대사覺海大師라는 호를 받았다. 또한 최해의 글에서 태정泰定 초初(1324~1325, 충숙왕 11~12)에 반룡사盤龍社의 주법으로 추천된 '법수당두 각해 여공法水堂頭覺海如公' 역시 체원을 가리킨다.[1]

최해의 글에 따르면, 체원은 이진李瑱(1244~1321)의 둘째 아들이고, 이제현李齊賢(1287~1367)의 바로 위의 형이다. 이를 잠시 살펴보자.

> 사師는 동암東庵 이문정공李文定公의 둘째 아들인데, 지금 왕부단사관王府斷事官 국상國相 익재益齋 공의 형이다. 친교 맺기를 좋아하여 당대의 이름난 귀공자인 회안군淮安君과 그 아우 창원공昌原公 같은 이도 다 사師를 경애하였다.[2]

동암東庵은 체원의 부친인 이진의 호이고, 문정文定은 그에게 내려진 시호이다. 익재益齋는 이제현의 호로서, 이 글을 쓴 최해는 이제현과 돈독한 사이였다. 체원이 이제현의 바로 위의 형이라는 점에서 그가 태어난 해를 대략 1280년대 초중반으로 보고 있다.[3] 한편 위의 글에서 최해는 체원의 출가와 이후의 삶에 대해 다음과 같이 기술하였다.

> 여공如公은 소년 시절에 머리를 깎고 선불장選佛場에서 고보高步하였으며, 태위상왕太尉上王(충선왕)에게 지우知遇를 얻어 승직僧職을 높이고

---

1 蔡尙植, 『高麗後期佛敎史硏究』, 一潮閣, 1991, p.199.
2 『東文選』 卷84 「送盤龍如大師序」, "師東庵李文定公次子。今王府斷事官國相益齋公之兄。善結交。當代名勝貴公子如淮安君。其弟昌原公。皆敬愛師云。" 번역은 한국고전번역원에서 재인용.
3 蔡尙植, 위의 책, p.199.

명찰名刹을 제수 받았다. 그러나 어버이가 늙었으므로 차마 좌우를 떠나지 못하고 탕약湯藥은 반드시 먼저 맛보았으며 죽은 뒤에도 더욱 형제간에 우애하였으니, 대개 그 효도하고 우애하는 마음이 천성에서 우러난 것이다.[4]

인용문에 나오는 태위상왕은 충선왕忠宣王으로, 그는 원에 있을 때 체원의 동생인 이제현을 불러 원의 학자들과 교류시키기도 했다.

이상의 내용을 바탕으로 체원의 생애와 활동을 좀 더 구체적으로 정리하면 다음과 같다. 우선 그는 1280년대 초중반에 태어나 소년 시절에 출가하였다. 태정 초(1324~1325)에 반룡사盤龍社의 주법으로 추천되었고, 치화致和 원년(1328)에는 해인사에서 『별행소』와 『약해』를 편찬하였으며, 1334년에는 계림부에서 『약해』를 개판하였다. 1338년에 『화엄경』을 사경하면서 남긴 발문을 보면 당시 체원은 양가도승통兩街都僧統의 지위에 있었다.[5]

현재 그에게는 3종의 편찬서(주석서)와 1종의 발문이 남아 있다. 이를 연대순으로 정리해 보면 다음과 같다. 1328년에 작성된 『약해』의 발문에 따르면, 이 당시 그는 『별행소』 2권을 먼저 편찬했고, 다음으로 『약해』를 편찬했다. 1331년 10월에는 『별행소』에서 경문과 과목만을 남겨 독송용으로 만든 『관음지식품觀音知識品』을 편찬했는데, 이 문헌은 현재 후반부만 남아 있다. 그리고 같은 해(1331) 12월에는 『삼십팔분공덕소경三十八分功德疏經』에 대한 발문跋文을 작성했다. 『삼십팔분공덕소경』은 도교와 불교

---

4 앞의 책, "如公妙年披剃. 高步選佛塲. 見知太尉上王. 崇緇秩授名刹. 而以親老不忍去左右. 湯藥必先甞. 至于其歿. 尤友愛弟兄間. 蓋孝悌發於性."
5 蔡尙植, 앞의 책, pp.200~201. 이 발문은 국립중앙박물관에 소장되어 있다. 여기에 나오는 "上資玄福於一人"이라는 구절은 『白花道場發願文略解』 말미의 발문에도 동일하게 나오므로, 이 발문을 체원이 직접 지었을 가능성도 있다고 생각한다.

가 습합된 형태의 책으로, 체원은 그의 사형인 인원忍源의 청에 의해 발문을 작성하게 되었다고 말하였다.

3. 서지 사항

이 문헌은 해인사海印寺 사간장본寺刊藏本을 저본으로 한다. 『삼십팔분공덕소경』에 이어서 판각되어 있으므로, 『한국불교전서』 편찬자가 『삼십팔분공덕소경발문』이란 제명題名과 목암 체원木庵體元이라는 찬자명을 보입補入하였다. 『삼십팔분공덕소경』의 목판본은 현재 국보 제206호로 지정되어 있으며, 해인사의 사간판전寺刊版殿에 보관되어 있다. 발문의 작성 시기는 지순至順 2년(1331) 12월이다.

4. 내용과 성격

이 발문의 내용은 『삼십팔분공덕소경』을 판각하여 유통시키게 된 경위에 대해 주로 설명하는 것이다. 발문을 설명하기에 앞서 우선 경經에 대해 간략히 소개할 필요가 있다. 경의 제목 가운데 '소疏'는 상소上疏의 뜻으로, 마치 신하가 군주에게 글을 써서 아뢰는 것처럼, 선계仙界의 관원인 천조부군天曹府君이나 지부영관地府靈官들을 받들기 위해 그들 각각에 해당하는 불호佛號를 염한 뒤, 염불의 공덕功德을 그들에게 아뢰는 것을 말한다. 여기서 받들어야 할 대상은 38위位이고, 그에 해당하는 불호 역시 38가지이다.

발문은 우선 남을 위해 염불하는 공덕이 매우 크다는 점을 강조하면서 시작되어, 『삼십팔분공덕소경』의 목적 및 영험함을 소개한 후, 경이 어떻게 증보되었는지를 설명하고 있다. 그리고 경을 판각하게 된 경위에 저자의 사형인 월광 보응 대사月光普應大師 원공源公의 오랜 염불수행이 있었음을 소개하고 있다. 이에 대해 순서대로 간략히 살펴보자.

우선 저자는 염불의 공덕이 매우 크지만, 남을 위해 염불하면 그 공덕이 만 배나 된다는 점을 강조하고 있다. 그러므로 남을 이롭게 하는 행위 자체가 바로 자신을 이롭게 하는 것임을 '보살이 남을 이롭게 하는 일이 도리어 자신을 이롭게 한다'라는 말을 통해 설명하고 있다. 『삼십팔분공덕소경』의 목적이 위로는 선계의 관원인 영관靈官을 받들고, 또 아래로는 고통 받는 삼악도三惡道(지옥·아귀·축생)의 중생을 불쌍히 여기기 때문에 존호尊號를 염하는 것이라는 점과 이 때문에 성인과 범부 모두에게 이익을 주어 영험이 많음을 말하고 있다.

다음으로 『삼십팔분공덕소경』의 원래 형태는 26분이었는데, 후일 큰스님 한 사람이 내용을 보충하여 38분으로 늘렸으며, 여기에는 모두 근거가 있었다는 점을 말하고 있다. 이 내용에 따르면, 26분으로 된 『공덕소경』이 먼저 있었음을 알 수 있다. 현재 중국 명대에 간행된 『이십육분공덕소경』의 잔간이 확인된 상태이지만, 이를 고려에서 나온 『삼십분공덕소경』, 『삼십팔분공덕소경』과 내용과 체재 등을 비교하면 상당히 다름을 알 수 있다.

마지막으로 경을 판각하게 된 경위를 설명하고 있다. 즉 저자의 사형인 인원忍元이 오랜 세월 동안 관세음보살을 믿어, 영관이나 고통 받는 무리들을 위해 그들을 대신하여 여러 성인을 염하였는데, 저자는 사형의 이같이 훌륭한 마음을 돕기 위해 공인을 모아 이 경을 판각하고 인쇄하여 도속에게 널리 권한다는 것이다.

5. 가치

『삼십팔분공덕소경』은 도교와 불교가 결합된 형태의 위경僞經인데, 체원의 발문은 우선 이 경 자체의 증보 과정에 대한 단서를 제공하고 있다는 점에서 중요한 가치를 지닌다. 또한 고려 말 도교와 결합된 형태의 염불신앙이 불교계에 자연스럽게 수용되고 있었음을 알려 주는 점에서도 중요한 자료로 판단된다.

6. 참고 문헌

蔡尙植, 『高麗後期佛敎史硏究』, 서울: 一潮閣, 1991.
박인석, 「中國 所藏 『佛說二十六分功德疏經』 분석」, 『韓國佛敎學』 71, 2014.

차례

삼십팔분공덕소경발문三十八分功德䟽經跋文 해제 / 297
일러두기 / 304

삼십팔분공덕소경발문三十八分功德䟽經跋文 / 305

일러두기

1 '한글본 한국불교전서'는 문화체육관광부의 지원을 받아 동국대학교 불교학술원에서 수행하고 있는 '불교기록문화유산아카이브(ABC)사업'의 결과물을 출간한 것이다.

2 이 책은 『한국불교전서』(동국대학교출판부 간행) 제6책에 수록된 『삼십팔분공덕소경발문三十八分功德疏經跋文』을 저본으로 번역하였다.

3 번역문에 이어 원문을 병기하고 간단한 표점 부호를 삽입하였다.

4 원문의 교감 사항은 번역문의 각주와 별도로 원문 아래 부분에 제시하였다.
   ㉠은 『한국불교전서』 편찬자가 교감한 내용이다.
   ㉡은 번역자가 교감한 내용이다.

5 약물은 다음과 같다.
   『 』: 서명
   「 」: 편명, 산문 작품

6 역주에서 소개한 출전은 약호로 표시하였다. T는 『대정신수대장경大正新脩大藏經』의 약호이다.

어떤 사람이 불보살을 염하면 공덕에 끝이 없으니, 하물며 다른 사람을 위해 예불하고 염불하여 그 이익이 만 배나 되는 경우에 있어서랴! 옛사람[1]이 말하기를 "보살이 남을 이롭게 하는 일이 도리어 자신을 이롭게 한다."라고 하였으니, 이 말을 믿을 만하다. 이 경은 위로는 영관靈官[2]을 위하고 아래로는 삼도三途(지옥도·아귀도·축생도)를 불쌍히 여겨 존호尊號를 염하면서 예를 올리는 것이니, 이익이 성인과 범부를 적셔 영험이 매우 많다. 세간에서 활동하며 여러 그윽한 도움을 바라거나 정토에 태어나 불법을 보고 듣고자 하는 것이 어찌 이에 말미암지 않겠는가. 구본舊本은 26분이었는데, 뒤에 큰스님 한 분이 내용을 보충하여 분分을 늘렸으니, 모두 근거하는 바가 있다.

나의 사형 월광 보응 대사月光普應大師 원공源公이 특별히 관음대성觀音大聖을 믿어 영관 및 여러 고통 받는 무리를 위해 그들을 대신하여 오랜 세월 동안 여러 성인을 염하였으니, 아름답고 훌륭하도다. 지극한 정성이 이르는 곳에 무슨 재난인들 소멸되지 않겠으며, 무슨 염원인들 이루어지지 않으리오. 임금이 장수하고 나라가 복되며 도를 이루어 중생을 제도하는 일이 이를 벗어나지 않는다.

지금 공인을 모집하여 판각하고 인쇄하여[3] 도속에게 널리 권하니, 나는 사형의 훌륭한 마음을 도와 머리 조아려 삼가 발문을 쓸 따름이다.

지순至順 2년(1331) 신미辛未 겨울 12월 일 해인전주海印典柱 각해대사覺海大師 목암 체원木庵體元 제題

---

1 옛사람 : 누군지 확인 안 됨. 유사한 구절로는 아래와 같은 내용이 있음. 도선道宣 撰, 『淨心誡觀法』 卷下(T45, 831c20~21), "明知利他還是自利。雖復利他恒自益己。"
2 영관靈官 : 선관仙官, 즉 선계의 관원을 말함.
3 교감주에 따라 결락된 글자를 '梓'로 보면, 수재繡梓가 된다. 수재란 판각하여 인쇄하는 것을 말한다.

시주施主 월광대사月光大師 인원忍元 지誌
동원同願 해인대사海印大師 향여向如 서書

若人念佛菩薩。功德無窮。況爲他禮念。其利萬倍。古人云。菩薩利他。還是自利。斯言可信。此經。上爲靈官。下愍三途。念禮尊號。利洽聖凡。靈驗頗多。其欲行於世間。望諸冥扶。當於淨土。見佛聞法。何莫由斯。舊本二十六分。後有碩德。補入添分。皆有所□。[1] 我兄月光普應大師源公。別信觀音大聖。而爲靈官及諸苦類。代念諸聖。歲月久換。美哉善哉。至誠所格。何災患之不消。何願欲之不遂。壽君福國。成道濟生。不外乎是。今募工繡□。[2] 廣勸道俗。予佑兄勝心。稽首謹書耳。
至順二年。辛未冬。十二月日。海印典炷。覺海大師。木庵體元。題。
施主。月光大師。忍元。誌。
同願。海印大師。向如。書。

1) ㉑ □는 '據'인 듯하다. 2) ㉑ □ 자의 형태는 '拜'와 유사하다. 혹은 '梓'로 읽을 수도 있다. ㉠ '梓'가 적절하다.

삼십팔분공덕소경
|三十八分功德疏經*|

미상
박인석 옮김

* ㉘ 底本은 海印寺 寺刊藏本이다.

삼십팔분공덕소경 三十八分功德疏經 해제

박 인 석
동국대학교 불교학술원 조교수

1. 개요

이 문헌은 도교와 불교 신앙이 결합된 형태의 위경 僞經 으로, 고려 시대 체원 體元 에 의해 1331년에 간행되었다. 경의 성립에 대해서는 체원의 발문 跋文 외에는 자세히 고찰할 자료가 부족하다. 그 주된 내용은 도교적 세계관 내에서 인간세계의 길흉화복을 결정하는 힘을 지닌 존재들에게 불보살의 존호 尊號 를 염한 후 그 공덕을 바치는 것으로, 고려 말 불교의 염불신앙과 더불어 중시된 신앙 형태로 볼 수 있다.

2. 저자

이 문헌은 『경』이라는 명칭을 갖고 있으므로, 저자를 따로 정하기는 어렵다. 현재 이 문헌이 "내용상 화엄신중도량 華嚴神衆道場 과 관련하여 13~14세기 고려에서 만들어진 위경인 것 같다."[1]라는 연구 성과가 있지만, 중국에서도 명대에 간행된『불설이십육분공덕소경佛說二十六分功德疏經』의 잔간이 발견되었으므로, 중국에서 유래한 문헌으로 보인다. 다만 중국의『이십육분공덕소경』과 고려에 전하는『삼십분공덕소경』(이하『삼십분』으로 약칭)과『삼십팔분공덕소경』(이하『삼십팔분』으로 약칭)을 비교해 보면, 체재와 내용에서 상당한 차이가 있으므로, 이들이 동일한 계통은 아니었다고 판단된다.[2] 다시 말해 현존하는 명대의『이십육분공덕소경』과는 다른 계통의 문헌이 고려에 전래된 뒤, 점차 분分이 늘어나 30분과 38분에 이른 것으로 추정된다.[3] 분分이 늘어난 것에 대해서는『삼십분공덕소경』에 일단의 경위가 기재되어 있고,『삼십팔분공덕소경』의 발문을 쓴 체원 역시 그에 대해 언급하고 있다.

3. 서지 사항

이 문헌은 해인사海印寺 사간장본寺刊藏本을 저본으로 한다. 현재 이 목판본은 국보 제206호로 지정되어 있으며, 해인사의 사간판전寺刊版殿에 보관되어 있다. 경에 이어 체원體元의 발문이 있는데, 발문의 작성 시기는 지순至順 2년(1331) 12월이다. 이를 통해 경이 발문과 함께 이때 간행되었음을 알 수 있다.

4. 내용과 성격

우선 경經의 제목인 '삼십팔분공덕소경三十八分功德疏經'에 대해 살펴보

---

[1] 蔡尙植,『高麗後期佛教史研究』, 서울: 一潮閣, 1991, p.212.
[2] 박인석,「中國 所藏『佛說二十六分功德疏經』분석」,『韓國佛教學』71, 2014.
[3] 박영은,「고려 후기『功德疏經』신앙의 의의」,『韓國思想史學』49, 2015.

자. 경의 제목 가운데 '소疏'는 상소上疏에서의 '소疏'와 같은 뜻으로 생각된다.[4] 마치 신하가 군주에게 조목별로 글을 써서 아뢰는 것처럼, 선계仙界의 관원인 천조부군天曹府君이나 지부영관地府靈官들을 받들기 위해 그들에게 해당하는 불호佛號를 염한 뒤, 염불의 공덕功德을 그들에게 아뢰는 것을 말한다. 여기서 받들어야 할 대상은 38위位이고, 그에 해당하는 불호 역시 38가지이다.

한편 고려에는 『삼십팔분』 외에도 『삼십분』 역시 간행되었으며, 현존하고 있다. 『삼십팔분』은 1331년 해인사에서 간행되었고, 『삼십분』은 1339년 창녕에서 간행되었는데, 『삼십분』에는 '태령 삼중 낭연台嶺三重郞然'의 얘기를 통해 기존의 26분에서 4위가 추가된 경위가 나와 있다. 또한 『삼십팔분』에 대한 체원의 발문에도 처음의 26분에서 분이 늘어난 것에 모두 근거가 있음을 짧게 서술하였다.

다시 『삼십팔분』에 대한 설명으로 돌아가 보자. 이 경의 구성은 크게 세 부분으로 나눌 수 있다. 첫 번째 부분은 경이 성립하게 된 경위, 그것의 영험함, 그리고 지송하는 방법 등에 관한 내용을 기술하고 있다. 두 번째 부분은 38위의 공경 대상과 그에 해당하는 불보살의 존호를 나열하고 있다. 세 번째 부분은 불보살의 존호를 염한 공덕을 회향하는 내용을 설하고 있다. 이는 일반적인 불경의 구조, 즉 서분序分·정종분正宗分·유통분流通分의 세 가지 구조와 유사한 점이 있는 듯하지만, 불경의 서분이 모두 "여시아문如是我聞"으로 시작한다는 점 등에서 보면 차이점이 크다.

세 부분을 차례로 살펴보자. 우선 첫 번째 부분에서는 이 경이 전해진 곳이 서촉西蜀이며, 그곳 국왕의 꿈에 한 스님이 나타나서 왕에게 경의 수지·독송을 권장하는 것으로 내용이 시작된다. 그런데 여기서는 38분이

---

[4] '공덕소'의 명칭에 대해 박영은은 앞의 논문(p.87)에서 "功德疏는 衣物疏의 한 종류로, 공덕을 열거한 목록이다. 의물소는 고대 중국 장례의식에서 나타나는 부장품 목록이다."라고 설명하고 있다.

아니라 26분으로 된 『공덕소경』을 염하도록 권장하였다고 되어 있다. 아마 이 부분은, 체원이 발문에서 말한 것처럼, 경의 내용이 26분에서 38분으로 증보되는 과정에서도 바뀌지 않은 내용으로 보인다. 이어 독송의 방법과 영험함을 설명하고 있으며, 특히 본명일에 독송하는 방법을 소개하고 있다. 본명일이란 한 사람이 태어난 날의 간지와 같은 날을 말하는데, 이 날 『공덕소경』 한 편을 독송한 공덕을 재물 및 문소文疏(하늘에 고하는 글)와 함께 천조와 지부에 아뢰면 곧장 공덕 안에 수록되어 소원을 성취할 수 있을 것이라고 한다. 이능화의 『조선도교사朝鮮道敎史』에 보면 고려 시대에 성행한 도가道家의 초제축원문醮祭祝願文 가운데, 「왕본명청사王本命靑詞」, 「본명초례삼헌문本命醮禮三獻文」 등과 같이 본명과 관련된 축원문이 종종 등장하는데, 앞으로 이런 점들과의 연관성이 더 연구되어야 할 것으로 보인다.

두 번째 부분은 38위의 공경 대상과 그들에 해당하는 불보살의 존호를 염하는 것으로 구성되어 있다. 예를 들면 다음과 같다.

01. 천조부군天曹府君을 받들기 위해 '나무대통지승존불南無大通智勝尊佛'을 염한다.

02. 지부영관地府靈官을 받들기 위해 '나무청정법신비로자나불南無淸淨法身毗盧遮那佛'을 염한다.

......

37. 백 생 동안의 원수(百生寃家)를 받들기 위해 '나무보광보살南無普光菩薩'을 염한다.

38. 단명短命한 일체의 중생을 받들기 위해 '나무자비보살천제석왕南無慈悲菩薩天帝釋王'을 염한다.

이처럼 천조와 지부의 영관에서부터 이십팔수 등의 별과 관련된 내용,

염라대왕, 토지대왕, 심지어는 뒷간의 신기 등에 이르기까지 공경 대상이 매우 다양하며, 그에 따르는 불보살의 존호 역시 다양하다.[5]

세 번째 부분은 『공덕소경』을 지송해서 생긴 공덕을 회향하는 내용을 다루고 있는데, 회향을 통해 그 공덕이 황풍皇風, 삼보三寶, 저승에서 떠도는 혼백 등에게 전해지고, 나아가 법계의 모든 중생들이 즐거움 얻기를 발원하고 있다.

5. 가치

이 경의 성립과 관련해서는 보다 많은 연구가 이뤄져야 할 것으로 보이지만, 무엇보다도 이와 같은 위경僞經이 고려의 화엄교학자인 체원에 의해 간행되었다는 사실은 당시의 불교신행 가운데 순수한 불교적 수행뿐 아니라 도교와 결합된 민간 신앙 역시 상당히 유행했음을 보여 준다는 점에서 중요한 자료적 가치를 지닌다.

6. 참고 문헌

李鍾殷 譯註, 李能和 輯述, 『朝鮮道敎史』, 서울: 普成文化社, 1985.
蔡尙植, 『高麗後期佛敎史硏究』, 서울: 一潮閣, 1991.
박인석, 「中國 所藏 『佛說二十六分功德疏經』 분석」, 『韓國佛敎學』 71, 2014.
박영은, 「고려 후기 『공덕소경(功德疏經)』 신앙의 의의—『삼십분공덕소

---

[5] 이들 봉위 대상과 염불 대상의 출처에 대해서는 박영은의 논문에 상세히 나와 있다.

경(三十分功德疏經)』과『삼십팔분공덕소경(三十八分功德疏經)』을 중심으로」,『韓國思想史學』49, 2015.

차례

삼십팔분공덕소경三十八分功德䟽經 해제 / 309
일러두기 / 316

삼십팔분공덕소경三十八分功德䟽經 / 317

일러두기

1 '한글본 한국불교전서'는 문화체육관광부의 지원을 받아 동국대학교 불교학술원에서 수행하고 있는 '불교기록문화유산아카이브(ABC)사업'의 결과물을 출간한 것이다.
2 이 책은 『한국불교전서』(동국대학교출판부 간행) 제6책에 수록된 『삼십팔분공덕소경三十八分功德䟽經』을 저본으로 번역하였다.
3 번역문에 이어 원문을 병기하고 간단한 표점 부호를 삽입하였다.
4 원문의 교감 사항은 번역문의 각주와 별도로 원문 아래 부분에 제시하였다.
    ㉧은 『한국불교전서』 편찬자가 교감한 내용이다.
    ㉭은 번역자가 교감한 내용이다.
5 약물은 다음과 같다.
    『 』: 서명
    「 」: 편명, 산문 작품
6 역주에서 소개한 출전은 약호로 표시하였다. T는 『대정신수대장경大正新脩大藏經』, X는 『신찬대일본속장경新纂大日本續藏經』, H는 『한국불교전서韓國佛敎全書』의 약호이다.

옛적에 서촉西蜀의 대왕이 있었는데, 밤에 꿈에서 신장이 일 장 남짓 되는 스님이 나타나 왕에게 말하였다.

"예로부터 『이십육분공덕소二十六分功德疏』를 염하도록 권하였으니, 이는 모든 여래와 모든 존귀한 보살들의 명호입니다. 청컨대, 왕께서 이를 지념持念하시고, 백성들도 이를 베껴 매일 이른 아침 입을 깨끗이 하고 독송하도록 널리 권하십시오. 이 한 편을 지념한 뒤, 천조天曹[1]와 지부地府[2]의 모든 관청의 영관靈官[3]에게 회향하여 베풀면, 죽어서는 지옥에 떨어지는 일을 면하고 천상과 인간세상에 태어날 수 있습니다. 지극한 마음으로 백 일 동안 지념持念하면 반드시 음신陰神[4]의 도움이 있어, 현세에서 헤아릴 수 없이 많은 복을 얻을 것이며, 집안의 권속들도 당시 유행하는 나쁜 병과 여러 장애에 물들지 않을 것입니다. 본명일本命日[5]에 이르러 한 편을 전념한 공덕을 재물과 문소文疏[6]와 함께 천조와 지부에 아뢰면 곧장 공덕안功德案에 들어가 수록될 것이니, 바라는 바가 모두 다 이루어지게 될 것입니다."

昔西蜀大王。夜夢僧身長丈餘。語王曰。故來勸念二十六分功德疏。是諸如

---

1 천조天曹 : 천상天上의 관부, 관리라는 뜻으로, 도교에서 사람의 공죄功罪에 따라 수명을 가감하는 권한을 지닌 신神을 이르는 말.
2 지부地府 : 인간세상 바깥에 따로 있는 세계로서, 그곳에서는 백관百官들이 오로지 죽은 귀신들을 다스린다고 한다. 또한 음간陰間이라고도 한다.
3 영관靈官 : 선관仙官, 즉 선계의 관원을 말한다.
4 음신陰神 : 사람의 백魄을 가리키거나, 지신地神을 가리키는 말이다.
5 본명일本命日 : 첫째, 음양도陰陽道에서 말하는, 병난病難을 조심해야 하는 날. 자년생은 유일酉日, 축년생은 오일午日, 인년생은 미일未日, 묘년생은 신일申日, 진년생은 해일亥日, 사년생은 술일戌日, 오년생은 축일丑日, 미년생은 자일子日, 신년생은 묘일卯日, 유년생은 인일寅日, 술년생은 사일巳日, 해년생은 진일辰日을 조심해야 한다고 한다. 둘째, 한 사람이 태어난 날의 간지와 같은 날을 말함. 『續資治通鑑』「宋仁宗嘉祐八年」, "〈正月〉戊申. 降鄆州防禦使宗懿爲信州團練使. 宗懿葬其父濮安懿王. 而自以本命日不臨穴故也."
6 문소文疏 : 하늘에 고하는 글. 『寒山詩』, "供僧讀文疏. 空是鬼神祿."

來及諸尊菩薩名號。請王持念。廣勸人民書寫。令每日淸朝淨口讀誦。持念一遍。廻施天曹地府諸司靈官。死免墮地獄。得生天上人間。至心持念百日。必有陰神相助。現世獲福報無量。家眷不染時行惡病及諸障難。至本命日。轉念一遍功德。幷錢財文疏。奏上天曹地府。直入功德案收錄。凡所意求。皆獲稱遂。

01. 천조부군天曹府君을 받들기 위해 '나무 대통지승존불'을 염한다.

奉爲天曹府君。念南無大通智勝尊佛。

02. 지부영관地府靈官을 받들기 위해 '나무 청정법신비로자나불'을 염한다.

奉爲地府靈官。念南無淸淨法身毗盧遮那佛。

03. 북극존군을 받들기 위해 '나무 원만보신노사나불'을 염한다.

奉爲北極尊君。念南無圓滿報身盧舍那佛。

04. 남두와 북두의 성관星官[7]을 받들기 위해 '나무 천백억화신석가모니불'을 염한다.

奉爲南斗北斗星官。念南無千百億化身釋迦牟尼佛。

---

[7] 성관星官 : 천문성상天文星象을 관장하는 관리, 혹은 성신星神.

05. 이십팔수二十八宿[8]와 구요九曜[9]의 성관을 받들기 위해 '나무 서방극락세계아미타불'을 염한다.

奉爲二十八宿九曜星官。念南無西方極樂世界阿彌陁佛。

06. 인성천재제仁聖天齋帝를 받들기 위해 '나무 약사유리광불'을 염한다.

奉爲仁聖天齋帝。念南無藥師琉璃光佛。

07. 염라대왕閻羅大王을 받들기 위해 '나무 당래하생미륵존불'을 염한다.

奉爲閻羅大王。念南無當來下生彌勒尊念。[1)]

1) ㉿ '念'은 '佛'인 듯하다.

08. 명사冥司[10]의 최부군崔府君[11]을 받들기 위해 '나무 존승여래불'을 염

---

8 이십팔수二十八宿 : 천구天球를 황도黃道에 따라 스물여덟으로 등분한 구획. 또는 그 구획의 별자리. 동쪽에는 각角·항亢·저氐·방房·심心·미尾·기箕, 북쪽에는 두斗·우牛·여女·허虛·위危·실室·벽壁, 서쪽에는 규奎·누婁·위胃·묘昴·필畢·자觜·삼參, 남쪽에는 정井·귀鬼·유柳·성星·장張·익翼·진軫이 있다.
9 구요九曜 : 첫째, 북두칠성北斗七星과 그것을 보좌하는 두 별을 가리킴. 『文子』「九守」, "天有四時。五行。九曜。三百六十日。人有四支。五藏。九竅。三百六十節。" 둘째, 인도에 있는 일종의 역법曆法으로, 또한 구집九執이라고도 함. ① 일요日曜([S] Āditya)－태양太陽을 말함. ② 월요月曜([S] Soma)－태음太陰을 말함. ③ 화요火曜([S] Aṅgāraka)－형혹성熒惑星을 말함. ④ 수요水曜([S] Budha)－진성辰星을 말함. ⑤ 목요木曜([S] Vṛhaspati)－세성歲星을 말함. ⑥ 금요金曜([S] Śukra)－태백성太白星을 말함. ⑦ 토요土曜([S] Śanaiścara)－진성鎭星을 말함. ⑧ 라후羅睺([S] Rāhu)－황번성黃旛星으로 또한 식신蝕神이라고도 하니, 일월을 만나면 그것을 먹기 때문임. ⑨ 계도計都([S] Ketu)－혜성彗星으로 또한 표미성豹尾星이라고도 하는데, 식신蝕神의 꼬리에 해당함. 일요에서 토요까지를 칠요七曜라고 칭함.
10 명사冥司 : 사람이 죽은 뒤에 영혼이 가는 곳. 또는 그곳을 다스리는 관리.
11 최부군崔府君 : 당 악평樂平 사람으로, 성은 최崔, 이름은 각珏이며 자는 자옥子玉이

한다.

奉爲冥司崔府君。念南無尊勝如來佛。

09. 명간冥間[12]의 여러 관리들을 받들기 위해 '나무 구고관세음보살'을 염한다.

奉爲冥閒諸司官。念南無救苦觀世音菩薩。

10. 음주군陰注君을 받들기 위해 '나무 대성문수사리보살'을 염한다.

奉爲□[1)]注君。念南無大聖文殊師利菩薩。

1) ㉠ □는『三十分功德疏經』에는 '陰'으로 되어 있다.

다. 그의 부친인 최양崔讓은 선한 일을 좋아하고 보시하기를 좋아했는데, 나이가 50이 되도록 아들이 없었다. 그래서 그의 처와 함께 북악北嶽의 사당에 가서 아들 낳기를 기원했는데, 그날 밤 부부는 동자 하나가 소반에 아름다운 옥玉 두 개를 들고 와서 삼키게 하는 꿈을 꾸었다. 이로부터 부인이 아기를 가져 수隋 대업大業 3년(607) 6월 6일에 아들을 낳고는 이름을 '각珏'이라고 지었다. 최각은 당 정관貞觀 7년(633) 벼슬길에 올라 장자현령長子縣令을 제수받았는데,『列仙全傳』에 따르면, 그는 "낮에는 인간의 일을 다스리고 밤에는 음부의 일을 처리했다.(晝理陽事。夜斷陰府。)"라고 하며, 죽은 뒤에 상제로부터 자주磁州의 토지신土地神에 봉해졌다고 한다. 그래서 사람들이 사당을 지어 그에게 제사를 올렸는데, 현종玄宗에게 신령함을 드러낸 일로 인해 안사安史의 난 후에는 영성호국후靈聖護國侯에 봉해졌다. 이후 송宋 인종仁宗 경우景佑 2년(1035)에 호국현응공護國顯應公에 봉해졌고, 원부元符 2년(1099)에 호국현응왕護國顯應王에 봉해졌으며, 남송南宋 순희淳熙 13년(1186)에 진군眞君에 봉해졌다. 최각의 봉호封號가 높아짐에 따라 최부군묘崔府君廟 역시 자주磁州에서 중국 각지로 널리 퍼져 세워졌는데, 그중 하나가 현재 중국 산서성山西省 능천현陵川縣에 보존되어 있다.

12 명간冥間 : 사람이 죽은 뒤에 영혼이 가는 곳.

11. 오도장군五道將軍[13]을 받들기 위해 '나무 대성보현보살'을 염한다.

奉爲五道將軍。念南無大聖普賢菩薩。

12. 사명司命[14]과 사록司祿[15] 신군神君을 받들기 위해 '나무 대세지보살'을 염한다.

奉爲司命司祿神君。念南無大勢至菩薩。

13. 주복주수관注福注壽官을 받들기 위해 '나무 소재식재보살'을 염한다.

奉爲注福注壽官。念南無消灾息灾菩薩。

14. 선악이부관善惡二簿官을 받들기 위해 '나무 약왕약상보살'을 염한다.

奉爲善惡二簿官。念南無藥王藥上菩薩。

15. 장적장산관掌籍掌筭官을 받들기 위해 '나무 일월광명보살'을 염한다.

奉爲掌籍掌筭官。念南無日月光明菩薩。

16. 본명本命[16]과 원진元辰[17]을 담당하는 관리를 받들기 위해 '나무 보단

---

13 오도장군五道將軍 : 사람의 생사生死를 관장한다고 여겨지는 동악東嶽의 신.
14 사명司命 : 생명을 관장하는 신을 말함.
15 사록司祿 : 인간의 녹祿을 관장하는 신을 말함.
16 본명本命 : 사람이 태어난 해의 간지干支를 말함.
17 원진元辰 : 원단元旦 또는 좋은 때를 의미함.

화보살'을 염한다.

奉爲本命元辰從官部吏。念南無寶檀華菩薩。

17. 연직年直과 월직月直 사자使者를 받들기 위해 '나무 장수왕연수왕보살'을 염한다.

奉爲年直月直使者。念南無長壽王延壽王菩薩。

18. 일직日直과 시직時直 사자使者를 받들기 위해 '나무 고귀덕왕보살'을 염한다.

奉爲日直時直使者。念南無高貴德王菩薩。

19. 초면귀왕焦面鬼王[18]과 무주귀신無主鬼神을 받들기 위해 '나무 허공장보살'을 염한다.

奉爲焦面鬼王無主鬼神。念南無虛空藏菩薩。

20. 행병귀왕行病鬼王[19]과 일행사자一行使者를 받들기 위해 '나무 무진의보살'을 염한다.

奉爲行病鬼王一行使者。念南無無盡意菩薩。

---

18 초면귀왕焦面鬼王 : 염라왕과 귀왕鬼王을 가리키는 말. 그들의 얼굴색이 불에 탄 재처럼 검은색이므로 이렇게 칭함.
19 행병귀왕行病鬼王 : 질병을 전파시키는 악귀의 왕.

21. 사는 곳의 토지대왕土地大王을 받들기 위해 '나무 금강장보살'을 염한다.

奉爲當處土地大王。念南無金剛藏菩薩。

22. 채주債主[20]·원가寃家·부재負財·부명負命[21]을 받들기 위해 '나무 묘음보살'을 염한다.

奉爲債主寃家負財負命。念南無妙音菩薩。

23. 고의나 오해로 죽거나 다친 무리들을 받들기 위해 '나무 보승여래불'을 염한다.

奉爲故誤殺傷之類。[1] 念南無寶勝如來佛。

1) ㉐ '類'는 『三十分功德疏經』에는 '罪'로 되어 있다.

24. 오래전에 먼저 돌아가신 일체의 권속을 받들기 위해 '나무 지장보살'을 염한다.

奉爲先亡久遠一切眷屬。念南無地藏菩薩。

25. 집에 머무는 십일신기十一神祇[22]를 받들기 위해 '나무 마하반야바라

---

20 채주債主 : 다른 사람에게 돈을 빌려주는 사람을 두루 이르는 말.
21 부명負命 : 명령을 어김. 또는 목숨을 버림.
22 십일신기十一神祇 : 여기서 신기神祇는 천신天神과 지신地神을 가리키거나, 신령神靈을 두루 가리키는 말.

밀'을 염한다.

奉爲住宅十一[1]神祇。念南無摩訶般若波羅蜜。
1) ㉠ '一'은 『三十分功德疏經』에는 '二'로 되어 있다.

26. 당경當京 · 제묘諸廟 · 수부水府 · 산천山川 · 오악五嶽[23] · 사독四瀆[24]의 신군神君을 받들기 위해 '나무 청량보산일만동명관세음보살'을 염한다.

奉爲靈[1]京諸廟水府山川五嶽四瀆神君。念南無淸涼寶山一萬同名觀世音菩薩。
1) ㉠ '靈'은 '當'의 오기이다. 『三十分功德疏經』에도 '當'으로 되어 있다.

27. 조군竈君 · 조모竈母[25]와 서른여섯 분의 부엌 신기神祇를 받들기 위해 '나무 선명선광보살'[26]을 염한다.

奉爲竈君竈母三十六竈神祇。[1] 念南無菩[2]明菩*光菩薩。
1) ㉠ '祇'는 『三十分功德疏經』에는 '君'으로 되어 있다. 2) ㉤ '菩'의 字劃이 異常하다. 다음도 같다. ㉠ '菩'는 '善'의 오기이다. 『三十分功德疏經』에도 '善'으로 되어 있다.

---

23 오악五嶽 : 중국 역사상의 오대 명산을 가리킴. 동악東嶽은 태산泰山, 서악西嶽은 화산華山, 남악南嶽은 형산衡山, 북악北嶽은 항산恒山, 중악中嶽은 숭산嵩山임.
24 사독四瀆 : 장강長江 · 황하黃河 · 회하淮河 · 제수濟水를 합하여 부르는 말.
25 조군竈君 · 조모竈母 : 부엌을 관장하는 신을 말함.
26 선명선광보살善明善光菩薩 : 『韓國佛敎全書』 교감주에는 '善'을 '菩'로 판독하면서 字體가 이상하다고 하였다. 다만 국립중앙도서관 소장본을 확인해본 결과 '善'으로 판독할 수 있었다. 또한 『三十分功德疏經』에도 '善'으로 되어 있으므로 '선명선광보살'로 번역하였다. '선명보살善明菩薩'은 『大寶積經』卷117(T11, 657b8), 『佛說佛名經』卷22(T14, 275c10)에 등장하고, '선광보살善光菩薩'은 『持心梵天所問經』卷3(T15, 21a25)에 '善光菩薩得普明三昧'라는 대목에서 1회 나온다. 한편 '보명보살菩明菩薩'이나 '보광보살菩光菩薩'은 찾을 수 없다.

28. 문랑門郎과 호백戶伯[27]의 여러 신기를 받들기 위해 '나무 여의륜수심보살'을 염한다.

奉爲門郎戶伯諸[1]神祇。念南無如意輪隨心菩薩。
1) ㉠ '諸'는 『三十分功德疏經』에는 없다.

29. 뇌공雷公·전모電母·풍백風伯·우사雨師를 받들기 위해 '나무 묘상보살'을 염한다.

奉爲雷公電母風伯雨師。念南無妙相菩薩。

30. 뒷간의 신기를 받들기 위해 '나무 화취보살'을 염한다.

奉爲圂廁神祇。念南無華聚菩薩。

31. 주명귀왕主命鬼王을 받들기 위해 '나무 지장보살'을 염한다.

奉爲主命鬼王。念南無地藏菩薩。

32. 사생육도四生六道의 일체중생을 받들기 위해 '나무 불타달마승가야'를 염한다.

奉爲四生六道一切衆生。念南無佛陁達摩僧伽耶。

---

27 문랑門郎과 호백戶伯 : 문門과 호戶를 관장하는 신기를 가리키는 듯함.

33. 팔한八寒지옥·팔열八熱지옥·오무간五無間지옥에서 고통 받는 일체 중생을 위해 '나무 신상보달보살'을 염한다.

奉爲八寒八熱五無間獄一切受苦衆生。念南無信相普達菩薩。

34. 허공을 노니는 하늘 무리와 구집대천九執大天[28]의 일체성중一切聖衆을 받들기 위해 '나무 대위덕금륜왕치성광여래불'을 염한다.

奉爲遊空天衆九執大天一切聖衆。念南無大威德金輪王熾盛光如來佛。

35. 일체의 빈궁한 무리를 받들기 위해 '나무 무진복덕해묘장엄왕여래불'을 염한다.

奉爲一切貧窮之類。念南無無盡福德海妙莊嚴王如來佛。

36. 일체 악난惡難을 없애기 위해 '나무 마리지천보살'을 염한다.

奉爲除一切災[1)]難。念南無摩利支天菩薩。
1) 옝 '災'는 '惡'의 오기이다.

37. 백 생 동안의 원수를 받들기 위해 '나무 보광보살'을 염한다.

奉爲百生冤家。念南無普光菩薩。

---

28 구집九執은 구요九曜와 같다. 앞의 구요에 대한 주 참조.

38. 일체의 단명短命한 중생을 받들기 위해 '나무 자비보살천제석왕'을 염한다.

奉爲一切短命衆生。念南無慈悲菩薩天帝釋王。

이상 제자가 전념轉念하여 현전한 공덕의 뜻을 받들어서 일체의 영관들께 장엄히 회향하오니 기쁘게 받아들이소서.

먼저 황풍皇風이 길이 견고하고 복과 수명이 끝이 없으며, 삼보가 오랫동안 흥성하고 법륜이 항상 굴러가고, 명관冥官이 나라를 보호하여 비바람이 순조로워 곡식이 잘 익고(登稔),[29] 백성에게 재난이 없기를 바랍니다.

다음으로 유도幽途에서 떠도는 혼백(滯魄)[30]들이 고통을 여의고 하늘에 태어나며, 법계의 중생들이 모두 이로움과 즐거움을 입으며, 염라천자閻羅天子가 미래세에 부처가 되어 명호를 보현왕여래普賢王如來라 하고 십호十號를 구족하기를 바랍니다.[31]

右弟子所申轉念現前功德意者。奉用莊嚴廻向。一切靈官。歡喜領納。先願皇風永固。福壽無疆。三寶長興。法輪常轉。冥官護國。雨順風調。禾稼登稔。民無災難。次及幽途滯魄。離苦生天。法界含靈。俱霑利樂。閻羅天子。於未來世。當得作佛。號曰普賢王如來。十號具足。

---

29 등임登稔 : 오곡을 풍성하게 수확하는 것.
30 혼백(滯魄) : 의지할 데 없이 떠도는 혼백을 말함.
31 염라천자閻羅天子가 미래세에~구족하기를 바랍니다 : 『佛說預修十王生七經』(X1, 408a21·~23), "佛告諸大衆。閻羅天了。於未來世。當得作佛。名曰普賢王如來。十號具足。國土嚴淨。百寶莊嚴。國名華嚴。菩薩充滿." 이 구절은 『佛說二十六分功德疏經』의 마지막 부분에도 한 글자의 차이(號曰과 名曰)만 제외하면 동일하게 등장한다. 그리고 고려에서 나온 『三十分功德疏經』에는 내용이 동일하다.

삼십팔분공덕소경

三十八分功德疏經[1]

---

[1] 웹 이 아래 體元이 지은 跋文이 있는데, 이미 체원의 문헌에 들어가 있다.(H6, 607) 그래서 편자가 삭제하였다.

찾아보기

백화도량발원문약해

계림부鷄林府 / 72
『계환소戒環疏』 / 51, 58
『관무량수경觀無量壽經』 / 38
관음대성觀音大聖 / 28, 41, 47
균여均如 / 45
기세간器世間 / 44
『기신론』 / 32, 33
『기신론소』 / 31, 48
김신기金神器 / 72

노신盧愼 / 72
『능엄경』 / 51, 57, 58

『대경大經』 / 60
대비신주大悲神呪 / 64
『대비심다라니』 / 53
대원경지大圓鏡智 / 28, 30, 40, 41, 42
『대집경』 / 46

돈교頓敎 / 65
동교同敎 / 36
동천사東泉社 / 72

목암 체원木庵體元 / 72
『묘리원성관妙理圓成觀』 / 60
『무량수경無量壽經』 / 30
무상지無相智 / 65
무생인無生忍 / 66
문지文持 / 23

반류문返流門 / 33
백화도량 / 61
『백화도량발원문』 / 68, 71
백화산白花山 / 60
『법계도法界圖』 / 23, 35, 42, 44, 56
『법계체성경法界體性經』 / 66
법성토法性土 / 40
보달락가補怛洛迦 / 25
보리회향菩提廻向 / 69

찾아보기 • 329

「보문품」/ 57
보영甫英 / 72
보응 대사普應大師 원공源公 / 71
본각本覺 / 33
『본업경』/ 55
「본전本傳」/ 23

『사나품소舍那品䟽』/ 61
사악도四惡道 / 56
사홍서원四弘誓願 / 54
삼취정계三聚淨戒 / 55
생멸문 / 42
선순善珣 / 72
섭화토攝化土 / 62
성기번흥법이지性起繁興法爾止 / 41
「성기품性起品」/ 48
『성유식론』/ 30
성정본각性淨本覺 / 32, 41, 42
성지性之 / 72
소백화수小白花樹 / 25
수류문隨流門 / 33
숙교熟敎 / 43
시각始覺 / 33
시교始敎 / 31, 41
신수神秀 / 60
실제회향實際廻向 / 70
심생멸문心生滅門 / 33
심진여문心眞如門 / 32
『십구장十句章』/ 41, 43
십성계十性戒 / 55

십원十願 / 54
「십인품十忍品」/ 66
『십지경론』/ 65

아마라식阿摩羅識 / 31
『양론梁論』/ 55, 56
『양섭론석梁攝論釋』/ 67
여래장경如來藏鏡 / 31
「여래출현품」/ 29, 33
『오교장五敎章』/ 44, 45
오중해인五重海印 / 45
오척신五尺身 / 41
원교圓敎 / 31, 41, 42, 65
원교국사圓敎國師 / 24
원성실성圓成實性 / 44
『유가瑜伽』/ 33
『유교경遺敎經』/ 28
육향 / 56
응화법신應化法身 / 55
의보依報 / 40
의상 / 23
의주석依主釋 / 28
의지義持 / 23
이기李奇 / 72
인해인因海印 / 46
인훈습경因熏習鏡 / 43
일미법계一味法界 / 40
일승종一乘宗 / 46

자성법신自性法身 / 55
자성청정원명체自性淸淨圓明體 / 34
잡염토雜染土 / 60, 62
『장자론長者論』 / 59
정법명왕여래正法明王如來 / 45
정보正報 / 40
정성무이행보살正性無異行菩薩 / 25
『정원소貞元疏』 / 50, 51
종교終敎 / 41, 65
중생세간衆生世間 / 44
중생회향衆生廻向 / 70
지공指空 / 66
지엄智儼 / 23, 45
지업석持業釋 / 28
지정각세간智正覺世間 / 44
지혜안智慧眼 / 54

천광왕정주여래千光王靜住如來 / 53

『천수천안경』 / 53, 58, 64
청량淸涼 / 36
『청량소淸涼疏』 / 29, 50, 56, 66, 67, 71
『초지론初地論』 / 52, 53
최변崔汴 / 72
최적정바라문最寂靜婆羅門 / 50
최치원崔致遠 / 23

해동화엄초조海東華嚴初祖 / 24
해인경海印鏡 / 36, 41, 43
해인경지海印鏡智 / 40
해인삼라海印森羅 / 44
해인삼라상주용海印森羅常住用 / 36, 37
『행원품소』 / 67
현수賢首 / 23, 48, 61
『화엄경』 / 71
「화장세계품」 / 60
『환원관還源觀』 / 34, 36, 41

화엄경관자재보살소설법문별행소

가루라迦樓羅 / 164, 255
가신歌神 / 255
가외可畏 / 255

가타伽陀 / 176, 177, 180
각현覺賢 / 90
각화사覺華寺 / 265
『감응록感應錄』 / 200
『감응전感應傳』 / 198, 209

거사居士 / 164
거사居士의 부녀婦女 / 164
건달바乾闥婆 / 164, 255
경經 / 106
경대境大 / 100
계빈罽賓 / 91
고기게孤起偈 / 177
『고승전高僧傳』 / 193, 222
『고왕관세음경高王觀世音經』 / 192
『공목장孔目章』 / 218
공양제불보供養諸佛普 / 158, 233
과대果大 / 100
『관무량수경觀無量壽經』 / 141, 253
관세음보살 / 142
관심觀心 / 187
『관음경觀音經』 / 198, 200
『관음전觀音傳』 / 203
관자재보살觀自在菩薩 / 90, 182
관자재회觀自在會 / 117
관찰지정각세간觀察智正覺世間 / 134
광廣 / 101
광명변조光明遍照 / 95
『광아廣雅』 / 255
교대敎大 / 100
교룡蛟龍 / 255
구부득求不得 / 170
『구생관음경救生觀音經』 / 192
귀매鬼魅 / 206
규룡虬龍 / 255
『금강경』 / 219
금쇄자골金鎖子骨 / 219
금시조金翅鳥 / 247, 255
기바耆婆 / 258
기세간器世間 / 134

기수순평등선근회향寄隨順平等善根廻向 / 117
기야祇夜 / 177
긴나라緊那羅 / 164, 255
긴나락緊捺落 / 255
「길상운장吉祥雲章」 / 231

나찰바羅刹婆 / 255
논의論議 / 178
누진통漏盡通 / 130
『능가경楞伽經』 / 116
『능가경楞伽經』「불어심품佛語心品」 / 116
『능엄경楞嚴經』 / 161
『능엄경』「관음장」 / 174
『능엄경환해楞嚴經環解』 / 120
니다나尼他那 / 177

단덕斷德 / 250
담무갈曇無竭 / 198
당위當位 보현 / 147
대大 / 100
대복大腹 / 256
대비大悲 / 185
대비속질행해탈문大悲速疾行解脫門 / 230
대비행문大悲行門 / 156, 159, 166
『대소大疏』 / 93, 113

대숭복사大崇福寺 / 90, 92
대자재천왕大自在天王 / 164
『대장엄론大莊嚴論』 / 236
『대장일람大藏一覽』 / 218
대중위덕외大衆威德畏 / 168
대휴大休 / 93
덕운德雲 비구 / 150
도태道泰 / 222
동교同敎 / 147
동남童男 / 164
동녀童女 / 164
두부竇傅 / 189

마갈摩竭 / 248
마랑馬郎 / 218
마후라摩睺羅 / 256
마후라가摩睺羅伽 / 164
막호락가莫呼落伽 / 256
『명상기冥祥記』 / 194, 196, 198
묘각진심妙覺眞心 / 159, 160
묘각탑비妙覺塔碑 / 93
묘금산妙金山 / 249
『묘리원성관妙理圓成觀』 / 160
묘엄왕妙嚴王 / 258
「묘음보살품妙音菩薩品」 / 164
무량색보염망운無量色寶焰網雲 / 151
『무량수경無量壽經』 / 161
무량수불無量壽佛 / 161
무애행보無碍行普 / 115, 232
무이행보살無異行菩薩 / 233
무진의無盡意 / 132

무학無學 / 155
문수文殊 / 183
문수보살 / 142
「문수장文殊章」 / 152
문수회文殊會 / 150
문초文超 / 155
미증유未曾有 / 178

바라문婆羅門 / 164
바라문婆羅門의 부녀婦女 / 164
반야般若 삼장三藏 / 90
방方 / 101
방광方廣 / 178
방편보方便普 / 158, 233
범왕梵王 / 164
법계불法界佛 / 103
법보현法普賢 / 147
법선法禪 / 193
법신法身 / 103
법업法業 / 90
『법원주림法苑珠琳』 / 235
『법화경』 / 219
『법화경』「관세음보살보문품」 / 128, 157, 163
『법화문구』 / 187
『법화소法花疏』 / 120
벽지불辟支佛 / 164
벽공辟公 / 126
별교別敎 / 147
『별전別傳』 / 91, 93
보광공덕산왕불寶光功德山王佛 / 161

보리신菩提身 / 103
보리회향 / 263
보문普門 / 185, 239
「보문품」 / 219
보살菩薩 / 165
보타락가補怛洛迦 / 118
보현보살 / 142
「보현행원품」 / 91
복덕신福德身 / 103
복례復禮 / 90
본사本事 / 177
본생本生 / 177
본성불本性佛 / 103
부견符堅 / 196
분교分敎 / 177
불도발타라佛度跋陁羅 / 90
불반열반제不般涅槃際 / 137
불수기사佛授記寺 / 90
『불정심다라니佛頂心陀羅尼』 / 203
『불정심신험佛頂心神驗』 / 202
불종무진佛種無盡 / 138
불활외不活畏 / 168
비구比丘 / 164
비구니比丘尼 / 164
비로자나毗盧遮那 / 95
비목선인毗目仙人 / 153
비불략毗佛略 / 178
비사문毗沙門 / 164
비슬지라毗瑟底羅 / 118, 119
비슬지라회毗瑟底羅會 / 117
비유譬喩 / 178
비인非人 / 164
비천非天 / 255

사다가루다伽闍多伽 / 177
사부謝敷 / 203
사사공사謝司空寺 / 90
사섭법四攝法 / 163
사외死畏 / 168
사자국師子國 / 208
사장事障 / 111
사행보事行普 / 115, 232
사효思孝 / 141
삼도三塗 / 213
삼독三毒 / 187
삼륜三輪 / 224
삼매불三昧佛 / 103
상대相大 / 100
서현徐賢 / 200
석법력釋法力 / 203
석축법의釋竺法義 / 209
석혜달釋惠達 / 198
석홍만釋洪滿 / 209
선재善財 / 120
선재동자善財童子 / 91
설법보說法普 / 158, 233
성문聲聞 / 164
성정각불成正覺佛 / 103
성지性之 / 265
성취중생보成就衆生普 / 158, 233
소구보所求普 / 115, 233
소기대용보所起大用普 / 115, 232
소단보所斷普 / 115, 233
소왕小王 / 164
『소전장所詮章』 / 155
소행처보所行處普 / 115

소화보所化普 / 115
손경덕孫景德 / 192
수기授記 / 177
수다라修多羅 / 177
수락불隨樂佛 / 103
『수문수경隨文手鏡』 / 93
수행보修行普 / 158
수행시보修行時普 / 115
숙명통宿命通 / 130
승융僧融 / 194
시교始教 / 154
신족통神足通 / 130
신통보神通普 / 158, 232
『신화엄경론新華嚴經論』 / 119
실제회향 / 263
실차난타實叉難陀 / 90
심불心佛 / 103
심신해장深信解藏 / 137
심향尋香 / 255
십불十佛 / 103, 105
『십지경』 / 167
『십지경론』 / 167

악도외惡道畏 / 168
악명외惡名畏 / 168
악취흑암惡趣黑闇 / 170
애별리愛別離 / 170, 195
야차夜叉 / 164, 255
약차藥叉 / 255
엄嚴 / 105
업대業大 / 100
업보불業報佛 / 103
여량지如量智 / 111, 130
여리지如理智 / 111, 130
여호呂護 / 189
역지신력持身 / 103
『연의演義』 / 93, 217
『연의초』 / 96
열 가지 보普 / 115
열뇌熱惱 / 169
『열반경』 / 258
열반불涅槃佛 / 103
염부단금閻浮檀金 / 151
영략影略 / 124, 180
『영험전靈驗傳』 / 189, 190, 192
『오왕경五王經』 / 216
오차국왕烏茶國王 / 91
용龍 / 164
용대用大 / 100
용자재묘장엄운龍自在妙莊嚴雲 / 151
우다나優他那 / 177
우바새優婆塞 / 164
우바이優婆夷 / 164
우바제사優婆提舍 / 178
원불願佛 / 103
원신願身 / 103
원조圓照 / 90

아난해阿難海 / 183
아부달마阿浮達磨 / 178
아사세왕阿闍世王 / 258
아소락阿素落 / 255
아수라阿修羅 / 164, 255
아파타나阿波陀那 / 178
악도惡道 / 169

원증회怨憎會 / 170
위세신威勢身 / 104
위전位前 보현 / 147
위후位後 보현 / 147
유혹留惑 / 154, 155
『육바라밀경六波羅蜜經』 / 91
육조六祖 / 112
윤생潤生 / 154
윤위산輪圍山 / 251
융통행보融通行普 / 115, 232
은덕恩德 / 250
응룡鷹龍 / 255
『응험전應驗傳』 / 208
의대義大 / 100
의보依報 / 179
의생신意生身 / 103
의신疑神 / 255
의정義淨 / 90
이룡螭龍 / 255
「이세간품離世閒品」 / 104, 226
이장理障 / 111
이장해탈離障解脫 / 109
이제목다가伊帝目多伽 / 177
이통현李通玄 / 119, 142
이행보理行普 / 115, 232
이혹보離惑普 / 158, 233
인人 / 164
인대人大 / 100
인보현人普賢 / 147
인연因緣 / 177
인지식人知識 / 147
「입법계품入法界品」 / 90
입법문보入法門普 / 158, 233

ㅈ

자비보慈悲普 / 158, 233
자설自說 / 177
자씨慈氏보살 / 182
자재천왕自在天王 / 164
작용해탈作用解脫 / 109
장궤長跪 / 236
장숭張崇 / 196
장엄신莊嚴身 / 103
장자長者 / 164
장자長者의 부녀婦女 / 164
장흥張興 / 194
재관宰官 / 164
재관宰官의 부녀婦女 / 164
전권난사展卷難思 / 106
전단탑栴檀塔 / 138
전륜왕轉輪王 / 165
『정명경』 / 111
정법명여래正法明如來 / 159
정법명왕여래正法明王如來 / 155
정보正報 / 179
정성무이행正性無異行 / 251
『정원록貞元錄』 / 91
정장淨藏 / 258
제석帝釋 / 164
종교終敎 / 154
주지불住持佛 / 103
중생세간衆生世間 / 134
중생회향 / 263
지당보살智幢菩薩 / 225
지대智大 / 100
지덕智德 / 250
지도산支道山 / 189

지법령支法領 / 90
지신智身 / 103
지정智淨 / 90
집금강신執金剛神 / 164
징관澄觀 / 90, 92, 176

차구반국遮抅盤國 / 90
찬선사粲禪師 / 219
참익毚翼 / 194
천天 / 164
천대장군天大將軍 / 164
『천수천안다라니경千手千眼陀羅尼經』 / 161
『천안경千眼經』 / 159
천안통天眼通 / 130
천이遷移 / 169
천이통天耳通 / 130
천태 지자天台智者 / 158, 187
청량국사淸凉國師 / 93
청정법계淸淨法界 / 106
체대體大 / 100
체원體元 / 89, 175
측천무후則天武后 / 90
칠난七難 / 187

타심통他心通 / 130

팔계八戒 / 194
팔난八難 / 213
팽성彭城 / 192
풍송諷頌 / 177
필람畢覽 / 206

해태懈怠 / 170
『행원초』 / 96
『행원품별행소行願品別行疏』 / 113
험도險道 / 169, 200
현수賢首 / 90
현암천이現闇遷移 / 169
혜엄惠嚴 / 90
호궤蹲跪 / 236
홍경弘景 / 90
홍서보弘誓普 / 158, 232
화가라나和伽羅那 / 177
화신化身 / 103
『화엄경』 / 93, 116, 161
『화엄경소』 / 93
화엄성해華嚴性海 / 107
회삼귀일문會三歸一門 / 142
「회향품」 / 129
흑암黑暗 / 169, 197
희법希法 / 178
희학喜學 / 90

화엄경관음지식품

각타覺他 / 287
『관음별품觀音別品』 / 291
금시조 / 285

대범왕 / 281
대해용왕大海龍王 / 285

마갈摩竭 / 285
목암 향여木庵向如 / 293

범중천 / 281
보응대사普應大師 인원忍源 / 291

영통사靈通寺 / 291
원통삼매圓通三昧 / 291

윤위산輪圍山 / 288
이니록伊尼鹿 / 282

자각自覺 / 287
정성무이행正性無異行 / 288

첨박가瞻博迦 / 282
출현반룡사出現盤龍社 불화각佛華閣 / 293

혜각 국존慧覺國尊 / 291

삼십팔분공덕소경발문

관음대성觀音大聖 / 305

목암 체원木庵體元 / 305

삼도三途 / 305

영관靈官 / 305
월광대사月光大師 인원忍元 / 306
월광 보응 대사月光普應大師 원공源公 / 305

해인대사海印大師 향여向如 / 306

삼십팔분공덕소경

고귀덕왕보살高貴德王菩薩 / 322
공덕안功德案 / 317
구고관세음보살救苦觀世音菩薩 / 320
구요九曜 / 319
구집대천九執大天 / 326
금강장보살金剛藏菩薩 / 323

남두와 북두의 성관星官 / 318
뇌공雷公 / 325

당래하생미륵존불當來下生彌勒尊佛 / 319
대성문수사리보살大聖文殊師利菩薩 / 320
대성보현보살大聖普賢菩薩 / 321
대세지보살大勢至菩薩 / 321
대위덕금륜왕치성광여래불大威德金輪王熾盛光如來佛 / 326
대통지승존불大通智勝尊佛 / 318
뒷간의 신기 / 325

찾아보기 • 339

ㅁ

마리지천보살摩利支天菩薩 / 326
마하반야바라밀摩訶般若波羅蜜 / 323
명사冥司의 최부군崔府君 / 319
묘상보살妙相菩薩 / 325
묘음보살妙音菩薩 / 323
무주귀신無主鬼神 / 322
무진복덕해묘장엄왕여래불無盡福德海妙莊嚴王如來佛 / 326
무진의보살無盡意菩薩 / 322
문랑門郎 / 325
문소文疎 / 317

ㅂ

보광보살普光菩薩 / 326
보단화보살寶檀華菩薩 / 321
보승여래불寶勝如來佛 / 323
보현왕여래普賢王如來 / 327
본명本命 / 321
본명일本命日 / 317
부명負命 / 323
부재負財 / 323
북극존군北極尊君 / 318
불타달마승가야佛陀達摩僧伽耶 / 325

ㅅ

사명司命과 사록司祿 신군神君 / 321
사생육도四生六道 / 325

서른여섯 분의 부엌 신기神祇 / 324
서방극락세계아미타불西方極樂世界阿彌陁佛 / 319
선명선광보살善明善光菩薩 / 324
선악이부관善惡二簿官 / 321
소재식재보살消灾息灾菩薩 / 321
신상보달보살信相普達菩薩 / 326
십일신기十一神祇 / 323

ㅇ

악난惡難 / 326
약사유리광불藥師琉璃光佛 / 319
약왕약상보살藥王藥上菩薩 / 321
여의륜수심보살如意輪隨心菩薩 / 325
연직年直과 월직月直 사자使者 / 322
염라대왕閻羅大王 / 319
염라천자閻羅天子 / 327
영관靈官 / 317
오도장군五道將軍 / 321
오무간五無間지옥 / 326
우사雨師 / 325
원가寃家 / 323
원만보신노사나불圓滿報身盧舍那佛 / 318
원수 / 326
원진元辰 / 321
음신陰神 / 317
음주군陰注君 / 320
『이십육분공덕소二十六分功德䟽』 / 317
이십팔수二十八宿 / 319
인성천재제仁聖天齋帝 / 319
일월광명보살日月光明菩薩 / 321

일직日直과 시직時直 사자使者 / 322
일체성중一切聖衆 / 326
일행사자一行使者 / 322

청량보산일만동명관세음보살淸凉寶山一萬
   同名觀世音菩薩 / 324
청정법신비로자나불淸淨法身毗盧遮那佛 /
   318
초면귀왕焦面鬼王 / 322

자비보살천제석왕慈悲菩薩天帝釋王 / 327
장수왕연수왕보살長壽王延壽王菩薩 / 322
장적장산관掌籍掌筭官 / 321
전모電母 / 325
조군竈君 / 324
조모竈母 / 324
존승여래불尊勝如來佛 / 319
주명귀왕主命鬼王 / 325
주복주수관注福注壽官 / 321
지부地府 / 317
지부영관地府靈官 / 318
지장보살地藏菩薩 / 323, 325

토지대왕土地大王 / 323

팔열八熱지옥 / 326
팔한八寒지옥 / 326
풍백風伯 / 325

하늘 무리 / 326
행병귀왕行病鬼王 / 322
허공장보살虛空藏菩薩 / 322
호백戶伯 / 325
화취보살華聚菩薩 / 325

채주債主 / 323
천백억화신석가모니불千百億化身釋迦牟尼
   佛 / 318
천조天曹 / 317
천조부군天曹府君 / 318

한글본 **한국불교전서**

고 · 려 · 출 · 간 · 본

고려1 일승법계도원통기
균여 | 최연식 옮김 | 신국판 | 216쪽 | 12,000원

고려2 원감국사집
충지 | 이상현 옮김 | 신국판 | 480쪽 | 25,000원

고려3 자비도량참법집해
조구 | 성재헌 옮김 | 신국판 | 696쪽 | 30,000원

고려4 천태사교의
제관 | 최기표 옮김 | 4X6판 | 168쪽 | 10,000원

고려5 대각국사집
의천 | 이상현 옮김 | 신국판 | 752쪽 | 32,000원

고려6 법계도기총수록
저자 미상 | 해주 옮김 | 신국판 | 628쪽 | 30,000원

고려7 보제존자삼종가
고봉 법장 | 하혜정 옮김 | 4X6판 | 216쪽 | 12,000원

고려8 석가여래행적송 · 천태말학운묵화상경책
운묵 무기 | 김성옥 · 박인석 옮김 | 신국판 | 424쪽 | 24,000원

고려9 법화영험전
요원 | 오지연 옮김 | 신국판 | 264쪽 | 17,000원

고려10 남명천화상송증도가사실
□련 | 성재헌 옮김 | 신국판 | 418쪽 | 23,000원

고려11 백운화상어록
백운 경한 | 조영미 옮김 | 신국판 | 348쪽 | 21,000원

고려12 선문염송 염송설화 회본 1
혜심 · 각운 | 김영욱 옮김 | 신국판 | 724쪽 | 33,000원

고려13 선문염송 염송설화 회본 2
혜심 · 각운 | 김영욱 옮김 | 신국판 | 670쪽 | 32,000원

신 · 라 · 출 · 간 · 본

신라1 인왕경소
원측 | 백진순 옮김 | 신국판 | 800쪽 | 35,000원

신라2 범망경술기
승장 | 한명숙 옮김 | 신국판 | 620쪽 | 28,000원

신라3 대승기신론내의약탐기
태현 | 박인석 옮김 | 신국판 | 248쪽 | 15,000원

신라4 해심밀경소 제1 서품
원측 | 백진순 옮김 | 신국판 | 448쪽 | 24,000원

신라5 해심밀경소 제2 승의제상품
원측 | 백진순 옮김 | 신국판 | 508쪽 | 26,000원

신라6 해심밀경소 제3 심의식상품 제4 일체법상품
원측 | 백진순 옮김 | 신국판 | 332쪽 | 20,000원

신라7 해심밀경소 제5 무자성상품
원측 | 백진순 옮김 | 신국판 | 536쪽 | 27,000원

신라8 해심밀경소 제6 분별유가품 상
원측 | 백진순 옮김 | 신국판 | 480쪽 | 25,000원

신라9 해심밀경소 제6 분별유가품 하
원측 | 백진순 옮김 | 신국판 | 340쪽 | 20,000원

신라10 해심밀경소 제7 지바라밀다품
원측 | 백진순 옮김 | 신국판 | 568쪽 | 28,000원

신라11 해심밀경소 제8 여래성소작사품
원측 | 백진순 옮김 | 신국판 | 434쪽 | 24,000원

신라12 무량수경연의술문찬
경흥 | 한명숙 옮김 | 신국판 | 800쪽 | 35,000원

신라13 범망경보살계본사기 상권
원효 | 한명숙 옮김 | 신국판 | 272쪽 | 17,000원

신라14 화엄일승성불묘의
견등 | 김천학 옮김 | 신국판 | 264쪽 | 15,000원

신라15 범망경고적기
태현 | 한명숙 옮김 | 신국판 | 612쪽 | 28,000원

신라16 금강삼매경론
원효 | 김호귀 옮김 | 신국판 | 666쪽 | 32,000원

신라17 대승기신론소기회본
원효 | 은정희 옮김 | 신국판 | 536쪽 | 27,000원

신라18 미륵상생경종요 외
원효 | 성재헌 외 옮김 | 신국판 | 420쪽 | 22,000원

신라19 대혜도경종요 외
원효 | 성재헌 외 옮김 | 신국판 | 256쪽 | 15,000원

신라20 열반종요
원효 | 이평래 옮김 | 신국판 | 272쪽 | 16,000원

신라21 이장의
원효 | 안성두 옮김 | 신국판 | 256쪽 | 15,000원

신라22 본업경소 하권 외
원효 | 최원섭·이정희 옮김 | 신국판 | 368쪽 | 22,000원

신라23 중변분별론소 제3권 외
원효 | 박인성 외 옮김 | 신국판 | 288쪽 | 17,000원

신라24 지범요기조람집
원효·진원 | 한명숙 옮김 | 신국판 | 310쪽 | 19,000원

신라25 집일 금광명경소
원효 | 한명숙 옮김 | 신국판 | 636쪽 | 31,000원

신라26 복원본 무량수경술의기
의적 | 한명숙 옮김 | 신국판 | 500쪽 | 25,000원

신라27 보살계본소
의적 | 한명숙 옮김 | 신국판 | 534쪽 | 27,000원

신라28 집일 경론소기
원효 | 원과 외 옮김 | 신국판 | 374쪽 | 22,000원

조·선·출·간·본

조선1 작법귀감
백파 긍선 | 김두재 옮김 | 신국판 | 336쪽 | 18,000원

조선2 정토보서
백암 성총 | 김종진 옮김 | 4X6판 | 224쪽 | 12,000원

조선3 백암정토찬
백암 성총 | 김종진 옮김 | 4X6판 | 156쪽 | 9,000원

조선4 일본표해록
풍계 현정 | 김상현 옮김 | 4X6판 | 180쪽 | 10,000원

조선5 기암집
기암 법견 | 이상현 옮김 | 신국판 | 320쪽 | 18,000원

조선6 운봉선사심성론
운봉 대지 | 이종수 옮김 | 4X6판 | 200쪽 | 12,000원

조선7 추파집·추파수간
추파 홍유 | 하혜정 옮김 | 신국판 | 340쪽 | 20,000원

조선8 침굉집
침굉 현변 | 이상현 옮김 | 신국판 | 300쪽 | 17,000원

조선9 염불보권문
명연 | 정우영·김종진 옮김 | 신국판 | 224쪽 | 13,000원

조선10 천지명양수륙재의범음산보집
해동사문 지환 | 김두재 옮김 | 신국판 | 636쪽 | 28,000원

조선11 삼봉집
화악 지탁 | 김재희 옮김 | 신국판 | 260쪽 | 15,000원

조선12 선문수경
백파 긍선 | 신규탁 옮김 | 신국판 | 180쪽 | 12,000원

조선13 선문사변만어
초의 의순 | 김영욱 옮김 | 4X6판 | 192쪽 | 11,000원

조선14 부휴당대사집
부휴 선수 | 이상현 옮김 | 신국판 | 376쪽 | 22,000원

| 조선 15 | 무경집
무경 자수 | 김재희 옮김 | 신국판 | 516쪽 | 26,000원

| 조선 16 | 무경실중어록
무경 자수 | 성재헌 옮김 | 신국판 | 340쪽 | 20,000원

| 조선 17 | 불조진심선격초
무경 자수 | 성재헌 옮김 | 신국판 | 168쪽 | 11,000원

| 조선 18 | 선학입문
김대현 | 성재헌 옮김 | 신국판 | 240쪽 | 14,000원

| 조선 19 | 사명당대사집
사명 유정 | 이상현 옮김 | 신국판 | 508쪽 | 26,000원

| 조선 20 | 송운대사분충서난록
신유한 엮음 | 이상현 옮김 | 신국판 | 324쪽 | 20,000원

| 조선 21 | 의룡집
의룡 체훈 | 김석군 옮김 | 신국판 | 296쪽 | 17,000원

| 조선 22 | 응운공여대사유망록
응운 공여 | 이대형 옮김 | 신국판 | 350쪽 | 20,000원

| 조선 23 | 사경지험기
백암 성총 | 성재헌 옮김 | 신국판 | 248쪽 | 15,000원

| 조선 24 | 무용당유고
무용 수연 | 이상현 옮김 | 신국판 | 292쪽 | 17,000원

| 조선 25 | 설담집
설담 자우 | 윤찬호 옮김 | 신국판 | 200쪽 | 13,000원

| 조선 26 | 동사열전
범해 각안 | 김두재 옮김 | 신국판 | 652쪽 | 30,000원

| 조선 27 | 청허당집
청허 휴정 | 이상현 옮김 | 신국판 | 964쪽 | 47,000원

| 조선 28 | 대각등계집
백곡 처능 | 임재완 옮김 | 신국판 | 408쪽 | 23,000원

| 조선 29 | 반야바라밀다심경략소연주기회편
석실 명안 엮음 | 강찬국 옮김 | 신국판 | 296쪽 | 17,000원

| 조선 30 | 허정집
허정 법종 | 성재헌 옮김 | 신국판 | 488쪽 | 25,000원

| 조선 31 | 호은집
호은 유기 | 김종진 옮김 | 신국판 | 264쪽 | 16,000원

| 조선 32 | 월성집
월성 비은 | 이대형 옮김 | 4X6판 | 172쪽 | 11,000원

| 조선 33 | 아암유집
아암 혜장 | 김두재 옮김 | 신국판 | 208쪽 | 13,000원

| 조선 34 | 경허집
경허 성우 | 이상하 옮김 | 신국판 | 572쪽 | 28,000원

| 조선 35 | 송계대선사문집·상월대사시집
송계 나식·상월 새봉 | 김종진·박재금 옮김 | 신국판 | 440쪽 | 24,000원

| 조선 36 | 선문오종강요·환성시집
환성 지안 | 성재헌 옮김 | 신국판 | 296쪽 | 17,000원

| 조선 37 | 역산집
영허 선영 | 공근식 옮김 | 신국판 | 368쪽 | 22,000원

| 조선 38 | 함허당득통화상어록
득통 기화 | 박해당 옮김 | 신국판 | 300쪽 | 18,000원

| 조선 39 | 가산고
월하 계오 | 성재헌 옮김 | 신국판 | 446쪽 | 24,000원

| 조선 40 | 선원제전집도서과평
설암 추붕 | 이정희 옮김 | 신국판 | 338쪽 | 20,000원

| 조선 41 | 함홍당집
함홍 치능 | 성재헌 옮김 | 신국판 | 348쪽 | 21,000원

| 조선 42 | 백암집
백암 성총 | 유호선 옮김 | 신국판 | 544쪽 | 27,000원

| 조선 43 | 동계집
동계 경일 | 김승호 옮김 | 신국판 | 380쪽 | 22,000원

| 조선 44 | 용암당유고·괄허집
용암 체조·괄허 취여 | 김종진 옮김 | 신국판 | 404쪽 | 23,000원

| 조선 45 | 운곡집·허백집
운곡 충휘·허백 명조 | 김재희·김두재 옮김 | 신국판 | 514쪽 | 26,000원

| 조선 46 | 용담집·극암집
용담 조관·극암 사성 | 성재헌·이대형 옮김 | 신국판 | 520쪽 | 26,000원

| 조선47 | 경암집
경암 응윤 | 김재희 옮김 | 신국판 | 300쪽 | 18,000원

| 조선48 | 석문상의초 외
벽암 각성 외 | 김두재 옮김 | 신국판 | 338쪽 | 20,000원

| 조선49 | 월파집·해봉집
월파 태율·해봉 전령 | 이상현·김두재 옮김 | 신국판 | 562쪽 | 28,000원

| 조선50 | 몽암대사문집
몽암 기영 | 이상현 옮김 | 신국판 | 348쪽 | 21,000원

| 조선51 | 징월대사시집
징월 정훈 | 김재희 옮김 | 신국판 | 272쪽 | 16,000원

| 조선52 | 통록촬요
엮은이 미상 | 성재헌 옮김 | 신국판 | 508쪽 | 26,000원

| 조선53 | 충허대사유집
충허 지책 | 성재헌 옮김 | 신국판 | 296쪽 | 18,000원

| 조선54 | 백열록
금명 보정 | 김종진 옮김 | 신국판 | 364쪽 | 22,000원

| 조선55 | 조계고승전
금명 보정 | 김용태·김호귀 옮김 | 신국판 | 384쪽 | 22,000원

| 조선56 | 범해선사시집
범해 각안 | 김재희 옮김 | 신국판 | 402쪽 | 23,000원

| 조선57 | 범해선사문집
범해 각안 | 김재희 옮김 | 신국판 | 208쪽 | 13,000원

| 조선58 | 연담대사임하록
연담 유일 | 하혜정 옮김 | 신국판 | 772쪽 | 34,000원

| 조선59 | 풍계집
풍계 명찰 | 김두재 옮김 | 신국판 | 438쪽 | 24,000원

| 조선60 | 혼원집·초엄유고
혼원 세환·초엄 복초 | 윤찬호 옮김 | 신국판 | 332쪽 | 20,000원

| 조선61 | 청주집
환공 치조 | 성재헌 옮김 | 신국판 | 416쪽 | 23,000원

| 조선62 | 대동영선
금명 보정 | 이상하 옮김 | 신국판 | 556쪽 | 28,000원

| 조선63 | 현정론·유석질의론
득통 기화·지은이 미상 | 박해당 옮김 | 신국판 | 288쪽 | 17,000원

| 조선64 | 월봉집
월봉 책헌 | 이종수 옮김 | 신국판 | 232쪽 | 14,000원

| 조선65 | 정토감주
허주 덕진 | 김석군 옮김 | 신국판 | 382쪽 | 22,000원

| 조선66 | 다송문고
금명 보정 | 이대형 옮김 | 신국판 | 874쪽 | 41,000원

| 조선67 | 소요당집·취미대사시집
소요 태능·취미 수초 | 이상현 옮김 | 신국판 | 500쪽 | 25,000원

| 조선68 | 선원소류·선문재정록
설두 유형·진하 축원 | 조영미 옮김 | 신국판 | 284쪽 | 17,000원

| 조선69 | 치문경훈주 상권
백암 성총 | 선암 옮김 | 신국판 | 348쪽 | 21,000원

| 조선70 | 치문경훈주 중권
백암 성총 | 선암 옮김 | 신국판 | 304쪽 | 19,000원

| 조선71 | 치문경훈주 하권
백암 성총 | 선암 옮김 | 신국판 | 322쪽 | 20,000원

| 조선72 | 월저당대사집
월저 도안 | 김두재 옮김 | 신국판 | 504쪽 | 26,000원

※ 한글본 한국불교전서는 계속 출간됩니다.

체원體元

정확한 생몰연도는 알 수 없다. 『동문선』 등에 따르면, 그의 법명은 체원體元이고, 법호는 목암木庵·향여向如이며, 각해대사覺海大師의 호를 받았다. 이진李瑱(1244~1321)의 둘째 아들이고, 이제현李齊賢(1287~1367)의 바로 위 형이다. 체원이 이제현의 형이라는 점에서 그가 태어난 해를 대략 1280년대 초중반으로 보고 있다. 그는 태정泰定 초(1324~1325)에 반룡사盤龍社의 주법으로 추천되었고, 치화致和 원년(1328)에는 해인사에서 『화엄경관자재보살소설법문별행소』와 『백화도량발원문약해』를 편찬하였으며, 1334년에는 계림부에서 『백화도량발원문약해』를 개판하였다. 1338년에 『화엄경』을 사경하면서 남긴 발문을 보면 당시 체원은 양가도승통兩街都僧統의 지위에 있었다. 체원이 남긴 저술을 통해 14세기 고려 불교의 화엄 교학에 대한 높은 수준을 볼 수 있다.

| 백화도량발원문약해 |

옮긴이 곽철환

동국대학교 인도철학과를 졸업하고, 동국역경원에서 10여 년 동안 근무했다. 저서로 『시공 불교사전』, 『불교의 모든 것』, 『이것이 불교의 핵심이다』, 『한권으로 읽는 불교 고전』 등이 있고, 역서로 『핵심 아함경』, 『금강경』이 있다.

| 화엄경관자재보살소설법문별행소 | · | 화엄경관음지식품 | · | 삼십팔분공덕소경발문 | · | 삼십팔분공덕소경 |

옮긴이 박인석

연세대학교 철학과를 졸업하고, 동대학원에서 석·박사 과정을 졸업하였다. 동국대학교 불교문화연구원의 전임연구원, HK연구교수를 거친 뒤, 현재 동국대학교 불교학술원에서 조교수로 근무하고 있다. 역서로 신라 태현의 『대승기신론내의약탐기』 등이 있다.

증의
대진(동국대학교 불교학술원 일반연구원)
김호성(동국대학교 불교대학 교수)